Praktijkboek gedeelde besluitvorming in de GGZ

J.M.G. Maurer
G.M.A. Westermann

Praktijkboek gedeelde besluitvorming in de GGZ

Kracht van verhalen, beeld en dialoog

bohn
stafleu
van loghum

Houten 2018

ISBN 978-90-368-2179-7   ISBN 978-90-368-2180-3 (eBook)
https://doi.org/10.1007/978-90-368-2180-3

© Bohn Stafleu van Loghum is een imprint van Springer Media B.V., onderdeel van Springer Nature 2018
Alle rechten voorbehouden. Niets uit deze uitgave mag worden verveelvoudigd, opgeslagen in een geautomatiseerd gegevensbestand, of openbaar gemaakt, in enige vorm of op enige wijze, hetzij elektronisch, mechanisch, door fotokopieën of opnamen, hetzij op enige andere manier, zonder voorafgaande schriftelijke toestemming van de uitgever.

Voor zover het maken van kopieën uit deze uitgave is toegestaan op grond van artikel 16b Auteurswet j° het Besluit van 20 juni 1974, Stb. 351, zoals gewijzigd bij het Besluit van 23 augustus 1985, Stb. 471 en artikel 17 Auteurswet, dient men de daarvoor wettelijk verschuldigde vergoedingen te voldoen aan de Stichting Reprorecht (Postbus 3060, 2130 KB Hoofddorp). Voor het overnemen van (een) gedeelte(n) uit deze uitgave in bloemlezingen, readers en andere compilatiewerken (artikel 16 Auteurswet) dient men zich tot de uitgever te wenden.

Samensteller(s) en uitgever zijn zich volledig bewust van hun taak een betrouwbare uitgave te verzorgen. Niettemin kunnen zij geen aansprakelijkheid aanvaarden voor drukfouten en andere onjuistheden die eventueel in deze uitgave voorkomen. De uitgever blijft onpartijdig met betrekking tot juridische aanspraken op geografische aanwijzingen en gebiedsbeschrijvingen in de gepubliceerde landkaarten en institutionele adressen.

NUR 777
Basisontwerp omslag: Studio Bassa, Culemborg
Automatische opmaak: Scientific Publishing Services (P) Ltd., Chennai, India
Illustratie omslag: Alina Vis
Afbeeldingen Dialoogmodel: copyright Maurer & Westermann

Bohn Stafleu van Loghum
Walmolen 1
Postbus 246
3990 GA Houten

www.bsl.nl

Er is geen uniek beeld van de realiteit.

Stephen Hawking

Inhoud

1	**Gedeelde besluitvorming**	1
1.1	Gedeelde besluitvorming als uitgangspunt voor goede zorg	2
1.2	Goede werkrelatie als basis	5
1.3	Het Dialoogmodel als hulpmiddel	7
	Literatuur	10
	Bijlagen	11
2	**Het voorbereiden van het eerste gesprek**	15
2.1	Een goede werkrelatie als basis voor effectieve zorg	17
2.2	Regie over het behandelproces	18
2.3	Acceptatie van beschikbare behandeling als voorwaarde voor effectiviteit van zorg	20
2.4	Organisatie voorafgaand aan het intakegesprek	21
2.5	Praktijkvoorbeelden	23
	Literatuur	31
	Bijlagen	32
3	**Kennismaking: het opbouwen van een werkrelatie**	37
3.1	Intake als interactief proces	39
3.2	Het onderscheid tussen hulpvrager, probleemdrager en probleemoplosser	40
3.3	De verschillende rollen als behandelaar	47
3.4	Praktijkvoorbeelden	50
	Literatuur	55
4	**Het creëren van een gedeeld verhaal over wat speelt**	57
4.1	Een gedeeld verhaal is de integratie van meerdere verhalen	59
4.2	Het verhaal van de hulpvrager(s)	59
4.3	Het verhaal van de intaker (en zijn team)	62
4.4	Het gedeeld verhaal aan de hand van het plaatje van het Dialoogmodel	65
4.5	Praktijkvoorbeeld	67
	Literatuur	80
	Bijlagen	81
5	**Gedeelde besluitvorming over een behandelplan**	85
5.1	*Evidence-based* werken is meer dan het toepassen van wetenschappelijke kennis	87
5.2	Behandeldoelen voortvloeiend uit een gedeeld verhaal	89
5.3	Overeenstemming over het behandelplan	93
5.4	Praktijkvoorbeelden	95
	Literatuur	107
	Bijlagen	108

6	**Het evalueren van de samenwerking en de resultaten**	111
6.1	Evalueren: wat, wie en wanneer	113
6.2	Evaluatie door de behandelaar	115
6.3	Evaluatie door hulpvragers	119
6.4	Gedeelde besluitvorming tijdens evaluaties	120
6.5	Praktijkvoorbeelden	122
	Literatuur	133
	Bijlagen	134
7	**Afronding van behandeling**	139
7.1	Afronding van behandeling in kader van gedeelde besluitvorming	140
7.2	Afsluitend behandelplan	143
7.3	Praktijkvoorbeeld	144
	Literatuur	148
	Bijlagen	149
8	**Theoretische en wetenschappelijke aspecten van het Dialoogmodel**	153
8.1	Multitheoretisch metamodel	154
8.2	Maatschappelijke ontwikkelingen en tijdsgeest	157
8.3	Systemisch perspectief	158
8.4	Ontwikkelingsperspectief: de relationele ontwikkeling	160
8.5	Onderzoek naar de effectiviteit van het Dialoogmodel	163
	Literatuur	165
9	**Besluit**	167

Over de auteurs

Jac Maurer heeft als klinisch psycholoog/psychotherapeut gewerkt op afdelingen volwassen-, kinder- en jeugdzorg in de GGZ, zowel klinisch als ambulant. Daarbij was hij lid van wetenschapscommissies en vervulde hij de rol van P-opleider.

George Westermann is kinder- en jeugdpsychiater/psychotherapeut en tevens opleider kinder- en jeugdpsychiatrie en medisch manager van Zuyderland GGZ. Hij is internationaal wetenschappelijk actief op het gebied van *shared decision making*.

Inleiding

In dit boek leer je stapsgewijs, van aanmelding tot de afronding van een behandeling, hoe je de principes van gedeelde besluitvorming in praktijk kunt brengen. Gedeelde besluitvorming helpt je om je huidige kennis en kunde optimaal in te zetten in samenhang met de kennis en kunde van hulpvragers. Daarmee is dit een praktijkboek, gericht op het hanteren van dagelijkse praktijksituaties. Deze komen dan ook ruimschoots aan bod, toegelicht met te gebruiken afbeeldingen (visualisatie is een krachtig hulpmiddel!) en aangevuld met handige formats. De intentie van ons als schrijvers is dat je na het lezen van dit boek beschikt over vaardigheden die het werken in de GGZ voor jezelf en voor de hulpvragers leuker en effectiever maken.

De principes van gedeelde besluitvorming zijn helpend bij het meer efficiënt en effectief uitvoeren van behandelingen binnen de GGZ. Behandelen is géén lineaire activiteit, het voltrekt zich circulair. Het betreft een coproductie van hulpvrager en behandelaar, waarbij ze elkaars effectiviteit beïnvloeden. Hoe beter de afstemming is tussen alle partijen, hoe lager het risico is op een stokkende of vroegtijdig afgesloten behandeling. Een goed begin is het halve werk. Als bij de start van een behandeling een gedragen gedeelde definitie tot stand komt over wat speelt, wat nodig is en over wie dit oppakt, en hoe, is een goede basis voor het vervolg gecreëerd. De toepassing van de principes van gedeelde besluitvorming bevorderen dit proces van goede afstemming en van toevertrouwen aan elkaar.

De vele rapporten en beleidsstukken van patiëntverenigingen, de overheid en zorgverzekeraars over onderwerpen, zoals gedeelde besluitvorming, patiëntparticipatie, de regie bij de patiënt en samen beslissen, suggereren dat een verschuiving binnen de zorgsector nodig is van 'aanbodgestuurde' naar 'vraaggestuurde' zorg. In dit boek gaan wij uit van 'dialooggestuurde' zorg. In samenspraak, ieder vanuit zijn eigen kennis en kunde, ontstaat tussen behandelaar en hulpvrager consensus over wat nodig is en hoe dat te bereiken. Behandelen, zorg verlenen, is een co-creatief proces.

Jac Maurer en George Westermann
September 2018

Gedeelde besluitvorming

Samenvatting

Effectief en efficiënt behandelen binnen de GGZ is mogelijk als er voldoende overeenstemming bestaat tussen hulpvragers en behandelaren over wat er speelt en hoe dit deskundig wordt aangepakt en geëvalueerd. Belangrijk hierbij is dat de persoon van hulpvrager, probleemdrager en (mede)probleemoplosser grotendeels samenvallen. Als grondbeginselen voor effectief en efficiënt behandelen worden de principes van gedeelde besluitvorming gepresenteerd. Het Dialoogmodel wordt hierbij als hulpmiddel geïntroduceerd. Het verbindt en integreert de visies van de hulpvragers en de betrokken behandelaren op basis van een goede werkrelatie. De werkwijze is gebaseerd op een biopsychosociaal ontwikkelingsmodel en gaat uit van een persoonsgerichte attitude met een dimensionele en contextuele benadering.

1.1 Gedeelde besluitvorming als uitgangspunt voor goede zorg – 2

1.2 Goede werkrelatie als basis – 5

1.3 Het Dialoogmodel als hulpmiddel – 7

Literatuur – 10

Bijlagen – 11
Bijlage 1.1 Flyer 'Goed geregeld voor jeugdigen en ouders' – 11
Bijlage 1.2 Flyer 'Goed geregeld voor volwassenen' – 13

© Bohn Stafleu van Loghum is een imprint van Springer Media B.V., onderdeel van Springer Nature 2018
J. M. G. Maurer en G. M. A. Westermann, *Praktijkboek gedeelde besluitvorming in de GGZ*,
https://doi.org/10.1007/978-90-368-2180-3_1

1.1 Gedeelde besluitvorming als uitgangspunt voor goede zorg

Als behandelaar in de GGZ heb je een duidelijke opdracht: voer de aangewezen behandeling zo efficiënt en effectief mogelijk uit. In dit boek staat centraal dat dit als absolute voorwaarde een goede afstemming en samenwerking vraagt tussen hulpvrager[1] en behandelaar. Dit boek leert hoe dit van aanmelding tot *follow-up* is te realiseren. Behandeling is een co-creatief proces van hulpvrager, naasten en betrokken behandelaren. Als behandelaar in de GGZ ervaar je echter vaak dat dit gemakkelijker is gezegd dan gedaan. De diverse handboeken en richtlijnen geven vooral aan hoe behandelingen naar de *state of the art* dienen te worden uitgevoerd, daar waar mogelijk met wetenschappelijke evidentie. In de praktijk blijkt dit niet altijd even gemakkelijk. Soms delen hulpvragers de diagnostische conclusies niet geheel of hebben zij twijfels over het voorgestelde behandelplan. Het kan ook zijn dat hulpvragers moeite hebben met de onderlinge verhoudingen tussen hen en de behandelaar, bijvoorbeeld als de behandelaar ongewenst een expertpositie inneemt of juist niet inneemt. Of dat de behandelaar verwacht dat de hulpvrager de rol van 'leerling' vervult met hem als coach, terwijl de hulpvrager een gelijkwaardige samenwerkingspartner verwacht. De pretentie van de schrijvers van dit boek is om een methodiek voor te leggen die bij voorbaat meer kans biedt op een bevredigend verlopend behandelproces, voor jou als behandelaar en vooral voor de hulpvrager, om wie het primair te doen is.

In dit boek is dus niets te vinden over het effectief uitvoeren van *evidence-based* behandelingen zelf, maar wel hoe je voorwaarden schept waaronder deze in samenspraak met de hulpvragers effectief kunnen worden ingezet. De focus ligt hiermee op het presenteren van een methodiek om zo efficiënt en effectief mogelijk te kunnen behandelen.

Deze methodiek is vanuit onze jarenlange ervaring met behandelen binnen poliklinische en klinische afdelingen in de GGZ tot stand gekomen. Werkzaam in multidisciplinaire teams stoorde het ons veelvuldig dat we als collega's onder elkaar vaak verschillende talen spreken, ieder vanuit zijn eigen vakdiscipline en voorkeursvisie, los van ieders expertise. Ieder maakt zich begrijpelijk en terecht sterk voor zijn eigen ervaring en deskundigheid. Voor de hulpvrager is het hierbij ingewikkeld om vanuit ontmoetingen met meerdere vertegenwoordigers van een team verschillende verhalen te horen ('de testpsycholoog zegt …, de gezinstherapeut zegt …, de psychiater zegt …, de psychotherapeut zegt …, de groepsleider zegt …,' enz.). Van deze 'stukjes van de puzzel' moeten ze al of niet met succes een samenhangend verhaal maken. Deze gefragmenteerde manier van werken zinde ons steeds minder.

Bij ons groeide de behoefte aan een meer overkoepelend model dat als gemeenschappelijke taal voor ons als hulpverleners kon bieden. Een model dat een samenhangend overzicht biedt over relevante aspecten en factoren. Dit model ontwikkelden wij op basis van dagelijkse praktijkervaringen en gangbare theoretische en wetenschappelijke professionele opvattingen en hebben we het 'Dialoogmodel' genoemd (Maurer en Westermann 2007). Het Dialoogmodel is een goed toegankelijk, universeel toepasbaar, overkoepelend

---

[1] In dit boek noemen wij patiënten of cliënten hulpvragers en in de meeste gevallen duiden we hier ook de naastbetrokkenen mee aan. Voor de leesbaarheid is algemeen gekozen voor de mannelijke persoonsvorm.

en holistisch denk- en handelingskader met handige ondersteunende formats en een visualisatiehulpmiddel. De lezer leert het toepassen van het model aan de hand van vele praktijkvoorbeelden.

Vanaf het moment dat het binnen onze teams lukte om vanuit een meer gezamenlijke taal te spreken, merkten we dat dit voor de hulpvragers prettig was, dat er minder verwarring optrad en dat meer vertrouwen groeide in ons als behandelaren. Dat was een eerste belangrijke stap. Vervolgens bemerkten we echter dat de hulpvragers in de positie bleven om de – weliswaar meer samenhangende – taal van de behandelaren te begrijpen. Deze nieuwe, eenduidige taal hielp ons en hen nog niet direct bij het tot stand brengen van een behandelplan dat alle vertrouwen en engagement opriep. Wij bleven als 'beterweters', in de betekenis van 'de echte deskundigen', voorleggen wat voor hen het beste was als behandelopties. Daarmee werden de effectiviteit en de tevredenheid over de geboden behandeling slechts in beperkte mate verhoogd.

Als volgende stap om te komen tot een meer gelijkwaardige samenwerking hebben we ons ingezet om de onderlinge posities om te draaien, hetgeen niet gemakkelijk is (we zijn nog steeds lerende). De hulpvragers hoeven bij wijze van spreken niet meer *ons* te begrijpen. Wij stellen ons als opdracht om uit te drukken hoe we *hen* hebben begrepen. Wij doen dat onder meer door samen invulling te geven aan bij het Dialoogmodel behorend plaatje. Zo komen we tot een nieuw gezamenlijk en gedeeld beeld en verhaal als basis voor de verdere behandeling. De diagnostische beschrijving wordt zodoende niet meer de vaststelling van de deskundige behandelaren, maar een co-creatie van de deskundige behandelaren en de deskundige hulpvragers. Dit is fundamenteel iets anders dan 'u vraagt, wij draaien' waarbij de hulpvrager allesbepalend zou zijn met betrekking tot de vraag welke zorg voor hem het meest geschikt is. Evenmin betreft het de karikatuur die soms naar voren komt over gedeelde besluitvorming. Hierbij wordt verondersteld dat de hulpvrager zich tot een 'halve professional' zou moeten scholen. Gedeelde besluitvorming betekent het optimaal matchen van persoonlijke en professionele kennis en kunde.

Op deze manier konden we vormgeven en trouw zijn aan de door ons al lang beleden, maar nog te beperkt toegepaste, uitgangspunten van gedeelde besluitvorming. Voor ons houdt deze term nu in:

a. Gedeelde besluitvorming over de definitie van wat speelt en welke factoren daarbij een rol spelen in helpende en hinderende zin (c.q. *gedeelde beeldvorming*).
b. Gedeelde besluitvorming over mogelijke best passende behandelopties, over de intensiteit en fasering daarvan (wat meestal met *gedeelde besluitvorming* wordt bedoeld).
c. Gedeelde besluitvorming over wie welk aandeel in de behandeling op zich neemt (c.q. *gedeelde behandeling*).

Het moment van uitstek waarop traditioneel gedeelde besluitvorming plaatsvindt, is het zogeheten 'adviesgesprek' waarbij op basis van diagnostische bevindingen behandelvoorstellen worden gedaan (Westermann en Maurer 2015). De term 'adviesgesprek' past voor ons niet meer zo goed bij de hierboven beschreven 'positiedraai' die wij inmiddels hebben gemaakt en bepleiten. De term suggereert in onze ogen te veel eenrichtingsverkeer: de expert geeft een advies, de hulpvrager accepteert dit of niet.

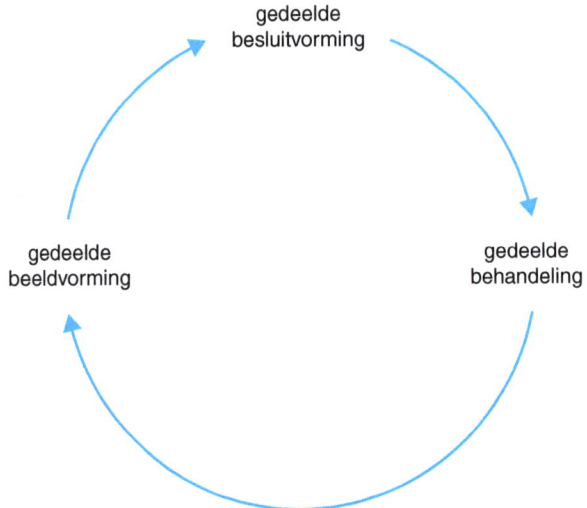

Figuur 1.1 De cyclisch samenhangende drie elementen van gedeelde besluitvorming

Omdat naar ons idee mogelijk de meest cruciale stap in het gedeelde-besluitvormingsproces het tot stand brengen van een gedeeld gevisualiseerd verhaal is (stap a), introduceren wij voor dit moment als vervanging voor het woord 'adviesgesprek' de term: overzichtgesprek. Lukt het namelijk om een gedeeld verhaal (visueel samengevat in een overzichtelijk plaatje) tot stand te brengen, dan zijn de twee volgende stappen (b en c) goed te maken. Een duidelijk overzicht helpt om meer inzicht te verwerven in wat speelt en wat nodig is. Dit inzichtelijk overzicht vormt vervolgens de basis om afspraken te maken over de wijze waarop vervolgens uitzicht op verbetering is te realiseren. Omgekeerd, als het niet goed lukt om tot gedeelde beeldvorming te komen, dan is de kans op stagnatie van zorg of mislukken van de behandeling groot. Hoe dit werkt, zullen we in dit boek aan de hand van tal van voorbeelden illustreren.

Deze drie elementen van gedeelde besluitvorming blijven zich tijdens de behandeling cyclisch herhalen, specifiek bij geregelde evaluatiemomenten (fig. 1.1). Tijdens deze momenten die wij 'pas-op-de-plaatsgesprekken' noemen, zullen zowel de ontwikkelingen, als ook de samenwerkingsrelatie aan bod komen om deze waar nodig bij te sturen (rond vragen als: wie krijgt wat, wanneer en hoe geregeld). Beelden, besluiten en verdeling van taken kunnen naar aanleiding van de onderlinge dialoog periodiek worden bijgesteld tot het moment van afronding is bereikt.

Daarmee is onze definitie van gedeelde besluitvorming een bredere dan te doen gebruikelijk. Deze gaat dus verder dan de vaststelling dat de hulpvrager op basis van goede voorlichting een gewogen keuze maakt uit voorgestelde behandelopties van de behandelaar (Elwyn et al. 2012).

1.2 Goede werkrelatie als basis

Als behandelaar in de GGZ ben je diagnostisch en therapeutisch goed opgeleid. Die kennis wil je zo goed mogelijk inzetten voor hen die hulp nodig hebben en dan spelen de volgende vragen.
- Hoe stem je die expertise goed af op specifieke hulpvragen, zorgbehoeften en persoonlijke waarden van de hulpvragers?
- Hoe bundel je professionele en persoonlijke deskundigheid?
- Hoe herschrijf je samen met hulpvragers hun levensverhaal waarin ze zijn vastgelopen naar een nieuw scenario dat weer hoop en vertrouwen biedt?
- Tot welke aangrijpingspunten en welke vorm van behandeling besluit je samen?
- Hoe krijgen helpende kanten eveneens aandacht naast de hinderende?
- Hoe evalueer je samen dit proces en stuur je bij?

Er zijn veel zaken waar je op moet letten: zijn de juridische zaken op orde, voldoe ik aan de geldende administratieve regelgeving, komt een hoop biedend behandelplan tot stand? Daarbij wordt door financier en werkgever naast effectiviteit ook de nodige efficiëntie in je handelen verwacht.

Hiermee komen we bij de kern van dit boek. De centrale thema's zijn afstemming, overeenstemming en toevertrouwen. In het volgende hoofdstuk zullen wij verder uitwerken hoe deze relationele aspecten die een goede werkrelatie kenmerken, een sleutelrol spelen bij doeltreffende en doelmatige zorg.

De uitgangspunten van waaruit in dit boek antwoorden op bovenstaande vragen worden aangedragen, zijn de volgende:
- Afstemming richt zich op de pijn en de dilemma's van de hulpvragers: *what matters to you?*
- Op een of andere manier krijgen de hulpvragers (samen met hun naasten) bepaalde zaken niet meer geregeld, waarvoor ze hulp zoeken.
- Klachten en symptomen drukken een ontregeling uit: 'het niet meer zelf geregeld krijgen'.
- Ontregeling wordt gezien als een gelaagd en circulair proces, niet louter lineair bepaald.
- Veel zaken krijgen hulpvragers wel goed geregeld; deze komen nadrukkelijk ter sprake en vormen vaak aangrijpingspunten voor gewenste verandering.
- Behandeling is een interactief proces, niet een voorschrijvend.
- De dialoogvorm biedt kansen om ieders inbreng het meest tot zijn recht te laten komen. Over en weer versterkt de een de ander wat betreft positie, inbreng en inzichten.

Een behandelproces kun je 'kort door de bocht' als volgt samenvatten: je stelt samen met de hulpvrager vast wat speelt, wat nodig is en biedt dat aan. Je evalueert of de behandeling goed verloopt en voldoende resultaat heeft, en vervolgens ben je de persoon die het behandelproces afrondt en zo nodig zorgvuldig overdraagt. Bij een ongecompliceerde beenbreuk bijvoorbeeld verloopt dit proces geheel geprotocolleerd en is de bijdrage van iedereen duidelijk omschreven. De meeste GGZ-processen kennen deze eenduidigheid niet. Deze verlopen meestal via een cyclus van evaluaties en het bijstellen van diagnostische overwegingen en behandelplannen. Er is meestal geen vastomlijnd probleem (zoals een botbreuk). Over wat focus van zorg dient te zijn, kan onduidelijkheid of discussie bestaan.

Bij een intake richt je je niet alleen op de klachten, maar breng je ook in kaart waar de pijn en dilemma's van de hulpvrager liggen. Je wilt samen met de ander zicht krijgen op diens prognostische verwachtingen (is er enige hoop?), de rolverwachtingen (hoe dien ik mij als hulpvrager te gedragen?) en voorkeuren in bejegening (past de behandelaar bij mij?). Ook thema's als vertrouwen in anderen, leerstijl, actuele levensomstandigheden en daarbij de mate van betrokkenheid en inzet van diens naasten vragen aandacht. Dit gaat dus verder (of is van een andere orde) dan het verlangen van een heldere hulpvraag met een goede motivatie.

Belangrijk is tevens om als behandelaar samen met de hulpvrager goed zicht te krijgen op wie eigenlijk hulp vraagt. Meestal is dat de hulpvrager zelf, maar het kan ook de partner zijn, een ouder (in de jeugdzorg) of een kind (in de ouderenzorg) zijn. Naast deze directe naasten zijn het soms 'instanties', zoals een werkgever, de school, een andere behandelaar of de politie/justitie. Door aandacht te besteden aan wie feitelijk om hulp vraagt, wordt ook duidelijk wie vooral probleemdrager is, ofwel wie de meeste 'last' heeft van het gedrag dat verandering behoeft. Meerdere betrokkenen kunnen als probleemdrager of -eigenaar worden gezien en daarover kan verschil van mening bestaan. Het is daarom essentieel dat je als behandelaar zo snel mogelijk zicht hebt op met wie je een werkrelatie aangaat. Wie de meeste inzet kan leveren tot verandering, wie als probleemoplosser wordt gezien, is immers van invloed op het uiteindelijke behandelplan. De meeste kans op een succesvolle behandeling is te verwachten als de posities van hulpvrager, probleemdrager en (mede)probleemoplosser samenvallen. In de casuïstiek komen wij op deze terminologie terug.

In eerste instantie ben je gericht op het tot stand brengen van een goede werkrelatie, niet enkel op een diagnostisch oordeel of op het formuleren van behandelopties. Je weet niet bij voorbaat wat passend is. Actieve aandacht voor de hiervoor genoemde punten draagt bij aan een hoopvol verlopend behandelproces en is daarmee effectiviteit en efficiëntie van deze behandeling verhogend (Hafkenscheid 2014).

In de voorbereiding van een intakegesprek ben je je dan ook goed bewust van de taak op dit punt: je werkt aan het opbouwen van vertrouwen en hoop, een van je uitgesproken en verworven competenties. Je bepaalt niet bij voorbaat wat de hulpvrager nodig heeft. Hiermee bepleiten wij duidelijk een persoonsgerichte attitude, geen klachtgerichte. Wij herkennen ons dan ook in de opvattingen over hoe collega's recent schrijven over de attitude van persoonsgerichte bejegening met een dimensionele benadering in de GGZ: Verhey en Danckaerts (2014), Milders en Thunnissen (2015), Bak et al. (2017). Tevens vinden wij veel inspiratie in de narratieve en dialogische gezinstherapie (Olthof 2012).

Bovenstaande overwegingen omtrent gedeelde besluitvorming en het opbouwen van een goede werkrelatie hebben geleid tot de ontwikkeling van een methodiek, die wij de naam Dialoogmodel hebben gegeven.

1.3 Het Dialoogmodel als hulpmiddel

Het Dialoogmodel is een hulpmiddel om op een relatief eenvoudige manier te komen tot:
- overzicht over wat er allemaal speelt, over welke aspecten een rol spelen;
- inzicht in de samenhang tussen de vastgestelde aspecten;
- uitzicht op verandering door het vaststellen van aangrijpingspunten hiertoe.

Onze grondgedachte bij het hanteren van het Dialoogmodel is de volgende: in de zorg ontmoeten mensen elkaar om samen antwoorden te vinden op vragen die zijn ontstaan als men ergens in is vastgelopen en het zelf niet meer krijgt geregeld. Ieder mens heeft een eigen beeld van de werkelijkheid, ervaart wat hij meemaakt op een persoonlijke manier. Hoe ieder denkt, kijkt, hoe een en ander wordt beleefd en betekenis krijgt, hangt af van de 'brillenglazen' waardoor hij kijkt. Ook hulpvragers en behandelaren hebben een eigen kijk op wat speelt. Die van de behandelaar is in onze ogen niet superieur, maar van een andere orde. Om vraagstukken samen aan te kunnen pakken, is het stap één om een (zo overkoepelend mogelijk) gedeelde visie te ontwikkelen waaraan alle betrokkenen bijdragen. Het is de kunst om de waarde van ieders kijken, ieders visie te erkennen, deze te benutten en van de verschillende invalshoeken één overzichtelijk, samenhangend en passend geheel te maken. Gedeelde taal, gedeelde beeldvorming en een gedeeld kader helpen om de verschillende opvattingen en ideeën samen te brengen, te integreren tot één geheel. Dit kader kun je zien als een 'montuur' om de hulpvragers- en hulpverlenersbrillenglazen in te kunnen passen, zodat een beeld ontstaat dat recht doet aan ieders perspectief.

Een dergelijk 'montuur' heeft bijzondere eigenschappen:
- Alle glazen zijn even belangrijk voor het totaalbeeld (en in principe die van de hulpvrager meestal doorslaggevend!).
- Kijk je door deze bril, dan zie je niet alleen hinderende kanten maar juist ook helpende factoren.
- Je ziet niet 'dé werkelijkheid', wel een betekenisvol beeld dat overzicht, inzicht en uitzicht biedt.

Als het lukt om te komen tot een verbindend samenhangend en passend geheel, dan maakt stap twee (een gezamenlijk behandelplan) de meeste kans van slagen. Belangrijk in de metafoor van het montuur en de brillenglazen is dat niet alleen de persoon van de hulpvrager centraal staat, maar dat het om de dialoog, het samenspel, het over en weer tussen de hulpvrager en de behandelaar draait. Waar aanduidingen als 'aanbod- of vraaggestuurde zorg' worden gebruikt, spreken wij bij voorkeur van 'dialoogondersteunde zorg'.

In ◘fig. 1.2 staat een aantal veelgebruikte 'lenzen' weergegeven. Zoals aangegeven – en wij in het vervolg verder zullen toelichten – staat het montuur voor het kader van het Dialoogmodel, de verbindende methodiek die in dit boek centraal staat.

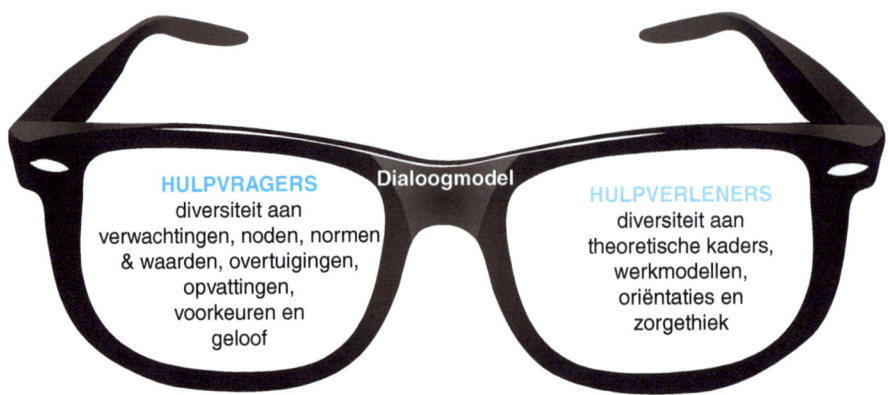

Figuur 1.2 Het Dialoogmodelmontuur brengt symbolisch de diverse perspectieven van hulpvragers en hulpverleners samen

Omdat wij zo breed mogelijk ofwel holistisch naar de zorgen van hulpvragers willen kijken, voelen wij ons het meest thuis bij het nog veel in de (geestelijke) gezondheidszorg gebruikte kader van het biopsychosociaal model (Engel 1960). Kijk je veelomvattend dan valt het nog niet mee om de vele verbanden, de complexiteit te overzien. Het Dialoogmodel helpt om deze complexiteit terug te brengen tot een inzichtelijk overzicht.

Wij schetsen nu in een notendop de Dialoogmodelvisie op menselijk gedrag en menselijke ontwikkeling en tonen het bijbehorend visualisatiehulpmiddel van het Dialoogmodel (◘fig. 1.3) (Maurer en Westermann 2007). Zowel deze zienswijze als de figuur zullen in het hele boek steeds weer terugkomen. De werkzaamheid van toepassing van het Dialoogmodel in de adviesfase is inmiddels wetenschappelijk getoetst en vastgesteld (Westermann 2010; Westermann et al. 2013). De resultaten van vervolgonderzoek over de positieve invloed van het gebruik van het Dialoogmodel voor het behandelresultaat worden momenteel verwerkt.

De figuur is als volgt te lezen. Wij gaan uit van de visie dat hoe het met iemand gaat en hoe dat in concreet gedrag tot uitdrukking komt, te maken heeft met hoe hij en zijn omgeving circulair op elkaar reageren (de cirkel in ◘fig. 1.3). Er speelt mee hoe het lichamelijk (de L in het hoofdje) met hem gaat, hoe diens relationele stijl (de R) te kenmerken is, welke emoties (de E) en gedachten (de G) spelen en hoe deze kanten al dan niet als eenheid in evenwicht (de kleine e en de verbindende lijnen in het hoofd) zijn. De letters samen vormen het acroniem REGeL. Dit wordt als ezelsbruggetje gebruikt als we spreken over hoe mensen hun gedrag regelen met deze vier persoonlijke kanten: de relationele stijl, emoties, gedachten en lichamelijke mogelijkheden.

Als het plaatje samen met de hulpvrager en naasten in de behandeling is toegepast, geven wij een *flyer* mee waarin beknopt nog eens de achterliggende gedachtegang van het Dialoogmodel is beschreven (▶bijlagen 1.1 en 1.2).

Bij aanmelding kun je nagaan wat over genoemde aspecten al bekend is – niet als objectieve feiten, maar gezien door de bril van de verwijzer of informant. Ieder heeft vanuit zijn eigen achtergrond en actuele situatie een bepaalde visie op wat speelt, waar het mee te maken heeft en wat nodig is. Deze visies hoeven niet eenduidig overlappend

1.3 · Het Dialoogmodel als hulpmiddel

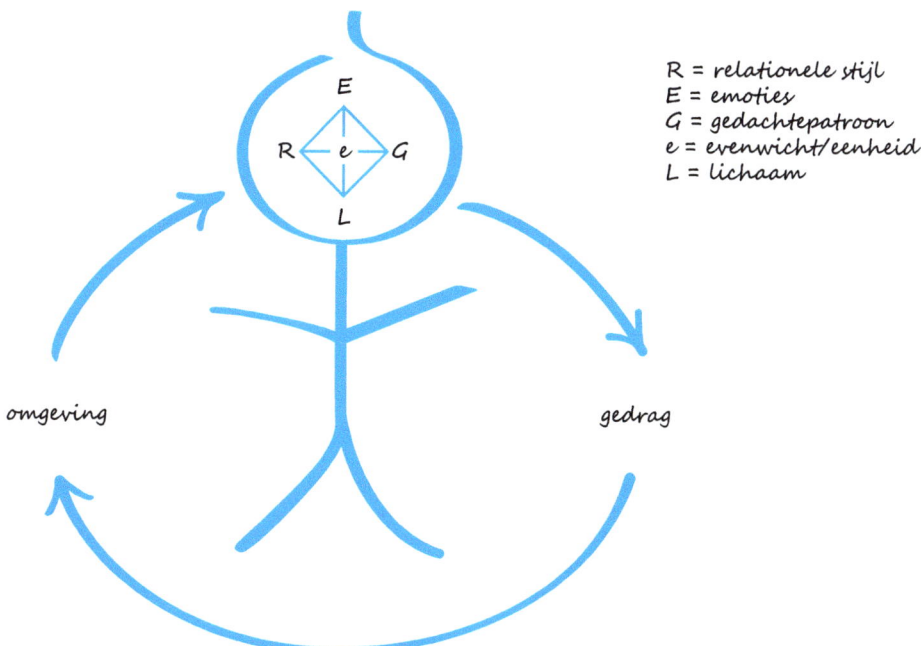

◻ Figuur 1.3 Visualisatiehulpmiddel van het Dialoogmodel

te zijn. Als behandelaar zul je, kijkend door je eigen bril, eveneens een visie hebben of ontwikkelen. De kunst tijdens het intakegesprek is om te zoeken naar verbinding tussen de mogelijk verschillende visies. Bij het bestuderen en ordenen van de informatie vooraf ga je na wat wordt vermeld over de net genoemde aspecten (gedrag, interactie, relationele, emotionele, cognitieve, lichamelijke aspecten en omgeving) in helpende en hinderende zin. Hoe je deze ordent in een handig format, laten we aan de hand van voorbeelden in het volgende hoofdstuk zien. In de hoofdstukken daarna wordt beschreven hoe het Dialoogmodel is te hanteren in het contact met de hulpvragers, hoe het de afstemming en samenwerking kan bevorderen en hoe de uitgangspunten van gedeelde besluitvorming concreet invulling krijgen.

Het doel van de inzet van het model is en blijft: komen tot betere behandelingen. Hiermee bedoelen wij doelmatige behandelingen die voor de hulpvragers bevredigend verlopen en waar de behandelaren meer plezier en voldoening aan beleven.

> **Helpende aspecten bij het uitgangspunt van gedeelde besluitvorming**
> Als je werkt volgens de principes van gedeelde besluitvorming helpen de volgende aspecten om te komen tot succesvolle behandelingen:
> - Behandeling is een co-creatief proces, niet louter een uitvoerende handeling.
> - Ieder beziet de werkelijkheid vanuit zijn eigen bril en geeft daar betekenis aan. De betekenisverlening van de behandelaar is niet superieur.
> - Een goede werkrelatie bevordert de kans op succesvol behandelen.

- Als de hulpvrager zich tevens als probleemdrager en (mede)probleemoplosser ziet, vormt dit een goede basis voor behandelen.
- Gedeelde besluitvorming omvat overeenstemming over wat er speelt, over de aanpak en een cyclus van evaluaties hierover.

In de volgende hoofdstukken komen deze helpende aspecten uitvoerig aan bod. Systematisch doorlopen wij hierbij het gehele behandelproces van aanmelding tot afronding.

Literatuur

Bak, M., Domen, P., & Os, J. van (2017). Psychiatrie ontward. In M. Bak, P. Domen & J. van Os (Red.), *Innovatief leerboek persoonlijke psychiatrie*. Leusden: Diagnosis.

Elwyn, G., Frosch, D., Thomson, R., Joseph-Williams, N., Lloyd, A., Kinnersley, P., et al. (2012). Shared decision making: A model for clinical practice. *Journal of General Internal Medicine, 27,* 1361–1367.

Engel, G. L. (1960). A unified concept of health and disease. *Perspectives in Biology and Medicine, 3*(4), 459–485.

Hafkenscheid, A. (2014). *De therapeutische relatie*. Utrecht: De Tijdstroom.

Maurer, J., & Westermann, G. (2007). *Beter communiceren in de hulpverlening. Het dialoogmodel als leidraad*. Houten: Bohn Stafleu van Loghum.

Milders, F., & Thunnissen, M. (2015). *Psychotherapeutische psychiatrie. Menselijke maat in praktijk en wetenschap*. Utrecht: De Tijdstroom.

Olthof, J. (2012). *Handboek narratieve psychotherapie voor kinderen, volwassenen en families: Theorie en praktijk*. Utrecht: De Tijdstroom.

Verhey, F., & Danckaerts, M. (2014). Principes van psychosociaal interveniëren. In F. Verhulst, F. Verhey & M. Danckaerts (Red.), *Kinder- en jeugdpsychiatrie*. Assen: Van Gorcum.

Westermann, G. M. A. (2010). *Ouders adviseren in de jeugd-ggz. Het ontwerp van een gestructureerd adviesgesprek. Dissertatie.* Maastricht: Datawyse/Universitaire Pers.

Westermann, G. M. A., & Maurer, J. M. G. (2015). Gedeelde besluitvorming in de ggz: Het adviesgesprek in de jeugd-ggz als voorbeeld. *Tijdschrift voor Psychiatrie, 57,* 352–360.

Westermann, G. M. A., Verheij, F., Winkens, B. J., Verhulst, F. C., & Oort, F. V. A. van (2013). Structured shared decision-making using dialogue and visualization: A randomized controlled trial. *Patient Education and Counseling, 90,* 74–81.

Bijlagen

Bijlage 1.1 Flyer 'Goed geregeld voor jeugdigen en ouders'

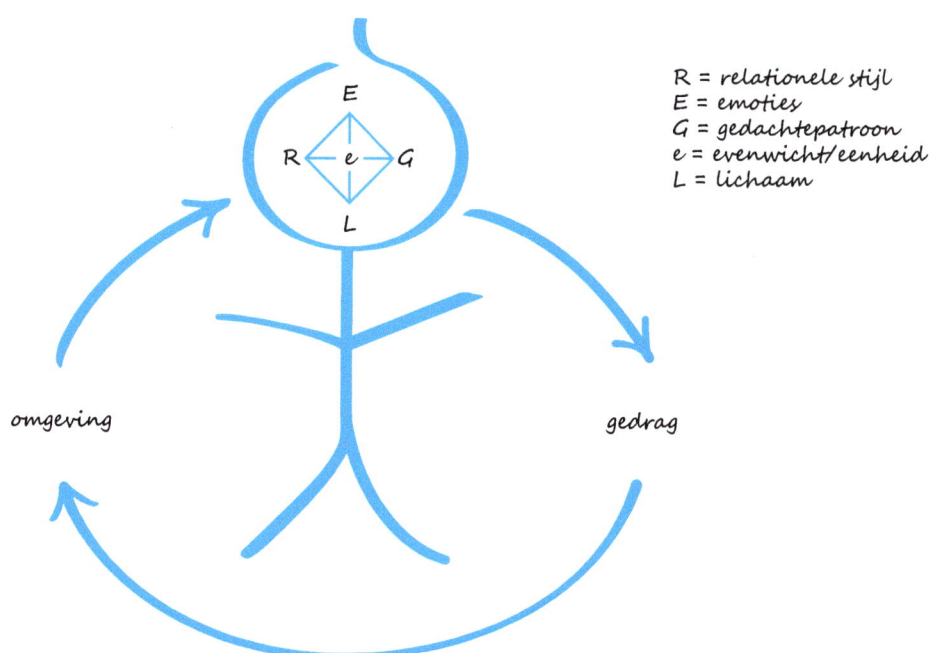

- **Goed geregeld!?**

Op dit blad kunnen jij, je ouders of anderen die voor jou belangrijk zijn nog eens lezen hoe we in gesprekken met jullie dit plaatje gebruiken om het samen eens te worden over waarin jullie vastlopen en wat we hier samen aan kunnen veranderen. Het helpt ons om samen met jullie de belangrijkste gegevens te ordenen en te bespreken.

Zoals gezegd, het figuurtje stelt jou voor. Bij de 'omgeving' gaat het om je gezin, je school/werk en alles wat je in vrije tijd doet. Bij 'gedrag' komt te staan wat goed gaat en waarvoor jullie hulp vragen. Met jullie gaan we na:
- hoe jij en je omgeving op elkaar reageren, met elkaar omgaan (in de tekening de pijlencirkel);
- hoe jij met anderen omgaat (je Relationele stijl): R;
- hoe jij je voelt (je Emoties, je stemming): E;
- hoe jij over van alles denkt (je Gedachten): G;
- hoe het Lichamelijk met je gaat: L.

We bekijken ook samen hoe de verschillende kanten van jou elkaar beïnvloeden (de lijntjes) en of ze voldoende als *eenheid* in *evenwicht* zijn (de kleine letter 'e').

De letters samen vormen als geheugensteuntje het woord: REGeL! Zonder er meestal bij stil te staan, regel je namelijk je gedrag met je lichamelijke, emotionele, relationele en gedachte-mogelijkheden.

Je omgeving regelt ook mee, bijvoorbeeld via je opvoeding en het onderwijs. De cirkel laat de omgang met elkaar zien, hoe jullie het samen krijgen geregeld en waarin jullie vastlopen en hulp vragen. Problemen ontstaan meestal als dat regelen niet goed loopt.

Wij onderzoeken samen met jullie wat jullie helpt en wat jullie hindert. We maken vervolgens samen met jullie een plan om het weer *goed geregeld* te krijgen.

Bijlage 1.2 Flyer 'Goed geregeld voor volwassenen'

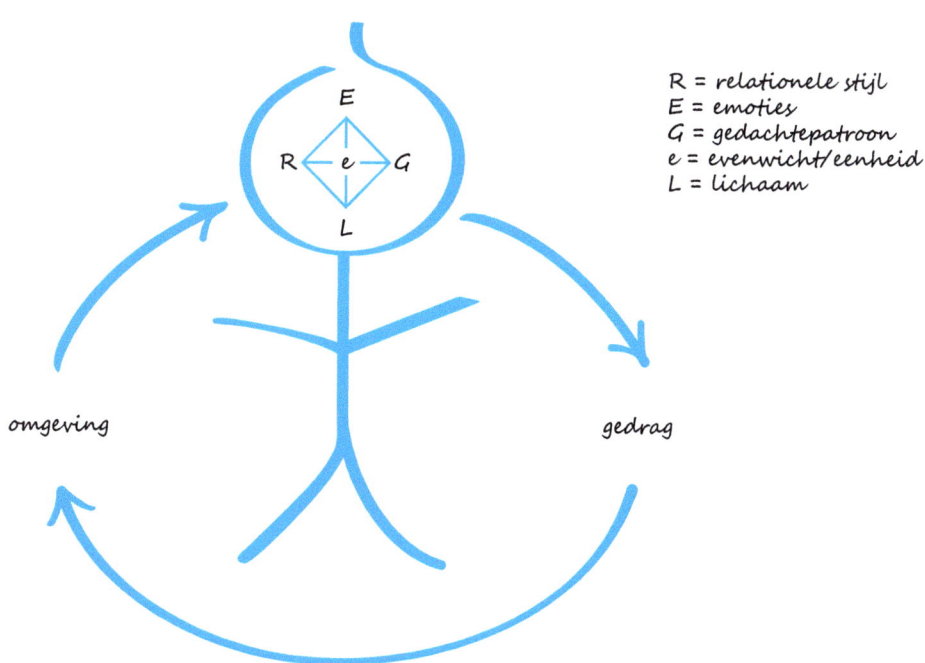

- **Goed geregeld!?**

Op dit blad kunnen u en anderen die voor u belangrijk zijn, nog eens lezen hoe we in gesprekken met u (en uw naasten) dit plaatje gebruiken om het samen eens te worden over waarin u vastloopt en wat we hier samen aan kunnen veranderen. Het helpt ons om samen met u de belangrijkste gegevens te ordenen en te bespreken.

Zoals gezegd, het figuurtje stelt u voor. Bij de 'omgeving' gaat het om uw gezin, opleiding/werk en alles wat u in vrije tijd doet. Bij 'gedrag' komt te staan wat goed gaat en waarvoor hulp u hulp vraagt. Met u gaan we na:
- hoe u en uw omgeving op elkaar reageren, met elkaar omgaan (in de tekening de pijlencirkel);
- hoe u met anderen omgaat (uw Relationele stijl): R;
- hoe u zich voelt (uw Emoties, uw stemming): E;
- hoe u over van alles denkt (uw Gedachten): G;
- hoe het Lichamelijk met u gaat: L.

We bekijken ook samen hoe de verschillende kanten van u elkaar beïnvloeden (de lijntjes) en of ze voldoende als *eenheid* in *evenwicht* zijn (de kleine letter 'e').

De letters samen vormen als geheugensteuntje het woord: REGeL! Zonder er meestal bij stil te staan, regelen we namelijk ons gedrag met onze lichamelijke, emotionele, relationele en gedachte-mogelijkheden.

De cirkel laat de omgang tussen u en uw omgeving zien, hoe u het samen krijgt geregeld en waarin u vastloopt en waarvoor u hulp vraagt. Problemen ontstaan meestal als dat regelen niet goed loopt.

Wij onderzoeken samen met u wat u helpt en wat u hindert. We maken vervolgens samen met u een plan om het weer *goed geregeld* te krijgen.

Het voorbereiden van het eerste gesprek

Samenvatting

Goede afstemming, een goede samenwerkingsrelatie bevordert effectieve en efficiënte hulpverlening, een persoonsgerichte benadering wordt bepleit. Goede afstemming komt niet vanzelf tot stand. Het vraagt een op samenwerking gerichte attitude van de hulpverlener. Het komt erop aan hoe deze attitude in concreet gedrag is te vertalen. Dit begint met een degelijke voorbereiding van de kennismaking. Handvatten worden aangedragen over hoe aangeleverde informatie vooraf kan worden geordend en gewogen via een format van het Dialoogmodel. Dit bevordert zicht op *what matters* en hoe je als hulpverlener daar vanaf het begin op kunt afstemmen. Al vanaf het eerste contact is het belangrijk te beseffen dat behandeling een co-creatie is. Het begrip 'regie in de behandeling' is in dit kader verwarrend en de veel gepropageerde 'regie bij de hulpvrager' is niet wenselijk. Deze stellingname ten aanzien van regisseurschap wordt besproken. Gedeelde besluitvorming is hierbij een sleutelbegrip.

De hulpvrager wordt niet gezien als een object van onderzoek, bij wie de hulpverlener vaststelt wat er mankeert om de gepaste behandeling uit te voeren, maar als subject in nood, die iets niet meer zelf (en/of met zijn naasten) krijgt geregeld en daarvoor hulp van een professional inroept.

2.1 Een goede werkrelatie als basis voor effectieve zorg – 17

2.2 Regie over het behandelproces – 18

2.3 Acceptatie van beschikbare behandeling als voorwaarde voor effectiviteit van zorg – 20

2.4 Organisatie voorafgaand aan het intakegesprek – 21

© Bohn Stafleu van Loghum is een imprint van Springer Media B.V., onderdeel van Springer Nature 2018
J. M. G. Maurer en G. M. A. Westermann, *Praktijkboek gedeelde besluitvorming in de GGZ*,
https://doi.org/10.1007/978-90-368-2180-3_2

2.5	Praktijkvoorbeelden – 23	
2.5.1	De gepeste jongen – 23	
2.5.2	Een depressieve man – 26	
2.5.3	De wantrouwende vrouw – 28	

Literatuur – 31

Bijlagen – 32

Bijlage 2.1 Vragenlijst voor jeugdigen, in te vullen voor het intakegesprek – 32

Bijlage 2.2 Vragenlijst voor ouders/verzorgers, in te vullen voor het intakegesprek van hun kind – 33

Bijlage 2.3 Vragenlijst voor volwassenen, in te vullen vooraf aan intakegesprek – 34

2.1 Een goede werkrelatie als basis voor effectieve zorg

Als behandelaar in de GGZ is het iedere keer opnieuw een uitdaging een goede werkrelatie met een nieuwe hulpvrager op te bouwen en te behouden. Waarom dit belangrijk is en hoe je als behandelaar, vooraf aan het eerste contact, de kans hierop kunt vergroten, komt in dit hoofdstuk aan bod.

Het belang van een goede werkrelatie is bekend. Het leidt tot een beter behandelresultaat en het vermindert het risico op stagnatie van het behandelproces. Onder de term 'behandelproces' verstaan wij ook diagnostische activiteiten. De wijze waarop je een diagnostiekvoorstel doet en onderzoek uitvoert, draagt vanaf het eerste moment een therapeutische component in zich.

Van de hulpvrager kan bij de start niet direct een actieve bijdrage aan het tot stand brengen van een goede samenwerking worden verwacht. Hij heeft wel iets anders aan zijn hoofd. Hij heeft bij aanmelding vaak nog maar weinig hoop op fundamentele verbetering of vertrouwen in zichzelf, is te angstig om iets te veranderen of overziet het allemaal niet meer. Soms voelt hij zich vooral door anderen gestuurd, ziet hij geen nut in een gesprek of komt hij expliciet met tegenzin. Slechts een minderheid van de hulpvragers meldt zich aan met een hoopvol perspectief op een snelle verbetering. Als behandelaar ben je dan ook primair aan zet om daadwerkelijk contact tot stand te brengen. Je zult daarom deze eerste ontmoeting zodanig dienen te kaderen dat de ander jou toestaat verbinding met hem tot stand te brengen. Om dit te bereiken, is een goede voorbereiding van het intakegesprek nodig en helpend.

Een goede voorbereiding vormt de eerste fase van het gehele behandelproces. Zo dien je je in te zetten om de hulpvrager het gevoel te geven dat deze welkom is, hem de ruimte te bieden om zijn verhaal te doen en te laten merken dat je hiervoor openstaat. Als hij ervaart dat hij wordt gezien, gehoord en geaccepteerd zoals hij is, kan dat bijdragen aan vermindering van stressgevoelens, zoals angst, schaamte en schuldgevoel of het gevoel bij jou niets te zoeken te hebben. In het beste geval ontstaat er in dit eerste gesprek al iets van vertrouwen in jou als hulpverlener. Als dat lukt, als de hulpvrager ook jou begint te ervaren als iemand die hem mogelijk iets kan bieden, kan het opbouwen van een goede samenwerking een meer gezamenlijk proces worden.

In ◘fig. 2.1 is visueel weergegeven dat een goede voorbereiding de basis vormt voor het hele behandelproces. Deze piramide is als volgt te lezen: onderaan staat de aanmelding vermeld die leidt tot mogelijk overleg met de verwijzer en acceptatie van de verwijzing, waarna een goede voorbereiding van de kennismaking volgt. Pas dan wordt de volgende stap in het behandelproces gezet. Deze staat daarboven aangegeven. De daaropvolgende fasen in het zorgproces zijn met kernwoorden weer daarboven vermeld, tot de uiteindelijke afronding van het zorgproces. De verschillende fasen van het behandelproces kunnen alleen effectief worden doorlopen als de voorgaande fase bevredigend verloopt. In alle fasen blijft het onderhouden en bestendigen van een goede werkrelatie nodig. Dat vraagt de juiste attitude van jou als behandelaar en als team in het geval dat meerdere hulpverleners zijn betrokken. Als behandelaar heb je dus de opdracht er alles aan te doen om een goede werkrelatie te bereiken, oftewel om de basis van de piramide zo stevig mogelijk te laten zijn. Alle in deze piramide getoonde 'opdrachten' komen in dit boek achtereenvolgens aan bod.

```
                    afronding-
                    overdracht

              gezamenlijke uitvoering
              met cyclische evaluatie

           overeenstemming en afspraken
           over behandeling en zelfzorg

        co-creatie gedeelde diagnostische omschrijving

     overeenstemming over en uitvoering van nadere diagnostiek

   verduidelijking van hulpvragen, verwachtingen en eerste inschatting

 werkrelatie, wederzijds vertrouwen, stressreductie, passende taak/rolverdeling

*aanmelding – overleg met verwijzer/acceptatie – voorbereiding eerste gesprek*
```

Figuur 2.1 Schematisch overzicht van diverse fasen van het behandelproces waarbij van beneden naar boven is weergegeven hoe het een stoelt op het ander

Voordat we concrete handvatten voorleggen hoe je een gedegen voorbereiding vanuit een persoonsgerichte attitude kunt vormgeven, is het nodig eerst stil te staan bij de volgende thema's:

- regie in de behandeling;
- acceptatie van het aanbod als voorwaarde voor effectiviteit van zorg;
- organisatie voorafgaand aan het intakegesprek.

Want, hoe jij je als hulpverlener of de instelling waar je werkt zich verhoudt tot deze thema's, bepaalt voor een belangrijk deel de manier waarop je de hulpvrager zult benaderen in het intakegesprek.

2.2 Regie over het behandelproces

Bij het vaak geïdealiseerde streven 'de regie in de behandeling ligt bij de patiënt' zetten wij vraagtekens. In onze benadering heb je als behandelaar vooral de regie over het behandelproces vanuit een gelijkwaardige positie met de hulpvrager. Behandeling is in onze ogen idealiter een dialogisch proces, waarbij 'regie' als term niet goed bruikbaar is.

Wij snappen de roep van zowel overheid, ziektekostenverzekeraars als patiëntenverenigingen om de hulpvrager de regie in de behandeling te geven, op zichzelf wel. Enkele decennia geleden was de rolverdeling namelijk meestal omgekeerd. Je legde als patiënt je problemen aan een deskundige behandelaar voor. Die stelde vast wat je mankeerde en ging over tot behandelen. Kortom, *doctor knows best* was een geaccepteerde aanname met bijbehorende gelegaliseerde rolverdeling. In het huidig tijdsgewricht wordt deze rolverdeling alleen nog geaccepteerd in levensbedreigende situaties. In zo'n geval verlangt iedereen snel en deskundig ingrijpen. In alle overige situaties is de behoefte aan overleg en beslissingsrecht over de te volgen diagnostiek- en behandelingsroute groot. Hulpvragers willen inmiddels niet meer dat een behandelaar zonder overleg diagnostiek of behandeling start, maar wensen eerst voorstellen te vernemen. De voor- en nadelen van diverse opties worden doorgenomen, waarna men de best passende interventie overeenkomt.

In de ideale situatie vinden deze stappen in dialoog plaats. Deze benadering, gedeelde besluitvorming, beweegt zich tussen de uitersten waarin óf de behandelaar óf de hulpvrager beslist. Betrokkenen komen samen overeen in welke mate ze een aandeel willen en kunnen hebben in het afwegings- en besluitvormingsproces. Goed beschouwd heeft geen van de partijen 'de regie'. De hulpvrager heeft vanzelfsprekend de regie over hoe hij zijn leven invult, en daar hoort ook de keuze bij of hij gebruik wil maken van voorgestelde professionele hulpverlening en zo ja, op welke manier. Alleen als (reëel of zeer waarschijnlijk) ernstig gevaar (voor zichzelf of anderen) speelt, kan hij deze regie verliezen. Dan gelden gerechtelijke regels waarbij hij de eigen regie tijdelijk kan kwijtraken.

Formele terminologie draagt ook bij aan verwarring rond de vraag wie regie voert. Zo zijn in het wettelijk verplicht kwaliteitsstatuut GGZ (door Zorginstituut Nederland opgenomen in het register voor kwaliteitstandaarden) de gebruikelijke termen als hoofdbehandelaar en casemanager vervangen door de term 'regiebehandelaar'. Dit suggereert dat de regie toch bij de behandelaar ligt. Professionele regievoering is echter enkel van toepassing op de regie van het proces van hulpverlening en in geen geval op de keuzes van de hulpvrager. Deze is en blijft hierin autonoom.

De verwarring over regievoering wordt tevens gevoed door de tegenstrijdige eisen die politieke en financiële beleidsbepalers aan behandelaren stellen. Tegenwoordig moet een behandelaar enerzijds de deskundige bij uitstek zijn en anderzijds tegelijk voldoen aan wettelijke eisen rondom gedeelde besluitvorming en transparante informatieoverdracht. De behandelaar dient aan de ene kant een diagnose te stellen, vast te stellen wat er bij de ander zoal speelt. Daaraan gekoppeld bepaalt hij welke wetenschappelijk verantwoorde behandeling aangewezen is. Deze dient hij vervolgens uit te voeren (anders blijft hij in gebreke en kan daarvoor achteraf ter verantwoording worden geroepen). Voor dit deel van het zorgproces dient hij zich als bepalende deskundige op te stellen. Tegelijkertijd zijn aan de andere kant wettelijke eisen van kracht (denk aan de WGBO 1995) die van hem een veel minder bepalender rol verlangen. Hij dient de hulpvrager zodanig te informeren dat deze zelf verstandige keuzes kan maken over zijn ziekte en gezondheid. Bij gedeelde besluitvorming streeft hij er juist naar de positie van de hulpvrager als gelijkwaardige gesprekspartner en deskundige van diens persoonlijke situatie te versterken. Het advies van de Raad voor Volksgezondheid en Zorg 'De participerende patiënt' betreft soortgelijke aanbevelingen over gedeelde besluitvorming en uitvoering van de zorg, waarbij de relatie patiënt-zorgverlener centraal staat (Raad voor de Volksgezondheid 2013). Kortom deze tegenstrijdige opdrachten brengen de hulpverlener in een spagaat en maken het hem niet gemakkelijk om 'het goede' te doen.

Hoe je als hulpvrager deze dubbele (een meer participerende én richtinggevende) positie toch effectief kunt innemen en krijgen, vormt een van de rode draden in dit boek. Wij definiëren de regiebehandelaar in principe als de persoon die tijdens het gehele behandelproces de 'compagnon' is voor de hulpvrager. De regiebehandelaar heeft meerdere opdrachten op inhoudelijk niveau en op procesniveau, waar we in de volgende hoofdstukken op terug zullen komen. In de voorbereiding van een intakegesprek ben je je dan ook goed bewust van de taak in dit opzicht: je gaat de regie in het behandelproces nemen. Je bepaalt niet bij voorbaat wat de hulpvrager nodig heeft; dat is, zo gezegd, heel iets anders.

2.3 Acceptatie van beschikbare behandeling als voorwaarde voor effectiviteit van zorg

Het wel of niet acceptabel zijn voor de hulpvragers van hetgeen je als behandelaar kunt aanbieden, bepaalt sterk de effectiviteit van de behandeling. Bij de voorbereiding is de vraag 'hoe sluit ik het beste aan bij deze persoon in deze situatie?' essentieel. Dat lijkt een open deur, maar dat is het niet om het volgende. Bij de voorbereiding van een intakegesprek kun je het gesprek volledig op symptoom- of klachtenniveau aangaan. Hiervan zijn wij geen voorstander. Wij pleiten ervoor om je vooral op procesniveau voor te bereiden. Effectieve zorg is immers niet hetzelfde als het toepassen van wetenschappelijk aangetoonde effectieve behandelingsmethodieken als antwoord op zorgvuldig gediagnosticeerde aandoeningen. Voor behandelingen in de GGZ geldt dezelfde wetmatigheid als in het 'economisch verkeer'. De effectiviteit van geboden diensten is niet alleen afhankelijk van de kwaliteit hiervan, maar evenzeer van de acceptatie daarvan. De zogeheten wet van Maier (1963) stelt:

> $EB = K \times A$, waarbij de EB staat voor Effect Besluit, de K voor kwaliteit en A voor Acceptatie.

Als je als regiebehandelaar een niet-voldoende bij deze persoon en diens context passend behandelaanbod adviseert, is het risico groot dat de hulpvrager dit aanbod niet accepteert. Als deze *mismatch* openlijk kan worden besproken, is dat een goede zaak. Dan is de weg vrij voor verder overleg en een verdere zoektocht naar meer consensus oftewel voor respectvolle afsluiting. Als de hulpvrager, met de nodige aarzeling, de niet-voldoende passende behandeloptie toch accepteert, dan is de kans op een mislukkend traject aanwezig. Dit kan zich uiten in het niet goed nakomen van behandelafspraken, regelmatige afmeldingen of het voortijdig stoppen met behandeling. Misschien houdt de hulpvrager zich goed aan alle afspraken, maar levert dit geen of onvoldoende bevredigend resultaat op.

De persoonlijke voorkeuren, opvattingen en waarden van de ontvanger van een advies en wederzijds vertrouwen spelen bij het accepteren van het advies een doorslaggevende rol. Dit fenomeen is goed herkenbaar bij de werkzaam bevonden psychotherapeutische behandelingen van somatoforme stoornissen. Het overgrote deel van patiënten die deze diagnose krijgen toebedeeld, wenst geen psychotherapie. Ten gevolge hiervan is de effectiviteit van deze interventies voor deze aandoening in de praktijk veel lager dan in onderzoek 'bewezen'.

De effectiviteit kan naar ons idee worden verhoogd door de hulpvragers een stem te geven in het gehele beeldvormings- en besluitvormingsproces. Wat weerhoudt hen, wat speelt allemaal bij hen, waar liggen hun behoeften, wat kunnen zij aan? Waarin voelen zij zich wel of niet serieus genomen? Pas als voldoende overeenstemming bestaat over wat van beide kanten mogelijk is en waardevol wordt geacht, kan de stap naar een psychotherapeutisch effectief aanbod worden gezet. Dit toeleidingsproces is cruciaal voor het bereiken van consensus over het behandelingsadvies.

Bedenk steeds dat de definitie van *evidence-based* werken inhoudt dat het een samenspel is van wetenschappelijke evidentie, van de deskundigheid van de behandelaar en van de wensen en mogelijkheden van de hulpvrager. *Evidence-based* werken is daarmee niet gelijk aan het simpelweg toepassen van wetenschappelijke evidentie. De beschikbare richtlijnen zijn hierover duidelijk: het zijn handvatten om ervoor te zorgen dat er geen zaken over het hoofd worden gezien, zowel qua inventarisatie als behandeling. De term en betekenis van *evidence-based* verdient verbreding door naast bevindingen van wetenschappelijk onderzoek ook het belang van werkrelatie, afstemming en context te betrekken (Raad voor de Volksgezondheid en Samenleving 2017a, b). Met de voorbeelden verderop in dit hoofdstuk zullen wij illustreren hoe wij dit 'acceptatieaspect' al bij de voorbereiding meenemen.

2.4 Organisatie voorafgaand aan het intakegesprek

Voorafgaand aan het intakegesprek vindt al informatie-uitwisseling plaats. De verwijzer stuurt of belt informatie door. De hulpvrager wordt doorgaans al verzocht bepaalde gegevens door te geven. We gaan in op het feit dat de wijze waarop dit gebeurt, betekenis heeft voor het vervolg van het zorgtraject. Waar het nog niet zolang geleden gebruikelijk was dat verwijsbrieven en eindverslagen van een behandeling in 'gesloten envelop' werden meegegeven of verstuurd, is dat nu bijna ondenkbaar. Behandelaren geven meer openheid van zaken over hoe zij de hulpvragen en hulpvragers zien, over hun eigen inzet, over wat wel en niet is gelukt. Er wordt minder 'over', meer 'in overleg met' de hulpvrager geschreven.

In de voorbereiding kun je als nieuwe behandelaar voor jezelf van alle voorgaande informatie een samenvatting maken om deze te toetsen bij de hulpvrager. Op de vraag hoe je een dergelijke samenvatting kunt maken, komen we verderop in dit hoofdstuk terug. Belangrijk is dat je je voorneemt de informatie, die je al hebt gekregen, openlijk te bespreken. Dit doe je om na te gaan in hoeverre het gedeelde opvattingen zijn, hoe een en ander wordt beleefd en wat er mogelijk ontbreekt. De positieve of negatieve waardering van vorige behandelaren door hulpvragers kan een belangrijk onderwerp zijn. Dit geeft zicht op wat mogelijk wordt verwacht en/of verlangd, zodat je als behandelaar kunt nagaan in hoeverre je hieraan tegemoet wilt en kunt komen. In het gesprek hierover helpt het je om open te staan voor de nodige scepsis van de ander ('ik ben eigenlijk niet te helpen') of te hoge verwachtingen ('u bent mijn redder').

Van de verwijzer mag je als nieuwe behandelaar bepaalde basisinformatie verwachten. Louter een verzoek voor onderzoek of behandeling is te mager, als er niets staat vermeld over wat speelt, waar ontregeling plaatsvindt. Een vraag voor onderzoek naar een mogelijke aandachtsdeficiëntiestoornis met hyperactiviteit (ADHD) is een niet-relevante vraag als niet tevens staat aangegeven of (en het liefst hoe) iemand thuis, op school of op het werk vastloopt, of naastbetrokkenen handelingsverlegen zijn. Voldoen aan de classificatie ADHD is niet gelijk aan een problematisch leven. Mensen die voldoen aan het ADHD-profiel kunnen een zeer creatief en gelukkig leven leiden, zoals we vaak in amusementsprogramma's op de tv zien of in het dagelijks leven kunnen meemaken. Angst, somberheid of vergeetachtigheid komen eveneens als normale variatie voor. Zolang ze geen grote belemmeringen of intens leed opleveren, zijn deze verschijnselen op zichzelf niet direct reden voor verwijzing naar professionele zorg. Hoewel hij het niet altijd op prijs zal stellen, raden wij aan bij dergelijke summiere verwijsinformatie contact op te nemen met de verwijzer om nadere toelichting te krijgen. Als de verwijzer deze zelf niet kan geven, kan hij soms wel een andere informant noemen.

In veel GGZ-instellingen is het ook gebruikelijk dat hulpvragers na verwijzing voorafgaand aan het intakegesprek vragenlijsten moeten invullen. Dit kunnen klachtenlijsten zijn en/of meer algemene vragenlijsten over probleemdefinitie en doelen van behandeling. Bedenk dat de hulpvrager hiermee al een indruk krijgt van de benaderingsstijl van de hulpverleningsinstelling. De aard van het gevraagde bepaalt hoe de hulpvrager dit verzoek om informatie ervaart.

Vanuit efficiency is veel te zeggen voor het op voorhand laten invullen van vragenlijsten. Wij kiezen ervoor om vooraf aan hulpvragers te vragen ons vrijblijvend enige gegevens te sturen, waarvan zij inschatten dat dit de eerste ontmoeting voor hen zal vergemakkelijken (▶bijlagen 2.1, 2.2 en 2.3). Dit symboliseert precies de benadering die wij beogen. Het gaat er niet om wat *wij* willen weten. Het gaat erom dat hulpvragers kwijt kunnen wat *zij* belangrijk vinden en *hen* helpt om zich aan ons – voor hen nog vreemden – stap voor stap toe te vertrouwen. Dat proces start met het zelf bepalen welke informatie hierbij helpend kan zijn. Als regievoerder van het behandelproces nodig je hiermee de hulpvragers uit om 'agendapunten' aan te dragen voor het kennismakingsgesprek. Deze vragenlijsten zijn meer persoons- dan klachtgericht. De vragen hebben betrekking op: probleem ervaren, mogelijke aanleiding, veranderwens en de manier van probleem oplossen.

Nogmaals, de reden voor de hierboven aanbevolen voorbereiding en vormgeving is dat een goede voorbereiding door de behandelaar op het eerste kennismakingsgesprek het aansluitingsproces met de hulpvrager en de opbouw van een goede werkrelatie bevordert. Daarmee wordt het risico op een stokkend behandelproces verminderd. Behandelaren die de keuze maken om onvoorbereid, zonder kennis te nemen van vooraf beschikbare informatie, een kennismakingsgesprek in te gaan vanuit de gedachte op deze manier zo onbevangen mogelijk de hulpvrager tegemoet te treden, miskennen de risico's van deze benadering. Onbedoeld kan het een diskwalificatie van eerdere behandelaren inhouden: 'vorige behandelaren hebben niet helemaal begrepen wat speelt, ik zal eens echt goed naar u luisteren.' Al zullen sommige hulpvragers het wellicht prettig vinden een geheel nieuwe start te kunnen maken, de kans is groter dat de hulpvrager het niet prettig vindt om 'voor de zoveelste keer' zijn verhaal te moeten vertellen.

> **Vertaling naar de praktijk**
> Met deze beknopte overdenking van regisseurschap, het belang van acceptatie voor effectiviteit van zorg en de gedegen organisatie vooraf aan het eerste contact in het achterhoofd, volgt nu hoe wij de voorbereiding van het eerste gesprek in de praktijk vormgeven volgens de Dialoogmodelmethodiek.

2.5 Praktijkvoorbeelden

Wij laten aan de hand van drie voorbeelden zien hoe je in de voorbereiding een format in de vorm van een werkblad (▶ bijlage 2.4) kunt gebruiken om vooraf aangeleverde informatie te ordenen. Met dit Dialoogmodel-werkblad probeer je je op basis van de beschikbare gegevens een beeld te vormen van de hulpvrager, van wat hij niet meer krijgt geregeld, hoe interactiepatronen verlopen, en wat hierbij helpend en hinderend is. De focus ligt hiermee niet direct op de aanmeldings-klacht.

2.5.1 De gepeste jongen

Een huisarts heeft een digitale aanmelding gedaan bij een GGZ-instelling voor kinderen en jeugdigen met, naast enkele persoonlijke gegevens, de volgende toelichting (de A staat voor Aanmelding).

> A1: 'Graag uw behandeling van Maurice, 9 jaar oud. Hij wordt op school veel gepest, komt steeds vaker overstuur uit school. Moeder laat weten dat Maurice in de ochtend klaagt over buikpijn en dan niet naar school wil. Voor het slapen gaan, huilt hij vaker, slaapt slechter. Geen somatische bijzonderheden gevonden. Beide ouders zijn betrokken en zorgzaam.'

Dit korte briefje geeft al veel informatie. Maurice wordt gezien als degene om wie zich de zorgen centreren, de ouders weten zich waarschijnlijk geen raad en hopen dat de behandelaar kan helpen. Er is duidelijk sprake van lijdenslast (in ieder geval bij Maurice) en de wens op verbetering (bij hem en ouders). Het is goed om te lezen dat de ouders betrokken en zorgzaam zijn.

De informatie is te summier om bij voorbaat al te besluiten dat het goed is om Maurice op de wachtlijst van een zogeheten antipestgroep of een sociale-weerbaarheidstraining te plaatsen. Als het een enkelvoudig probleem zou betreffen, dan was een dergelijke interventie binnen het 'voorliggend veld' al wel geboden. Hem al laten instromen omdat er toevallig op moment van aanmelding een open plek in een van deze groepen is, is evenmin een goed idee. Als we dat zouden doen, bevestigen we bij voorbaat de visie (het brillenglas) van de verwijzer, van de ouders, van de leerkracht of die van ons als hulpverlener zelf. Afhankelijk vanuit wiens perspectief spreek je dan van vraag- of aanbodgestuurde zorg. Deze benaderingen vinden wij te eenzijdig. Wij bepleiten dialogisch overeengekomen zorg: dialooggestuurd.

We weten nog niet door wiens bril deze korte verwijzing is gekleurd, evenmin weten we welk beeld wij zullen vormen op grond van het contact met Maurice en zijn ouders. Gegevens, gezien door het brillenglas van Maurice, ontbreken volledig. Hoe kijkt hij tegen zaken aan, waar maakt hij zich zorgen over, wat is in zijn ogen nodig? In onze eigen praktijk hebben we vaak ervaren dat 9-jarigen deze vragen helder, en soms verrassend authentiek, kunnen beantwoorden, op een manier die ertoe doet. Uit het samenspel met alle betrokkenen, waarbij de verschillende visies ruimte krijgen en wordt gestreefd een gedeelde kijk op de situatie te verkrijgen, zal het uiteindelijke beleid voortvloeien.

In het format werkblad (▶bijlage 2.4) is het mogelijk om de eerder beschreven aspecten van functioneren in kaart te brengen. Deze aspecten zijn: hoe hij en zijn omgeving circulair op elkaar reageren, hoe het lichamelijk (de L in het hoofdje) met hem gaat, hoe de relationele stijl (de R) te kenmerken is, welke emoties (de E) en gedachten (de G) spelen en hoe deze kanten al of niet als eenheid in evenwicht (de kleine e en de verbindende lijnen in het hoofd) zijn. Belangrijk is dat bij 'gedrag' de actuele gedragskenmerken in de hier-en-nu-situatie komen te staan (zowel helpend als hinderend). Bij 'omgeving' komt het gedrag van belangrijke anderen om hem heen te staan en tevens omgevingskenmerken die mede invloed op de situatie hebben. Daarnaast is het essentieel om te noteren wie welke hulpvragen heeft: dat is namelijk niet altijd de hulpvrager zelf en regelmatig zijn het zelfs uitsluitend anderen. Als uit de voorinformatie al iets duidelijk is over waarin de betrokkenen vastlopen, hoe ze hierbij op elkaar reageren en welke helpende krachten aanwezig zijn, kan dat eveneens worden genoteerd.

Het door de intaker ingevulde werkblad ('analyse voorinformatie', ook ▶bijlage 2.4) op basis van de aangeleverde gegevens over Maurice staat in ▶kader 2.1. De vragen en vraagtekens die deze informatie oproept, staan erbij en zullen tijdens het eerste contact op een passend moment ter sprake worden gebracht.

Kader 2.1 Format werkblad met geordende aangeleverde gegevens Maurice

ANALYSE VOORINFORMATIE

VERWEZEN DOOR: huisarts

GEDRAG (aanmeldproblemen): Wil niet naar school met buikpijn. Overstuur van pesten (geen verweer? Hoe ziet dit eruit?). Huilt voor slapen gaan, slaapt slechter.

HULPVRAGEN:
- Huisarts: graag behandeling n.a.v. pesten
- Ouders: ?
- Maurice: ?

KENMERKEN VAN: Maurice
- RELATIONELE STIJL: ?
- EMOTIONEEL: overstuur, verdrietig
- GEDACHTEN/LEERVERMOGEN: ?
- EVENWICHT: zelf uit evenwicht rond school
- LICHAAM: gezond, wel klachten van buikpijn en slechter slapen

2.5 · Praktijkvoorbeelden

KENMERKEN VAN:
- GEZIN: ouders zorgzaam en betrokken
- SCHOOL/WERK/DAGELIJKSE BEZIGHEDEN: ?
- VRIJE TIJD: ?
- HULPVERLENING: ?
- INGRIJPENDE GEBEURTENISSEN: leerlingen pesten hem
- WAARIN LOPEN ZE VAST: ?
- WAT KRIJGEN ZE WEL GEREGELD: ?

VRAGEN: [zie tekst]
FOCUSSEN OP: [zie tekst]

In het briefje staat evenmin iets over hoe de interactiecirkels verlopen. Dat kun je ook niet verwachten en verlangen. Dit zal je tijdens het gesprek nader willen uitdiepen. Belangrijke vragen zijn:
- Hoe reageert de school op het pestgedrag van andere kinderen en op de slachtoffertjes?
- Heeft de school de ouders ingelicht en hoe verliep dat gesprek? Of is dat anders gelopen?
- Wie is er thuis als Maurice ontdaan uit school komt? Hoe reageert deze: bagatelliserend, afkeurend naar hem, ontfermend, of boos naar de leerkracht?

Antwoorden op deze vragen bepalen mede het uiteindelijke tot stand te brengen gedeeld verhaal. Hierop baseren de behandelaar en hulpvragers samen het behandelplan. Andere vragen zijn even essentieel:
- Steunen de opvoeders elkaar in een aansluitende bejegening of levert het 'strijd' op onderling?
- Blijven de ouders redelijk stevig in hun schoenen staan of raken ze zelf ontregeld?
- Spelen er andere stressoren, zoals een naderende echtscheiding, die van invloed zijn op de stabiliteit van Maurice?

Allemaal vragen die bij jou als behandelaar (via jouw professionele bril) vooraf kunnen opkomen en het verdienen om aandacht te krijgen tijdens het kennismakingsgesprek. Net zo belangrijke vragen zijn echter:
- Hoe zien zowel de ouders als Maurice de problematiek, de oorsprong daarvan en hoe denken zij deze te kunnen oplossen?
- Welke rol dichten ze de behandelaar toe?
- Kortom: hoe kijken zij tegen het een en ander aan door hun persoonlijke bril?

In het briefje is als helpend te lezen dat ouders betrokken en zorgzaam zijn. Verdere helpende aspecten zijn niet vermeld. Daarbij kun je denken aan:
- Is de leerkracht ook zorgzaam en betrokken, heeft de school een antipestprogramma?
- Wat zijn de helpende kanten van Maurice zelf: is hij een zich lichamelijk gezond ontwikkelende jongen, ervaart hij plezier, kan hij zich op passende wijze boos uiten?
- Is hij goed in leren, beseft hij wat speelt en hoe hij met zaken omgaat?
- Is hij zelf zorgzaam, betrokken en mogelijk sensitief empathisch?

Enkele kernwoorden uit deze vragen, kun je noteren bij VRAGEN. Als je voor jezelf prioriteiten aanbrengt, zet je deze bij FOCUSSEN OP. De inzet van het kennismakingsgesprek is een verkenning van elkaars beleving en standpunten om in dialoog te komen tot een zo gedeeld mogelijk verhaal. Er is eerst een voldoende gedeeld verhaal en beeld nodig voordat gedeelde besluitvorming volgt over een passend behandelplan.

Dit werkbladoverzicht geeft richting aan waar je in ieder geval belangstelling voor wilt tonen. Dit is niet hetzelfde als het voornemen een zo breed en goed mogelijke anamnese te willen afnemen, de intentie om alles zo goed mogelijk in kaart te brengen. Dit overzicht helpt je bij het afwegen welke aspecten je wilt thematiseren, met als doel de pijn en dilemma's van de hulpvragers zo goed mogelijk te kunnen begrijpen. Daarmee kun je hun hulpvragen duidelijker krijgen en ook waar ze naar op zoek zijn. Wat we hiermee precies bedoelen, wordt verder uitgewerkt in de volgende hoofdstukken.

2.5.2 Een depressieve man

Wij geven een tweede voorbeeld van een volwassen man van midden 40, digitaal verwezen door zijn huisarts naar de GGZ. De verwijzing luidt als volgt.

> A2: 'Graag op korte termijn (gezien voorgeschiedenis) uw onderzoek en beleid in verband met depressieve klachten bij patiënt met vermoedelijk persoonlijkheidsproblematiek/trekken. Patiënt kampt met vaker terugkerende zwaarmoedigheid en depressiviteit. Patiënt heeft geen werk en er zijn schulden ontstaan. Patiënt kan zijn klachten goed verbergen voor zijn omgeving. Patiënt wil liever geen medicatie omdat hij deze dan langdurend moet slikken. Patiënt probeert spanningen te vermijden. Hij heeft ook 'goede' periodes. Is bovenmatig sociaal geïsoleerd. Ik heb maatschappelijk werk al ingeschakeld voor de praktische problemen. Geen suïcidaliteit, maar gaarne toch de intake met enige spoed plannen omdat patiënt anders alsnog afziet van hulp.'

Deze informatie kan worden samengevat in het werkblad, zoals in ▶ kader 2.2 is gedaan.

> **Kader 2.2 Format werkblad met geordende aangeleverde gegevens depressieve man**
> **ANALYSE VOORINFORMATIE**
> VERWEZEN DOOR: huisarts, met spoed anders kans op afhaken
> GEDRAG (aanmeldproblemen): erg op zichzelf, verbergt zijn klachten voor omgeving, probeert spanning te vermijden
>
> HULPVRAGEN:
> – Huisarts: verminderen risico's op verder afglijden?
> – Zelf: ?
> – Naasten: ?

KENMERKEN VAN: hulpvrager
- RELATIONELE STIJL: afhoudend?
- EMOTIES: vaker terugkerende zwaarmoedig/depressief
- GEDACHTEN/LEERVERMOGEN: Wil geen medicatie, verwacht die lang te moeten slikken.
- EVENWICHT: huisarts noemt niet nader omschreven persoonlijkheidsproblematiek?
- LICHAAM: ?

KENMERKEN VAN:
- GEZIN: ?
- SCHOOL/WERK/DAGELIJKSE BEZIGHEDEN: geen werk, geen sociaal netwerk
- VRIJE TIJD: ?
- HULPVERLENING: maatschappelijk werk voor praktische problemen (schuldgerelateerd of nog meer?)
- INGRIJPENDE GEBEURTENISSEN: schulden
- WAARIN LOPEN ZE VAST: meerdere levensgebieden
- WAT KRIJGEN ZE WEL GEREGELD: ?

VRAGEN: [zie tekst]
FOCUSSEN OP: [zie tekst]

Een dergelijke verwijzing komt regelmatig voor. Bij het invullen van het werkblad wordt meteen duidelijk dat nog veel informatie ontbreekt, met name de visie van de man zelf over deze verwijzing. Een aantal gegevens is gemakkelijk te plaatsen, maar ook weer niet alle informatie. Dat hangt af van hoe je de informatie interpreteert. De uitspraak van de man geen medicatie te willen, hebben we nu als een opvatting van hem, een gedachte genoteerd. Mogelijk speelt er angst voor verslaving mee (en dan had dat onder 'Emoties' kunnen worden geplaatst) of heeft hij voorheen slechte ervaringen met medicijnen gehad ('de vorige behandelaar gaf meteen het eerste gesprek al pillen en daar had ik alleen maar last van'; en dan hadden we het onder Hulpverlening kunnen zetten), maar dat weten we niet. Dit zijn hypotheses die in gesprek met hem nader kunnen worden getoetst. Opvallend is in elk geval dat de verwijzer aangeeft dat bij deze meneer 'het ijzer gesmeed zal moeten worden als het heet is'. Wordt te lang gewacht, dan is het moment waarschijnlijk voorbij.

De man zou ook zijn spanning voor anderen verbergen. Dat kan diverse redenen hebben. Wil hij anderen ontlasten? Is hij al zo vaak teleurgesteld of wellicht gekwetst in het verleden op momenten dat hij toonde hoe het met hem ging? We weten sowieso nog niet veel van zijn directe omgeving. Hij is sociaal geïsoleerd, maar of hij een partner heeft (gehad) of kinderen? Hij heeft gewerkt. Hoe lang is hij al werkloos? Zijn stemming schommelt, heeft dat te maken met de werkloosheid? Hoe groot zijn de schulden: te overzien of ernstig hopeloos? Hoe loopt de samenwerking met maatschappelijk werk? Wat zou de verwijzer bedoelen met de aanduiding 'vermoedelijk persoonlijkheidsproblematiek/trekken'? In feite staat er nauwelijks iets in deze verwijzing over de beweegredenen en verlangens van de man zelf. Er wordt *over* hem geschreven, niets *namens* hem. Deze overwegingen zijn (beknopt) te zetten bij VRAGEN en hetgeen je wil thematiseren of zeker aan bod wil laten komen bij FOCUSSEN OP.

Wellicht zetten bovenstaande overwegingen je aan om eerst te bellen met de huisarts over diens afwegingen. Mogelijk kan hij nadere toelichting geven, waardoor je een betere start kunt maken door meteen zo goed mogelijk te kunnen afstemmen. Deze informatie doet vermoeden dat het bij deze man nauw kan luisteren.

2.5.3 De wantrouwende vrouw

Een derde voorbeeld betreft de verwijzing van een weduwe van 75 jaar oud. De praktijkondersteuner van de huisarts (POH) belt hierover.

> A3: 'Mevrouw is een gewezen directrice, alleenwonend. Tot voor kort ging ze nog regelmatig kaarten in het wijkcentrum, waar men haar graag mocht en waar ze klaarstond voor anderen. Nu komt ze haar huis bijna niet meer uit (alleen nog voor het halen van wat boodschappen) en doet zelf nog wat aan het huishouden. Bezoek houdt ze af. Ze belt haar dochter elke dag en vaak meerdere keren, ook midden in de nacht. Ze beschuldigt de overbuurman ervan dat hij haar bespioneert met een verrekijker. Hij is op haar geld uit, is haar vermoeden, want hij komt regelmatig langs en biedt dan aan de boodschappen voor haar te doen. Ze vertrouwt hem niet. Ze was sleutels kwijt en vond die terug in het tuinhuis waar zij ze echt zelf niet had neergelegd. Ze mist ook geld. De dochter die niet in de buurt woont, heeft alarm geslagen. Ze heeft zelf een druk gezin en fulltimebaan en kan hoogstens in het weekend haar moeder opzoeken. Haar vader is twee jaar geleden overleden. Eerst hield moeder zich kranig, de laatste maanden gaat het bergafwaarts. Haar moeder verwijt haar niet echt om haar te geven, net als haar broer die inderdaad al jaren uit beeld is. Moeder was vroeger een kordate vrouw, die alles tot in de puntjes had geregeld en ook wel wat 'bazig' kon zijn. De huisarts heeft mevrouw thuis opgezocht. Omdat ze toch wel wat vermagerd was en ook wat minder verzorgd, is er bloed geprikt en heeft hij haar onderzocht. Daar kwamen geen bijzonderheden uit naar voren. Mevrouw snapt niet dat de politie niet ingrijpt, is boos en zegt dat het als er niets verandert het voor haar allemaal niet meer hoeft. 'De maatschappij is zo veranderd. Men heeft geen respect meer voor oudere mensen.' Ze bidt elke nacht dat God haar komt halen, zodat ze weer bij haar man zal zijn. De POH heeft haar opgezocht. Hij heeft mevrouw aangehoord, heeft enkele adviezen gegeven, maar zij zag daar geen heil in. Hij vraagt aan de GGZ-medewerker om bij mevrouw op huisbezoek te gaan en een inschatting te maken. Is mevrouw depressief, psychotisch aan het worden of is wellicht sprake van beginnende dementie?'

Een mogelijke ordening van deze gegevens is weergegeven in ▶ kader 2.3.

Kader 2.3 Format werkblad met geordende aangeleverde gegevens van wantrouwende vrouw

ANALYSE VOORINFORMATIE
VERWEZEN DOOR: POH/huisarts
GEDRAG (aanmeldproblemen): verminderde zelfzorg, komt de deur nauwelijks meer uit. Houdt bezoek af.

HULPVRAGEN:
- POH: nader onderzoek naar depressie/psychose/dementie? en behandeling
- Dochter: hulp voor moeder
- Mevrouw: wenst bescherming en ingrijpen politie

KENMERKEN VAN: mevrouw (door bril van verwijzer)
RELATIONELE STIJL: Vertrouwen in ander kwijt. 'Wat bazig'? Ook: best geliefd, helpend
EMOTIES: boos, hopeloos, verdrietig, angstig, verlangen naar hereniging met overleden echtgenoot
GEDACHTEN/LEERVERMOGEN: 'Buurman wil me kwaad doen', Geheugenproblemen? 'Maatschappij verloedert, politie doet niets.' Ook: intelligent, geloof is steun
EVENWICHT: Beginnende ontregeling? Voorheen organisatietalent
LICHAAM: lichamelijk gezond, vermagerd, dag-nachtritme?

KENMERKEN VAN:
- GEZIN: alleenstaand, dochter is weinig praktisch beschikbaar, wel zeer verontrust, contact met zoon verbroken
- SCHOOL/WERK/DAGELIJKSE BEZIGHEDEN: ?
- VRIJE TIJD: kaartclub (mee gestopt)
- HULPVERLENING: ? POH
- INGRIJPENDE GEBEURTENISSEN: overlijden echtgenoot twee jaar eerder, conflict met zoon?
- WAARIN LOPEN ZE VAST: zelfzorg, dagelijks bestaan
- WAT KRIJGEN ZE WEL GEREGELD: tot voor kort ging het goed

VRAGEN: [zie tekst]
FOCUSSEN OP: [zie tekst]

Bij deze casus heb je best het een en ander aan informatie gekregen. De diagnostische hypotheses zijn voor de hand liggend, afgaand op de informatie van derden (mogelijke depressie, verlate rouwreactie, beginnend dementerend proces), alleen de reden waarom het de laatste maanden steeds meer ontregelt, is eigenlijk niet duidelijk. Daarbij kunnen andere factoren een rol spelen.

Je wilt helpen om meer zicht te krijgen op de situatie van mevrouw en om na te gaan welke rol mogelijk voor de GGZ is aangewezen. Toch voel je aan dat bij mevrouw aanbellen als GGZ-medewerker voor een gesprek met haar op verzoek van de huisarts niet zomaar goed zal verlopen. Wie voelt zich bijvoorbeeld probleemdrager en probleemoplosser? De huisarts/POH en ook de dochter maken zich zorgen over mevrouws welzijn en psychische gezondheid en zien de GGZ als (mede)oplosser. Mevrouw ervaart zelf in zekere zin ook een probleem, maar meer als slachtoffer van de verderfelijke maatschappij en de tekortschietende politie. Die zijn in haar ogen de instanties die iets voor haar kunnen doen. Zal de GGZ dat voor haar ook kunnen zijn? Kan zij in de positie van hulpvrager komen? Ze voelt zich in ieder geval in de steek gelaten door haar kinderen, zo lezen we. Mogelijk mogen zij wel deels oplosser zijn, maar ze kunnen het nu in elk geval niet waarmaken.

De vraag is ook wie de GGZ-medewerker het best introduceert en hoe. Vooraf contact opnemen met de dochter kan informatie opleveren die het plaatje completer maakt, maar dan praat je *over* de betrokkene en niet *met*. Er vormt zich dan een beeld gezien door de bril van de dochter. Daarnaast is dit zonder toestemming van deze mevrouw wettelijk niet eens toegestaan. Mogelijk is op huisbezoek gaan met de POH als iemand die mee wil denken over haar situatie de beste optie. Samen met de POH kan het gesprek worden aangegaan over hoe het met mevrouw gaat, hoe het voorheen was, hoe verdrietig haar situatie nu is en wat haar op dit moment het meeste belast en hindert. Je eerste insteek is dan vooral om, zoals wij het noemen, 'naast' mevrouw te komen: haar te erkennen in haar lijden, goed naar haar te luisteren, zodat zij zich gehoord en gezien voelt. Je neemt je voor om, als het kan, zeker ook het gesprek te richten op haar helpende kanten: hoe ze altijd klaar heeft gestaan voor anderen, hoe ze haar zaakjes beroepsmatig en persoonlijk zo goed wist te regelen Tijdens zo'n gesprek wil je uiteraard een indruk over haar toestandsbeeld verkrijgen, je zet immers je eigen professionele diagnostische bril niet af. De focus ligt dan op je voornemen om eerst te komen tot een basale samenwerkingsrelatie, voordat je meteen een gedegen diagnostisch traject gaat starten.

> ### De helpende aspecten van een goede voorbereiding
> We hebben met deze drie voorbeelden laten zien dat het vooraf ordenen en 'wegen' van informatie de volgende voordelen heeft:
> - Je hebt beknopt alle relevante gegevens in zicht en ook wat ontbreekt. Dit geeft richting aan de focus op in te brengen gespreksthema's.
> - Het kan je aanzetten om met de verwijzer voorafgaand aan het eerste gesprek nog contact te hebben en gerichte vragen te stellen om meer zicht te krijgen op 'lege velden' in het format en hoe zijn relatie is met de hulpvrager.
> - Dit samenhangend overzicht kan helpen om vooraf in te schatten op welke wijze het best aansluiting kan worden gezocht bij het REGeL-profiel (en specifiek de relationele stijl) van de hulpvragers en met welke focus. Het kan helpen om zo goed mogelijk in te spelen op verwachtingen, noden en behoeften voor zover deze duidelijk zijn.
> - Dit overzicht vormt het startpunt van het behandelproces. Het helpt om een persoonsgerichte visie vorm te geven en om een hoopvolle werkrelatie op te bouwen.
>
> Hoe je met deze voorkennis een goede werkrelatie opbouwt, bespreken we in het volgende hoofdstuk.

Literatuur

Maier, N. R. F. (1963). *Problem-solving discussions and conferences.* New York: Mc Graw Hill.
Raad voor de Volksgezondheid (2013). *De participerende patiënt.* Den Haag: Sdu.
Raad voor de Volksgezondheid en Samenleving (2017a). *Zonder context geen bewijs.* Den Haag: Sdu.
Raad voor de Volksgezondheid en Samenleving (2017b). *Zorgrelatie centraal. Partnerschap leidend voor zorginkoop.* Den Haag: Sdu.
Wet op de geneeskundige behandelingsovereenkomst (1995). *Burgerlijk Wetboek.* Den Haag: Sdu.

Bijlagen

Bijlage 2.1 Vragenlijst voor jeugdigen, in te vullen voor het intakegesprek

Beste jeugdige. Binnenkort heb je een afspraak bij ons. Ter voorbereiding op zo'n eerste gesprek kan het helpen vooraf al over een aantal punten na te denken. Hieronder staan enkele vragen, die je daarbij kunnen helpen. Als wij ze van tevoren ingevuld terug ontvangen, kunnen wij ze goed doorlezen en er in het gesprek met jou op terugkomen.

Deze lijst is ingevuld door: Datum:

1. Vind jij dat je problemen hebt of anderen jou problemen bezorgen?
   En zo ja, welke problemen dan?
   Thuis: ...
   Op school: ...
   In je vrije tijd/met andere jongeren? ...
2. Is er iets gebeurd waardoor NU hulp wordt gezocht bij ons?
3. Vind je het een goed idee dat wij misschien hulp gaan bieden?
   Ja/nee/weet het niet zeker (omcirkel s.v.p. wat van toepassing is)
4. Als onze hulp iets kan verbeteren voor jou/jullie, op wat voor soort verbeteringen hoop je dan?
   Thuis: ...
   Op school: ...
   In je vrije tijd/met andere jongeren? ...
5. Heb je misschien al een idee over de manier waarop wij jou/jullie zouden kunnen helpen?
6. Is er nog iets anders wat je ons wilt melden of vragen?
   Bedankt voor het invullen!

Bijlage 2.2 Vragenlijst voor ouders/verzorgers, in te vullen voor het intakegesprek van hun kind

Beste ouder(s)/verzorger(s). Binnenkort heeft u samen met uw zoon/dochter een afspraak bij ons. Ter voorbereiding op zo'n eerste gesprek kan het helpen vooraf al over een aantal punten na te denken. Hieronder staan enkele vragen, die u daarbij kunnen helpen. Als wij ze van tevoren ingevuld terug ontvangen, kunnen wij ze goed doorlezen en er in het gesprek met u op terugkomen.

Deze lijst is ingevuld door: Datum:
Moeder/vader/stiefmoeder/stiefvader/iemand anders, namelijk: …
(omcirkel s.v.p. wat van toepassing is)

1. Welke zorgen heeft u over uw kind? Op welke manier/waarmee loopt hij/zij vast?
   Thuis: …
   Op school: …
   Wat betreft vrijetijdsbesteding/met andere kinderen: …
2. Wat is gebeurd waardoor u NU professionele hulp nodig acht?
3. Welke professionele hulp hebben uw kind en u in het verleden al gehad?
   Loopt er nu nog hulp?:
   Nee/ja, namelijk: …
4. Welke verbetering(en) hoopt u dat onze hulp oplevert?
5. Heeft u misschien al een idee over de manier waarop wij u als gezin zouden kunnen helpen?
6. Is er nog iets anders wat u ons wilt melden of vragen?
   Bedankt voor het invullen.

Bijlage 2.3 Vragenlijst voor volwassenen, in te vullen vooraf aan intakegesprek

Beste heer/mevrouw. Binnenkort heeft u een afspraak bij ons. Ter voorbereiding op zo'n eerste gesprek, kan het helpen vooraf al over een aantal punten na te denken. Hieronder staan enkele vragen, die u daarbij kunnen helpen. Als wij ze van tevoren ingevuld terug ontvangen, kunnen wij ze goed doorlezen en er in het gesprek met u op terugkomen.

Deze lijst is ingevuld door: Datum:

1. Welke problemen of zorgen ervaart u? Op welke manier/waarmee loopt u vast?
   Thuis: …
   Op uw werk/bij uw dagelijkse bezigheden: …
   Wat betreft uw vrijetijdsbesteding: …
2. Wat is gebeurd waardoor u NU professionele hulp nodig acht?
3. Welke professionele hulp heeft u in het verleden al gehad?
   Loopt er nu nog hulp?:
   Nee/ja, namelijk: …
4. Welke verbetering(en) hoopt u dat onze hulp zou kunnen opleveren?
5. Heeft u misschien al een idee over de manier waarop wij u zouden kunnen helpen?
6. Is er nog iets anders wat u ons wilt melden of vragen?
   Bedankt voor het invullen.

Bijlage 2.4 Werkblad 'Dialoogmodel voor behandelaar ter voorbereiding op de intake'

ANALYSE VOORINFORMATIE
VERWEZEN DOOR:
GEDRAG (aanmeldproblemen):
HULPVRAGEN:
KENMERKEN VAN:
RELATIONELE STIJL:
EMOTIES:
GEDACHTEN/LEERVERMOGEN:
EVENWICHT:
LICHAAM:
KENMERKEN VAN:
GEZIN:
SCHOOL/WERK/DAGELIJKSE BEZIGHEDEN:
VRIJE TIJD:
HULPVERLENING:
INGRIJPENDE GEBEURTENISSEN:
WAARIN LOPEN ZE VAST:
WAT KRIJGEN ZE WEL GEREGELD:
VRAGEN:
FOCUSSEN OP:

Kennismaking: het opbouwen van een werkrelatie

Samenvatting

Stap voor stap wordt besproken hoe een goede samenwerking tot stand kan worden gebracht. De toon en vooral de inhoud van de vragen kunnen bepalend zijn voor het al dan niet succesvol opbouwen van een werkrelatie. Al in het eerste gesprek is het erg belangrijk om gezamenlijk vast te stellen wie zich profileert als hulpvrager, als probleemdrager en als probleemoplosser. Onduidelijkheid hierover verhoogt de kans op een stagnerend of mislukkend hulpverleningsproces. Als behandelaar ga je tevens na welke rol het beste aansluit of werkzaam zal zijn: die van expert, procesbegeleider en/of participant. Hoe beter de wederzijdse aansluiting en hoe duidelijker doelen en verwachtingen, en de haalbaarheid daarvan, des te steviger is de basis voor het vervolgtraject. Tijdens het gesprek is aandacht nodig voor zowel helpende als hinderende aspecten, voor hoe de hulpvrager en diens omgeving de actuele situatie (nog) geregeld krijgen en hoe aspecten van gedrag, omgeving, emoties, gedachten, relationele stijl en van het lichaam circulair aan elkaar zijn te verbinden. De focus ligt hiermee op de hier-en-nu-situatie, op de actueel aanwezige pijn en dilemma's zoals ze worden ingebracht en op hoopvolle perspectieven.

3.1   Intake als interactief proces – 39

3.2   Het onderscheid tussen hulpvrager, probleemdrager en probleemoplosser – 40
3.2.1   Hulpvrager – 41
3.2.2   Probleemdrager – 43
3.2.3   Probleemoplosser – 45

3.3   De verschillende rollen als behandelaar – 47

© Bohn Stafleu van Loghum is een imprint van Springer Media B.V., onderdeel van Springer Nature 2018
J. M. G. Maurer en G. M. A. Westermann, *Praktijkboek gedeelde besluitvorming in de GGZ*,
https://doi.org/10.1007/978-90-368-2180-3_3

3.4 Praktijkvoorbeelden – 50
3.4.1 De gepeste jongen – 50
3.4.2 De wantrouwende vrouw – 53

Literatuur – 55

In de piramide is aangegeven welke stappen uit het behandelproces in dit hoofdstuk centraal staan (fig. 3.1).

3.1 Intake als interactief proces

Zoals in het vorige hoofdstuk is bepleit, is een van de eerste taken van een intaker het opbouwen van een goede werkrelatie. Een goede werkrelatie vermindert het risico op een stokkende of mislukkende behandeling. Bij het tot stand brengen van een dergelijke werkrelatie dienen zich de volgende vragen aan:

- Hoe bouw ik wederzijds vertrouwen op?
- Hoe zorg ik voor voldoende stressreductie?
- Hoe verminder ik eventuele tegenzin of verzet?
- Hoe krijg ik duidelijk en help ik hen zelf zicht te krijgen op wie hulpvrager, probleemdrager en probleemoplosser is?
- Hoe stem ik mijn eigen rol af op de presentatie, verwachtingen en mogelijkheden van de hulpvrager(s)?

Het vraagt inzet van je als intaker om voor deze aspecten uitgesproken belangstelling te tonen. De taak van de intaker gaat verder dan het goed in kaart brengen van de klacht of het probleem dat aandacht behoeft. Een goede inventarisatie vraagt een bredere kijk: een hulpvrager staat immers altijd in relatie tot een omgeving, waarvan jij nu ook deel gaat uitmaken. De hulpvrager is niet louter een object dat jij gaat onderzoeken. Vanaf de eerste minuut vindt een wisselwerking plaats. De beoogde behandeling vindt plaats als interactief proces met jou (of een van je collega's) als behandelaar, aan wie de hulpvrager zich moet toevertrouwen. De hulpvrager behoeft voldoende mate aan veiligheid, aan erkenning en verbondenheid met respect voor zijn autonomie en eigen competenties (Ryan en Deci 2017). Het is jouw taak om hier zo goed mogelijk op af te stemmen door samen met de hulpvrager na te gaan hoe diens behoeften op deze punten liggen. Iedere persoon verschilt in deze opzichten, zodat een standaardhouding van jezelf niet altijd passend zal zijn.

Het is belangrijk om als behandelaar goed zicht te krijgen op wie eigenlijk hulp nodig heeft. Meestal is dat de hulpvrager zelf, maar het kan ook de partner zijn, een opvoedende ouder of een heel gezin (in de jeugdzorg) of een kind (in de ouderenzorg). Naast deze directe naasten zijn het soms 'instanties', zoals een werkgever, de school, een andere behandelaar of de politie/justitie. Ook buurtbewoners of een woonvereniging kunnen hulp verwachten. Door aandacht te besteden aan wie feitelijk om hulp vraagt, wordt ook duidelijk wie vooral probleemdrager is, ofwel wie de meeste 'last' heeft van het gedrag dat verandering behoeft. Meerdere betrokkenen kunnen als probleemdrager of -eigenaar worden gezien en daarover kan verschil van mening bestaan. Wie de meeste inzet kan leveren tot verandering, wie als probleemoplosser wordt gezien, bepaalt mede het uiteindelijke behandelplan. Een goede samenwerkingsrelatie begint met verduidelijking van hoe de hulpvrager en de behandelaar zich tot elkaar verhouden. Dit gaat in feite vooraf, in ieder geval samen, met de eerste uitwisseling van inhoudelijke informatie.

```
                    afronding-
                    overdracht

              gezamenlijke uitvoering
              met cyclische evaluatie

          overeenstemming en afspraken
          over behandeling en zelfzorg

      co-creatie gedeelde diagnostische omschrijving

   overeenstemming over en uitvoering van nadere diagnostiek

 verduidelijking van hulpvragen, verwachtingen en eerste inschatting

werkrelatie, wederzijds vertrouwen, stressreductie, passende taak/rolverdeling

 aanmelding – overleg met verwijzer/acceptatie – voorbereiding eerste gesprek
```

Figuur 3.1 De volgende stappen in het behandelproces

> **Aandachtspunten**
> Aan de hand van praktijkvoorbeelden staan we in de volgende paragrafen stil bij:
> - het onderscheiden van wie hulpvrager, probleemdrager en probleemoplosser is;
> - de rol die je als intaker (en behandelaar) kunt innemen: expert, consulent en/of participant.

3.2 Het onderscheid tussen hulpvrager, probleemdrager en probleemoplosser

Als hulpverleners gaan we er vaak te gemakkelijk van uit dat de probleemvrager ook de probleemdrager, ook wel probleemeigenaar genoemd, is. Dat is niet altijd het geval. In het kader van het opbouwen van een goede werkrelatie is het van belang een helder onderscheid te maken tussen deze rollen. Zeker zo belangrijk is het om over dit onderscheid tussen jou als behandelaar en de hulpvragers overeenstemming te hebben. Bij het bepalen van mogelijke interventies is het van even groot belang om overeenstemming te hebben over de rol van probleemoplosser. Als daar verschil van mening over bestaat, zal dit het volgend behandelproces bemoeilijken. Wat we verstaan onder deze rollen zullen we hier verder verduidelijken.

3.2.1 Hulpvrager

De hulpvrager is in principe degene die wil dat er iets verandert in een ongewenste persoonlijke situatie. Pogingen om zelf of met behulp van anderen tot een bevredigende oplossing te komen, zijn (nog) niet voldoende geslaagd. Er leeft de hoop en verwachting dat een professionele behandelaar verlichting of een oplossing kan brengen. We laten zien dat de hulpvrager lang niet altijd ook de probleemdrager is. Dit verschil onderkennen, is heel wezenlijk. Het kan bepalend zijn voor het wel of niet slagen van een behandeling. De kans op een bevredigend verlopend behandelproces is het grootst als de hulpvrager zich ook als probleemdrager ziet en beseft dat hij zelf kan bijdragen aan het oplossen van de problemen.

Een hulpvrager zou je ook kunnen definiëren als iemand die een hulpvraag heeft. In de praktijk blijkt wat aanvankelijk wordt gepresenteerd als hulpvraag, vaak niet echt een vraag voor hulp te zijn, maar eerder een wens of een behoefte. Het betreft nogal eens verandering bij een ander dan degene wie deze 'hulpvraag' uit. Een naaste verzucht bijvoorbeeld: 'ik hoop dat hij beter in zijn vel komt te zitten.' Dat is een wens. Een hulpvraag zou zijn: 'Ik weet niet goed hoe ik met zijn somberheid om moet gaan. Moet ik hem stimuleren of juist ontzien? Wat ik ook doe, het lijkt niet binnen te komen. Wat denkt u dat ik het beste kan doen?'

In het vervolg van dit boek geven we de uitspraken van een hulpvrager of probleemdrager aan met een H. Opmerkingen van een intaker of behandelaar staan achter een B.

> H1: 'Mijn man is de laatste tijd moeilijker bereikbaar, hij lijkt verstrooid, is wat in de war en als ik hem iets vraag, doet hij nogal snauwerig tegen mij. Zo ken ik hem niet. Als ik er met hem over wil praten, zegt hij dat ik mij om niets ongerust maak.'

Als een 65-jarige vrouw haar huisarts dit verhaal vertelt over haar enkele jaren oudere echtgenoot, laat zij horen zich ongerust te maken over de ontwikkeling van haar man en mogelijk ook over haar relatie met hem. Zij is bezorgd om hem en wil dat het goed met hem gaat. Zij lijdt onder deze situatie, ziet zelf te weinig mogelijkheden om hierin verandering te brengen en legt het voor aan haar huisarts in de hoop dat hij eens kan nagaan wat haar man mankeert. Zij is de uitgesproken hulpvrager.

> H2: 'Vaak lig ik 's nachts te piekeren over van alles en nog wat. Ik kom nauwelijks in slaap en overdag voel ik mij vaak moe. Mijn collega's op het werk beginnen het te merken, zien dat ik wat trager en minder alert mijn werk doe en vragen mij hoe het met me gaat. Meestal glimlach ik die vragen weg zonder er op in te gaan. Als ik nu maar eens wist waarom ik zoveel pieker, het is net alsof ik voortdurend in cirkeltjes draai. Dan pieker ik over de gezondheid van mijn ouders, dan weer over de kinderen en mijn man, soms ook over de drukte op het werk. Ik ben bang dat ik begin door te draaien. Ik heb mij al voorgenomen meer aan mezelf te denken en ben op fitness gegaan. Het lichamelijk bewegen doet mij goed, ik heb er ook een paar leuke leeftijdsgenoten ontmoet, maar de druk blijf ik voelen en het piekeren in de nachten vermindert niet. Hopelijk werkt een praattherapie voor mij wel.'

De oplossing, meer lichamelijk bewegen, die deze 34-jarige vrouw heeft gezocht voor haar verstorende symptomen, brengt geen verlichting. Zij hoopt dat de praktijkbeleider GGZ in haar huisartsenpraktijk haar verder kan helpen. Ook zij is een uitgesproken hulpvrager en definieert zichzelf als probleemdrager.

> H3: 'Eric kan niet goed meekomen in de klas. Ik weet niet wat er speelt. Hij sluit zich wat af van de andere kinderen, laat zich met moeite bij activiteiten betrekken en als hij dan meedoet, is het niet van harte. Net alsof hij wat in zijn eigen wereldje leeft. Hij knikt wel vriendelijk naar mij als leerkracht, maar ik kan nooit echt zien of hij mij begrijpt of bereid is het gevraagde uit te voeren. Soms heb ik de indruk dat hij piekert over thuis. Ik begin mij zodanig zorgen te maken dat ik verdere stappen wil zetten in het zoeken naar mogelijke oorzaken en aanpak. Ik gun Eric dat hij floreert, dat hij zich als een onbezorgd kind kan gedragen.'

In een gesprek op de basisschool legt de leerkracht bovenstaand verhaal voor aan de ouders van de 10-jarige Eric. De ouders reageren wat gereserveerd en geven aan hun kind niet echt te herkennen in het verhaal. Thuis is hij ook wel wat op zichzelf, ze zien hem vooral als een denker, niet zozeer als een doener, net zoals zijn vader. Hij is best levenslustig en kan van zaken genieten. De ouders kunnen zich niet voorstellen dat Eric zich zorgen over de thuissituatie maakt, er zijn geen bijzonderheden te melden. De leerkracht weet met de ouders overeen te komen dat er voor de zekerheid toch naar de ontwikkeling van Eric gekeken wordt door de pedagogisch medewerkster van school. In deze situatie is de leerkracht de hulpvrager en zij ziet Eric en mogelijk de ouders als probleemdrager hetgeen onderzoek verdient.

> H4: 'We hebben hier een man in de cel zitten waar geen normaal gesprek mee is te voeren. Hij reageert negatief en afwijzend op ons, zegt dat we hem met rust moeten laten, en spreekt in termen als: "moeten jullie me voor zoiets stoms van straat plukken, denken jullie God te zijn? Jullie zijn nog vuiler dan het grootste uitschot met jullie stoere revolvers. Nou de wereldgeschiedenis kent genoeg van die machtswellustelingen; vergeleken met jullie ben ik een heilig boontje. Laat mij meteen gaan, anders ontplof ik." Volgens ons gaat het niet goed met hem en we durven hem niet in deze toestand de straat op te laten gaan. Hij is opgepakt omdat hij al een paar dagen mensen lastigvalt met allerlei verhalen en vandaag enkele keren zijn betogen met het zwaaien met een mes begeleidde. We krijgen niet de indruk dat hij zijn mes daadwerkelijk wilde gebruiken om iemand te verwonden, maar toch …! Kunnen jullie eens naar hem kijken?'

Aldus het relaas van een politiefunctionaris in een telefonisch overleg met de crisisdienst van de GGZ-instelling. De politie is de hulpvrager, de 46-jarige alleenstaande man wordt gezien als de probleemdrager.

3.2.2 Probleemdrager

Als behandelaar wil je klaarstaan voor probleemdragers. Dit lukt het beste als zij zich tevens als hulpvrager presenteren. Dan is de kans het grootst om tot een gedeeld verhaal te komen dat perspectief op verbetering biedt. Zo lang een probleemdrager door een ander als zodanig wordt gedefinieerd, maar deze definitie niet zelf deelt, wordt een veranderingstraject met een professionele behandelaar moeilijk. Het streven naar gedeelde besluitvorming is in dat geval vooralsnog onhaalbaar. Het geeft geen pas om in deze situatie de probleemdrager te betichten van 'ongemotiveerd zijn' of te spreken van 'te veel weerstand'. Een dergelijke situatie hoeft ook niet te betekenen dat je als behandelaar eveneens de motivatie verliest om hulp te bieden of qua houding tegenzin uitstraalt. Je spant je in om de rollen van de hulpvrager en probleemdrager dichter bij elkaar te brengen. Daarvoor is het vaak nodig om niet direct mee te gaan met het verhaal van de hulpvrager, zoals deze het vanuit diens positie, gezien door diens bril naar voren brengt. Aan de hand van de voorbeelden van hulpvragers (▶ par. 3.2.1) lichten we een en ander verder toe.

Voorbeeld 65-jarige vrouw

Als de huisarts bij het voorbeeld van de vraag van de 65-jarige vrouw (H1) meegaat in haar zienswijze, is het risico op een patstelling aanwezig. Als de huisarts haar definitie overneemt dat haar man de probleemdrager is, kan hij vragen of zij een volgende keer samen met hem kan komen om zaken door te spreken. Als dat lukt, is er mogelijk een opening voor een verder traject. De kans is echter reëel dat haar man het nut er niet van inziet en niet mee wil komen. Hij maakt zich immers niet zo ongerust. De vrouw blijft dan met haar zorgen zitten. Mogelijk neemt de huisarts het initiatief om de man persoonlijk uit te nodigen, maar hoe legt hij de noodzaak hiertoe aan hem uit? Hij kan de vrouw ook beloven dat hij als de man voor controle van zijn prostaatproblemen naar hem toekomt, eens door zal vragen naar andere aspecten van het leven. Dit zijn weinig elegante acties, waarvan het resultaat maar moet worden afgewacht.

De huisarts kan een andere positie innemen door de beweging van de vrouw (het uiten van haar zorgen en haar wens dat er iets verandert) te erkennen en te respecteren. Zij is degene met wie hij in gesprek is, die bij hem in de kamer zit. Iets in haar heeft haar bewogen deze stap te zetten. Hij kan de focus van het gesprek hierop richten: zij maakt zich ongerust en het leven loopt niet op de manier, zoals zij hoopt en wenst. Hij kan de aandacht voor hoe haar man aan het veranderen is, verschuiven naar hoe zij hierop reageert: machteloos, begripvol, controlerend, teleurgesteld? Mogelijk geeft dit een opening voor het bespreken wat wel een positief effect op haar man en haar zelf heeft, en wat niet. Als zij hiervoor openstaat en wil nagaan hoe zij mogelijk iets in haar gedrag kan verschuiven, dan wordt zij hiermee eveneens probleemdrager en mogelijk (mede)probleemoplosser.

Als zij dit aan haar man kan voorleggen, dat zij zoekt naar manieren om een goede verstandhouding met hem te willen houden, kan het hem helpen om eveneens de stap te zetten naar verdere gesprekken en eventuele behandeling hierbij. Alle aandacht voor de optredende beperkingen van de man – mogelijk gekoppeld aan de levensfase – kan verschuiven naar aandacht voor de nieuwe 'opdracht' waarvoor beide echtelieden zich gesteld zien: verschillende voornemens en verwachtingen blijken moeilijk uitvoerbaar en in te lossen bij het stijgen der jaren en de daaruit voortvloeiende lichamelijke beperkingen en frustraties. Uiteraard blijft het de taak van de huisarts om ook scherp oog te hebben voor mogelijk lichamelijke of psychische aandoeningen bij de man en daarop te reageren.

Voorbeeld piekerende 34-jarige vrouw

Het verhaal van de 34-jarige vrouw (H2) klinkt coherent: zij is zowel hulpvrager als probleemdrager. Ook hier bestaan risico's om als behandelaar meteen mee te gaan in deze presentatie. Zij maakt haar probleem geheel individueel, zij ziet zich als een persoon met problemen die hard moet werken om dit op te lossen. Daarbij geeft ze aan dat al haar inzet niet fundamenteel helpend is. Het feit dat zij nu op 'psychisch' vlak hard aan zichzelf wil werken, als vervolg op haar 'fysieke' inzet, vraagt om bezinning. Er klinkt door dat zij zich verantwoordelijk maakt voor veel zaken en nog harder wil werken om het nog beter te laten gaan. Doet ze zich wellicht tekort door alleen zichzelf tot probleemdrager te maken? Hoe pakt ze haar problemen samen met haar man op? Hoe lijdt hij hieronder, wat probeert hij om haar bij te staan? Is dat helpend of hinderend?

De kans is groot dat haar problemen blijven bestaan zolang zij alles individualiseert. Het effect van behandeling kan dan beperkt zijn, ongeacht de kwaliteit van de in te zetten behandeling. Mogelijk ziet haar man zichzelf ook als probleemdrager die zich graag wil inzetten voor hun beider welzijn. Alleen al een verbreding van haar definitie van individuele probleemdrager naar gezamenlijke probleemdrager, zou al enige verlichting kunnen brengen.

Voorbeeld 10-jarige jongen

Het gezamenlijke besluit van de leerkracht en de ouders van Eric (H3) over vervolgonderzoek klinkt als het resultaat van gedeelde besluitvorming, maar hoeft dat niet te zijn. Als de leerkracht niet openstaat voor de visie van de ouders op de ontwikkeling van hun kind, niet openstaat voor hoe de ouders met hem overweg kunnen (en daarvan kan leren), daarbij denkt dat ze te maken heeft met ontkennende ouders, dan kan van een gedeelde besluitvorming beslist geen sprake zijn. De leerkracht maakt zich daarentegen ook probleemdrager als ze aan de ouders vraagt wat zij denken dat helpend is voor Eric en hoe zij dat kan vertalen naar de klassensituatie. Ze profileert zich eveneens als probleemdrager als zij contact opneemt met de pedagogisch medewerkster van school voor tips voor zichzelf, naast de vraag naar onderzoek. Verder is Eric, al is hij pas 10 jaar, een niet te vergeten gesprekspartner/informant. Een gedeelde visie op het kind en diens omgeving is nodig alvorens te kunnen spreken van gedeelde besluitvorming in al haar facetten.

Voorbeeld 46-jarige alleenstaande man

In het politieverhaal (H4) is duidelijk dat de verantwoordelijkheid voor het niet lukken van een normaal gesprek volledig wordt toegeschoven naar de opgepakte man. Daar kunnen goede redenen voor zijn. Mogelijk is sprake van de ontwikkeling van een psychotisch toestandsbeeld, waardoor de man steeds verder ontregeld raakt en zijn eigen veiligheid en die van anderen in gevaar brengt. Als de GGZ-medewerker een gesprek met deze man aangaat, zal hij zich inzetten om tot een gedeeld verhaal te komen over diens situatie, mogelijk te vertalen in een hulpvraag.

Naast aandacht voor de opgepakte man, kan de behandelaar ook het gesprek met de politiefunctionaris aangaan. Heeft deze, enigszins verhuld, zichzelf ook als probleemdrager en hulpvrager gepresenteerd? Zijn verhaal begint met de opmerking dat het hem niet lukt om in te spelen op de negatieve en afwijzende houding van de man. Vraagt hij handvatten van de hulpverlener? Merkt hij dat hij deze keer te snel in een wat autoritaire houding is geschoten, met een wat escalerend gesprek tot gevolg?

Conclusie

De summiere uitwerking van deze voorbeelden geeft aan dat het inspanning van de behandelaar vereist om helder te krijgen wie hulpvrager en probleemdrager is: voor zichzelf en ook voor degenen die een beroep op hem doen. Helpend is om de verschillende perspectieven hierbij mee te nemen en in eerste instantie een 'niet (al)wetende' positie in te nemen, die deelnemers aan een dialoog eigen is. Het vraagt om het onderdrukken van de welbekende 'hulpverlenersreflex'. Vaak wordt op de hulpverlener het appel gedaan om 'alles-regelaar' te spelen. Dan wordt hij in de positie van expert geplaatst en dat is lang niet altijd de meest helpende positie.

3.2.3 Probleemoplosser

Om de kans op een effectief verlopend hulpverleningstraject te vergroten is het ook noodzakelijk om overeenstemming te verkrijgen over wie wordt gezien als probleemoplosser. De probleemoplosser is de persoon die daadwerkelijk bijdraagt aan verandering in de tot dan moment ongewenste situatie. We laten de voorbeelden uit ▶ par. 3.2.1 opnieuw de revue passeren, nu met de focus op ieders definitie van wie als probleemoplosser wordt gezien.

Voorbeeld 65-jarige vrouw

De vrouw uit het eerste voorbeeld (H1), die de zorgen om haar man met de huisarts deelt, verwacht dat de huisarts samen met haar man de probleemoplossers zijn. Zelf ziet zij zich aanvankelijk niet in die rol. Dit hoeft geen probleem te zijn. Echter, als in de verdere gezamenlijke exploratie (ook samen met haar man) een gedeeld verhaal naar voren komt waarin naast mogelijke fysieke problemen ook thema's als hoe om te gaan met veroudering en de daarmee samenhangende verschuivende rolpatronen, wordt het voor het vervolg ingewikkeld als de vrouw de positie van (mede)probleemoplosser niet wenst of kan innemen.

Voorbeeld piekerende 34-jarige vrouw

De vrouw met het nachtelijk piekeren (H2) beseft dat zij zelf aan de slag moet om haar problemen te overwinnen. Zij ziet zich duidelijk als probleemoplosser en hoopt dat een behandelaar haar hierbij kan ondersteunen en met zijn deskundigheid en ervaring richting kan geven, en daarmee medeprobleemoplosser kan zijn. Dat haar man (in elk geval waar het de kinderen en hemzelf betreft) deze rol mogelijk eveneens kan vervullen, is wellicht nog niet in haar opgekomen of in haar ogen niet haalbaar.

Voorbeeld 10-jarige jongen

Het verhaal rond Eric (H3) ligt ingewikkelder. De leerkracht presenteert zich in eerste instantie niet als probleemdrager en probleemoplosser. Zij doet gewoon haar werk als leerkracht en ze ziet dat Eric niet goed meekan. Er klinkt in door dat ze de ouders als probleemoplossers ziet. Die zouden immers weleens verantwoordelijk kunnen zijn voor het bijzondere gedrag van de jongen en dan ook kunnen zorgen voor een oplossing. Zij zouden zich in haar ogen meer kunnen inzetten voor het welzijn van de jongen.

Of is de leerkracht toch ook probleemdrager? Zij wil met de ouders haar zorgen delen over wat zij bij Eric ziet en merkt dat een open gesprek niet op gang komt vanwege een andere kijk van de ouders op de ontwikkeling van hun zoon. Ze weet niet goed hoe dit te hanteren en zoekt een onderbouwing van haar stellingname. Op deze manier kan de pedagogisch medewerker gezien worden als de probleemoplosser voor de leerkracht, niet voor Eric en zijn ouders. Als later op basis van de bevindingen van de pedagogisch medewerker door school wordt besloten tot aanmelding bij Jeugdzorg, kan dat alleen zinvol zijn als er met Eric en zijn ouders voldoende overeenstemming is over wie hulpvrager en probleemdrager is en wie als probleemoplosser wordt gezien. Is dit niet het geval, dan is het risico op een mislukkend en frustrerend vervolgtraject groot.

Voorbeeld 46-jarige alleenstaande man

Bij het verhaal van de negatief en afwijzend opstellende man op het politiebureau (H4) komt de rol van probleemoplosser voor de politie (immers de hulpvrager) volledig bij de GGZ-functionaris te liggen. Het lukt de politie niet om de man zelf als (mede)probleemoplosser te zien; ze achten hem in ieder geval niet hiertoe in staat. Zelf zien ze zich als mogelijke probleemoplosser afgewezen door de man in zijn weerbarstige en beschuldigende houding. Wie door de man zelf als probleemoplosser wordt gezien is onduidelijk. Hij ziet de politie, zo te horen, als probleemveroorzaker en als zodanig ook in de rol van probleemoplosser voor hem: als ze hem met rust hadden gelaten, was er voor hem niets aan de hand geweest. Het is afwachten of hij de GGZ-functionaris in de rol van probleemoplosser kan verdragen of aanvaarden. Deze zal zich inspannen om de man te ondersteunen om zelf (al of niet gedeeltelijk) probleemoplosser te zijn. Het kan ook zijn dat hij moet besluiten dat de rechter moet oordelen over de situatie: deze krijgt dan de rol van (tijdelijke) probleemoplosser.

Conclusie

Een gedeeld verhaal over wat speelt, is met aandacht voor bovenstaande begrippen breder dan overeenstemming over een bepaalde klacht of stoornis. Overeenstemming over hoe de hulpvrager en de behandelaar elkaar definiëren en zich tot elkaar verhouden, vormt een wezenlijk onderdeel in de opbouw van een effectieve samenwerkingsrelatie. Daar ligt een van de kerncompetenties van iedere behandelaar. Gedeelde beeldvorming, zowel over wat speelt als over de onderlinge verhoudingen en rolverdeling, gaat ons inziens vooraf aan het proces van samen beslissen. Verder heb je als behandelaar kennis van de diversiteit aan problematiek, waar de GGZ op in kan spelen en weet je wat mogelijk en haalbaar is. De meeste behandelingen in de GGZ zijn *practice-based*. Als enkel wordt gefocust op *evidence-based* werken ('dit is de stoornis en dat de bijbehorende interventie'), bestaat het risico dat een proces van gedeelde besluitvorming in de breedte niet mogelijk is.

In veel instellingen is het momenteel gebruikelijk om het kennismakingsgesprek (of de kennismakingsfase) als beslismoment te nemen voor toewijzing aan een bepaald behandelprogramma. Al dan niet bewust volgt de keuze uit een expertpositie: als intaker bepaal je hoe de ingebrachte problematiek is te kaderen en welk programma, welke behandeling, daar het beste op is afgestemd. In aansluiting op het rapport 'Zonder context geen bewijs' van de Raad voor Volksgezondheid en Samenleving (2017) pleiten wij voor *context-based practice* in plaats van *evidence-based practice*. Dit vanwege het belang van de specifieke context van de patiënt en van de setting waarin verschillende kennisbronnen worden gebruikt en op basis waarvan besluitvorming plaatsvindt. Op deze manier krijgt ook het belang van de inbreng van betrokkene en zijn context erkenning, naast de strikt wetenschappelijke kennis en de praktijkervaring van de behandelaren.

Deze contextuele benadering geeft ook ruimte om stil te staan bij de invloed van de context van de GGZ-instellingen zelf. Voor welke werkprocessen is gekozen? Hoe dwingend zijn financiële kaders en geldende richtlijnen en protocollen? Welke disciplines worden waar en wanneer ingezet? Waar liggen de accenten? Vindt de eerste kennismaking van de hulpvragers plaats met de laagst of met de hoogst opgeleiden uit een team? De organisatie van hulpverlening geeft mede richting aan de wijze van bejegening en besluitvorming.

Juist door indringend door te vragen naar de aspecten hulpvrager-probleemdrager-probleemoplosser ervaren hulpvragers jouw daadwerkelijke interesse in de vaak ingewikkelde positie waarin ze verkeren. Exploratie van deze aspecten kan al enige helderheid en erkenning bieden en daarmee verlichting. Ons pleidooi is om de vragen te stellen vanuit de intentie een breed, holistisch beeld van de situatie te laten ontstaan. Daarmee bedoelen we dat het te vormen beeld niet een product van het analytisch vermogen van de behandelaar dient te zijn, maar dat het totaalbeeld als resultante van een dialoog tot stand komt in gesprekken tussen de hulpvrager(s) en de behandelaar.

3.3 De verschillende rollen als behandelaar

Door de meest passende rolpositie als behandelaar in te nemen, verminder je het risico op een stressvolle samenwerkingsrelatie. Tijdens een intakegesprek komt gewoonlijk een betekenisvol proces op gang. Door jou gestelde vragen roepen emoties en antwoorden op en zetten aan tot denken. Daarbij kan je intentie zijn de hulpvrager zo goed mogelijk te willen begrijpen of – een stap verder – te willen nastreven dat de hulpvrager zichzelf beter probeert te begrijpen. Dit verschil in intentie lijkt gering en verwaarloosbaar, maar is het niet. Het raakt de discussie 'subject-object'. Er komt immers een interactioneel proces op gang tussen 'ik en de ander(en)' en ook op het niveau van 'wat wil ik, en wat wil de ander en wat verwachten wij van elkaar' (Westermann en Maurer 2016). Ook bij de inzet van psychodiagnostiek zijn tendensen om de hulpvrager niet enkel een onderzoek 'passief' te laten ondergaan. Zo is laatste jaren de verschuiving in denken over de positie van de psychodiagnosticus zichtbaar in het werk van Finn, die bij het uitvoeren van psychodiagnostisch onderzoek pleit voor Therapeutisch Psychologisch Onderzoek (Saeger et al. 2014). De hulpvrager is hierbij niet enkel meer object van onderzoek, maar tevens mede-richtinggevend: welke vragen wil hij beantwoord zien en welk psychodiagnostisch onderzoek kan daaraan bijdragen.

Dimensionaliteit in het afstemmen van hulpverleners op de behoeften en mogelijkheden van de hulpvragers binnen behandelrelaties is al terug te lezen in enkele oudere publicaties. De Jonghe et al. (1988) beschrijven hoe een psychoanalytisch werkzame psychotherapeut in houding kan variëren tussen inzichtgevend-steunend en klassiek psycho-analytisch, afgestemd op een continuüm betreffende de kwetsbaarheden en mogelijkheden van de hulpvragers. Op deze manier kan de behandelaar zo goed mogelijk aansluiten en afstemmen. Maurer (1998) presenteert aansluitend hierop hoe de dimensionaliteit in de houding bij systeemtherapeuten kan variëren: van voorlichter en oplosser tot experiëntieel en cybernetisch georiënteerde gesprekspartner, anders gezegd van expert tot participant. Hij koppelt de aangewezen benaderingswijze eveneens aan de mate van kwetsbaarheid van de hulpvragers en van het hulpvragend systeem als geheel. Hierbij wordt rekening gehouden met de verwachtingen: gaat het om verlichting of om verandering; wat willen en kunnen de leden van het hulpvragend systeem opbrengen?

Mensen kunnen in de algemene gezondheidszorg met aanbodgestuurde zorg veelal goed worden geholpen, zeker als de problemen zijn op te vatten als gesloten en lineair. Binnen de GGZ is hier te vaak geen sprake van en is maatwerk aangewezen. Van Oenen et al. (2016) presenteren een continuüm van rollen die een psychiater bij een behandeling kan innemen, afgestemd op de specifieke vragen en relationele stijl van de hulpvragers. Zij bespreken aan de hand van een tiental aspecten drie posities binnen deze dimensionale zienswijze: de expert, de procesconsulent en de participant. Hun bijdrage is essentieel: zij bepleiten een flexibele, op de hulpvrager afgestemde relationele stijl van de hulpverlener, juist om de eerste goed tot zijn recht te laten komen, aan zijn behoefte aan autonomie en specifieke zorgvraag tegemoet te kunnen komen en op basis hiervan te komen tot een gedeelde probleemomschrijving en een gedeeld behandelingsplan.

In meer klassieke termen geformuleerd wordt het belang onderstreept van het herkennen en erkennen van de overdrachtelijke betekenis van de relationele stijl van de hulpvrager en het goed doordenken en vormgeven van de tegenoverdrachtelijke relationele stijl van de hulpverlener met het uiteindelijk doel het opbouwen van een hoopvolle samenwerkingsrelatie. Het belang van een goede werkrelatie, vaker ook werkalliantie genoemd, voor het vergroten van het welslagen van behandeling wordt steeds meer wetenschappelijk onderbouwd (Hafkenscheid 2014).

Een ander risico doet zich geregeld voor als meerdere personen bij het verzoek om hulp zijn betrokken. Als hulpverlener dien je dan te vermijden in een driehoekspositie te komen, waarin je de buffer of woordvoerder of solistische oplosser van partijen wordt (en het grote risico loopt het uiteindelijk nooit goed te doen!).

In dit kader is het ook belangrijk kort stil te staan bij het begrip weerstand binnen een behandelrelatie. Weerstand van de hulpvrager is op te vatten als een boodschap die kan worden gebruikt om verandering mogelijk te maken. Weerstand mag niet worden verward met niet-gemotiveerd zijn. Als een hulpvraag afwezig is, mag dat niet worden verward met de afwezigheid van lijdenslast of een veranderwens. Weerstand weerspiegelt vaak een heftige emotie die het verdient te worden erkend en verkend. Bij boosheid is vaak pijn en verlies herkenbaar. Bij cynisme klinkt vaak onzekerheid en gebrek aan

Tabel 3.1 Expertbenadering versus Dialoogmodelmethodiek

Expert	Dialoogmodel
Attitude	*Attitude*
– deskundige die diagnostiek en behandeling biedt volgens de professionele standaarden – aandacht voor invoegen/aansluiten	– hulpverlener stelt zich op als gids met professionele expertise. De werkwijze is gericht op creëren van gelijkwaardige samenwerking, positieversterking van hulpvragers, het benutten van persoonlijke deskundigheid en bevorderen van evenwicht in henzelf en tussen hen en anderen. Aansluiten/afstemmen op concrete hulpvragen, behoeften, voorkeuren en waarden – duidelijkheid verkrijgen over voorkeur eigen rol bij hulpvragers in de besluitvorming en informatiebehoefte
Diagnostiek	*Diagnostiek*
– bij klachteninventarisatie focus: stoornissen (toestandsbeeld en persoonlijkheid) – hulpvragen concretiseren	– focus: functioneren/sociale interactiepatronen en biopsychologisch REGeL-profiel (waarvan eventueel aanwezige aandoeningen deel uitmaken) en de onderlinge samenhang – hierbij expliciet aandacht voor helpende aspecten (naast hinderende kanten)
Adviesgesprek	*Overzichtgesprek*
– vastgestelde diagnose verduidelijken en *evidence-based* en *practice-based* opties voorleggen – uiteindelijke keuze wordt gemaakt door: hulpvrager in een wel/niet akkoordverklaring	– op grond van bevindingen in dialoog overzichtelijk visualiseren van actuele situatie, waarbij persoonlijke en professionele inzichten worden gecombineerd – voldoende expliciete consensus hierover is een absolute voorwaarde. Daarna komen behandelingsopties/procesdiagnostische opties aan bod – verdere besluitvorming over *evidence-/practice-/context-based* interventies volgens de principes van *shared decision making*
Behandeling	*Behandeling*
– behandelplan – ROM bij evaluatie	– behandel-/REGeL-plan in de taal van de hulpvragers – Dialoogmodel kader bij psycho-educatie en bij evaluatie/pas-op-de-plaatsmomenten (ROM en evaluatie in dialoog)

vertrouwen door. Bij afhouden en bagatelliseren is vaak sprake van bescherming tegen angstige gevoelens. Weerstand bij ons zelf als hulpverlener is op te vatten als een even belangrijk signaal dat bezinning verdient. Is er sprake van tegenoverdracht, van overbelasting of gewoon van geen goede match tussen de hulpvragers en jou als behandelaar?

De rol die het beste past bij gebruik van het Dialoogmodel is die van procesconsulent. Wij bepleiten deze positie als uitgangspositie, die kan veranderen naar andere posities in het spectrum expert-participant, afhankelijk van de behoeften en mogelijkheden van de hulpvragers en ook afhankelijk van de behandelfase. Als andere posities meer passend en werkzaam zijn, dan neem je die in. Er zijn situaties bij dreigend gevaar voor betrokkenen zelf of anderen, dat je de verantwoordelijkheid en verplichting hebt een expertpositie in te nemen, nadat is gebleken dat de ander niet bereikbaar is voor een proces- of participantenrol. Het innemen van een bepaalde positie is niet enkel het vervullen van een bepaalde gedragsrol, maar is een uiting van bepaalde opvattingen en intenties (tab. 3.1).

We willen benadrukken dat het wisselen van rol en stijl ten behoeve van een goede afstemming niet betekent dat hiermee je professionaliteit in het gedrang komt. De professionele kennis en kunde komen juist door een goede afstemming optimaal tot hun recht.

3.4 Praktijkvoorbeelden

Uitgaande van de intentie om te werken volgens de principes van gedeelde beeld- en besluitvorming, zijn de volgende basisprincipes tot nu toe besproken:

- Verdiep je vooraf zoveel mogelijk in de aangeleverde informatie.
- Kijk of hypotheses zijn te vormen over wie hulpvrager, probleemdrager en probleemoplosser is.
- Is de voorinformatie vooral in hinderende termen of ook in helpende termen beschreven? Formuleer hypotheses over hoe hinderende zaken mogelijk tegelijk als helpende aspecten zijn te begrijpen.
- Probeer al in het eerste gesprek contact te krijgen met de pijn en dilemma's die in het hier-en-nu spelen en te begrijpen waarom juist nu hulp wordt gevraagd.
- Neem je voor te starten met een procesgerichte houding en kijk of je deze afhankelijk van de inbreng van de hulpvragers moet bijstellen.
- Besef dat de impact van een bepaald verleden op het heden groot kan zijn, maar leg vooral in het begin de focus op de impact op het huidig functioneren van een mogelijk belast verleden.

Dat woorden nauw luisteren vanaf de start van het gesprek op zowel inhouds- als op betrekkingsniveau komt in de volgende voorbeelden aan bod.

3.4.1 De gepeste jongen

De aanmelding van Maurice (A1 in ▶par. 2.5.1) was als volgt geformuleerd:

> A1: 'Graag uw behandeling van Maurice, 9 jaar oud. Hij wordt op school veel gepest, komt steeds vaker overstuur uit school. Moeder laat weten dat Maurice in de ochtend klaagt over buikpijn en dan niet naar school wil. Voor het slapen gaan, huilt hij vaker, slaapt slechter. Geen somatische bijzonderheden gevonden. Beide ouders zijn betrokken en zorgzaam.'

Als de behandelaar die het intakegesprek voert met de ouders en Maurice samen, heb je (via de analyse met het format) globaal enige gedachten laten gaan over mogelijke gespreksthema's, van belang vanuit jouw positie als professional. Je beseft dat het gezin heel andere gespreksthema's op de voorgrond kan zetten en juist daarin ben je geïnteresseerd.

Openingszin

Zoals gebruikelijk zeg je in je openingszinnen iets over de werkwijze van je instelling en jouw positie daarin, en probeer je iets te zeggen dat bij hen aansluit over wat je ziet of hoort op de allereerste momenten (zoals in de wachtkamer). Omdat Maurice letterlijk en figuurlijk het lijdend voorwerp is, vraagt het de nodige aandacht hem in de mate van het mogelijke gerust te stellen.

De overgang naar het bespreken van de aanleiding en de doelen van het gesprek kan op vele manieren. Een daarvan is:

> B: In de aanmelding van de huisarts komt naar voren dat er het nodige speelt rond school. Waar liggen uw grootste zorgen?

Deze vraag is aan de ouders gesteld. Zij zijn als opvoeders de (wettelijke) vertegenwoordigers van de minderjarige Maurice en zijn met hem gekomen. Het is een open vraag. De vraag drukt uit dat je je hebt verdiept in de voorinformatie zonder dat je al een conclusie of een oordeel hebt. Tevens druk je uit dat je geïnteresseerd bent in waar de ouders tegenaan lopen, waarin zij vastlopen, waar zij zich vooral zorgen over maken. Hiermee wil je meteen nagaan in hoeverre zij zichzelf als probleemdrager zien. Als Maurice deze vraag hoort, heeft hij ruimte om zijn ervaringen te overdenken. De ouders wordt iets over henzelf gevraagd, niet over hem.

Een andere openingszin kan zijn:

> B: Uit de aanmelding van de huisarts begrijp ik dat Maurice veel wordt gepest op school en daar erg onder lijdt. Wat kunt u er meer over vertellen?

Ook hier laat je als intaker horen je te hebben verdiept in de voorinformatie. De vraag is minder open en meer toegespitst op een specifieke situatie van Maurice en school. Je neemt op deze manier het verhaal van school en huisarts over en vraagt naar de visie van de ouders op een en ander. Deze kan volledig aansluiten hierop. Het is mogelijk dat overeenstemming volgt over dat Maurice de probleemdrager is en/of school. De gestelde vraag kan daarbij tevens een levensverhaal uitlokken: hoe het allemaal zo gegroeid en gekomen is. Het is belangrijk om dit te weten, echter pas als duidelijk is waar de pijn en zorgen van het moment liggen. Als Maurice deze vraag hoort, ziet hij alle aandacht naar hem gaan over hinderende zaken, waarvan je (nog) niet weet hoe dat voor hem is. Een mogelijk risico van een dergelijke openingszin is dat als hij een ander verhaal heeft, hij geen ruimte meer voelt om dat te vertellen.

Nog een andere openingszin kan zijn:

> B: U bent verwezen vanwege problemen met pesten van Maurice. Wat kan ik voor u doen?

Ook hiermee laat je weten kennis te hebben genomen van de voorinformatie. Je engt de gespreksmogelijkheden op deze manier in. Je definieert, waarschijnlijk ongewild, dat Maurice de probleemdrager is, dat het probleem eenduidig en helder is en dat je als behandelaar een rol als probleemoplosser, als expert, wilt vervullen. De focus komt hiermee snel te liggen op de toekomst, zonder dat in eerste instantie ruimte wordt geschapen voor de pijn en dilemma's van de hier-en-nu-situatie. Maurice hoort zaken die mogelijk over zijn hoofd heen worden geregeld. In feite nodig je impliciet uit te willen praten over oplossingen, zonder voldoende ruimte te scheppen om te komen tot een gedeeld verhaal over wat speelt. Je suggereert daarmee dat sprake is van een lineair verhaal, zonder dat je dit hebt getoetst. Het kan zijn dat je in een setting werkt, waarin dit bijna onvermijdelijk is. Als je werkzaam bent in een op diagnose gebaseerd zorgprogramma, liggen de mogelijke behandelopties al vaak in folders vast en weten de hulpvragers welke keuzes voorhanden zijn.

Met deze verschillende openingszinnen willen we laten zien dat de manier van formuleren uitdrukt voor welke insteek je als intaker kiest. De attitude en de inzet van de behandelaar komen hierin tot uitdrukking. Zorgvuldig gekozen woorden kunnen zo een aanzet zijn voor een geslaagd proces van gedeelde beeld- en besluitvorming, en uiteindelijk voor het doorlopen van een effectief behandeltraject. De besproken openingszinnen houden al een (doelbewuste) eigen keuze in: je richt je tot de ouders als opvoeders die de verantwoordelijkheid dragen; Maurice is immers nog geen 12 jaar oud. Een andere optie is je meteen tot Maurice te richten, maar dan moet je er zeker van zijn dat het al veilig genoeg voor hem is en dat je hem niet overvraagt. Je kunt dit alleen doen met toestemming van de ouders.

Vervolgvraag

Afhankelijk van de reactie van de ouders op de diverse openingszinnen, willen we nu voorleggen hoe de vervolgvraag aan Maurice zelf kan zijn. Als eerst naar de zorgen van de ouders is gevraagd, zou de vraag aan hem kunnen luiden:

» B: Maurice, ben je verbaasd over wat je ouders zonet vertellen?

Ook dit is een open vraag, nog niet zo gericht op inhoudelijke informatie over het 'probleem', maar meer gericht op het relationele aspect tussen hem en de ouders, en gericht op de opbouw van een samenwerkingsrelatie met jou als behandelaar. Daarbij zal je op een gegeven moment zeker ook inhoudelijke informatie naar voren brengen, maar in ieder geval niet in een kader waarin hij al meteen door jou wordt gezien als de probleemdrager aan wiens problemen 'gewerkt' moet worden.

Als vervolg op de bovenvermelde tweede openingszin ('Uit de aanmelding van de huisarts begrijp ik dat …') kan Maurice worden voorgelegd:

» B: Goh, je ouders vertellen over best akelige dingen die er gebeuren en dat dat allemaal niet gemakkelijk voor je is. Wat kun jij daarover zeggen, hoe is dat allemaal voor jou?

De kans is groot dat hij uitsluitend hinderende kanten van hemzelf en zijn situatie heeft gehoord in een kader waarin hij de uitgesproken probleemdrager is. Waarschijnlijk zal hij deze rol als zodanig ook voelen en daar over vertellen in zijn eigen woorden. Het risico dat hij in een 'slachtofferrol' wordt gedefinieerd is groot, als er te weinig ruimte is om de helpende aspecten naar voren te laten komen.

Een opening naar Maurice toe na een toekomstgerichte vraag aan de ouders, is niet gemakkelijk. Het risico bestaat dat het gesprek al snel gaat over behandelmogelijkheden, zodat de vraag naar Maurice daarop aansluit:

> B: Zoals je hoort, zijn er een paar manieren waarop wij je goed kunnen helpen. Is dat niet fijn voor je? Wat zou jij het liefste willen?

Hoewel deze laatste zinnen klinken als gedeelde besluitvorming (de ouders krijgen dezelfde vraag voorgelegd), zijn ze dat in het geheel niet. Maurice heeft geen bijdrage kunnen leveren aan een gedeelde definitie van wat speelt, de ouders hebben enkel kort gesproken over het 'probleem'. De context waarbinnen zich dit afspeelt is onbekend.

Tot zover voorbeelden van mogelijke openingszinnen – waarmee je je attitude en intentie als hulpverlener uitdrukt – bij de aanmelding van een kind. Nu een voorbeeld uit de ouderenzorg.

3.4.2 De wantrouwende vrouw

We leggen nu enkele mogelijke openingen voor bij het intakegesprek van de wantrouwende weduwe van 75 jaar oud (A3 in ▶par. 2.5.3). Zij werd door de praktijkondersteuner van de huisarts (POH) verwezen. We herhalen hier enkele zinnen uit de telefonische aanmelding.

> A3: 'Mevrouw is een gewezen directrice, alleenwonend. Tot voor kort ging ze nog regelmatig kaarten in het wijkcentrum, waar men haar graag mocht en waar ze klaarstond voor anderen. Nu komt ze haar huis bijna niet meer uit (alleen nog voor het halen van wat boodschappen). Bezoek houdt ze af. Ze belt haar dochter elke dag en vaak meerdere keren, ook midden in de nacht. Ze beschuldigt de overbuurman ervan dat hij haar bespioneert met een verrekijker. Hij is op haar geld uit, is haar vermoeden, want hij komt regelmatig langs en biedt dan aan de boodschappen voor haar te doen. Ze vertrouwt hem niet …'

Vanuit de inventarisatie van de vooraf verstrekte gegevens ben je uitgekomen bij: de FOCUS ligt op je voornemen om eerst te komen tot een basale samenwerkingsrelatie, voordat je een gedegen diagnostisch traject gaat starten. Je kunt ervoor kiezen om haar alleen uit te nodigen voor een intakegesprek in je gesprekskamer. Je staat dan meteen voor de afweging: doe ik dat via een onpersoonlijke schriftelijke uitnodiging of een meer persoonlijke? In het besef van het risico dat ze hier niet op zal reageren – dan heb je jezelf al bij voorbaat buitenspel gezet – besluit je een poging te wagen om samen met de verwijzende POH naar haar thuis te gaan. Je rekent erop dat de POH voldoende vertrouwen bij de vrouw heeft verworven. Het is zaak om met de POH af te spreken hoe jij als behandelaar wordt geïntroduceerd. In feite ben je nu aan het nadenken over hoe jouw openingszinnen voor de intake kunnen klinken, uitgesproken door een collega. Zijn woorden bepalen voor een groot gedeelte de kansen voor een goede samenwerkingsrelatie van jou met de als wantrouwend gedefinieerde vrouw.

Als de POH jou op volgende wijze introduceert, zal dat een ander effect hebben, dan de daarop volgende openingszin:

> B: In onze contacten de laatste tijd komt naar voren dat het niet altijd even goed met u gaat. Ik stel voor dat ik een behandelaar van de GGZ vraag om met mij de volgende keer mee te komen om hem een oordeel over uw situatie te laten vormen. Mogelijk stelt hij dingen vast die voor ons mogelijkheden bieden om u verder te helpen.

Een andere opening kan zijn:

> B: In onze contacten de laatste tijd komt naar voren dat het niet altijd even goed met u gaat. Ik stel voor dat ik een behandelaar van de GGZ vraag om met mij de volgende keer mee te komen. U merkt aan mij dat ik met u mee zoek naar mogelijkheden om het leven voor u weer wat prettiger te maken, maar dat ik niet goed weet hoe. Ik denk dat de behandelaar van de GGZ goed met ons mee kan denken en zoeken. Wie weet heeft hij goede suggesties.

In de eerste openingszinnen word je als expert geïntroduceerd die de vrouw als probleemdrager gaat beoordelen en die mogelijk weet wat goed voor haar is. Bij de tweede manier van introduceren definieert de POH zichzelf meer als hulpvrager en probleemdrager (hij weet niet zo goed hoe te handelen) en introduceert hij jou meer als een ondersteuner van hen beiden. Wat de meeste kans van slagen maakt, weet je niet. Daarbij moet je vertrouwen op de deskundigheid van de POH, die de expertrol zelf niet inneemt, maar meer vanuit een consulent en participantenrol besluit. Duidelijk is dat woorden ertoe doen. Duidelijk is ook hoe belangrijk het is om een helder beeld te hebben over wie probleemdrager en hulpvrager is en de consequenties daarvan voor de positie die je als intaker inneemt. Dit beeld bepaalt uiteindelijk de inhoud en wijze van bejegening vanaf de eerste minuut van kennismaking.

Als je vanuit deze dialogische attitude tracht een brug te slaan en probeert een basis te leggen om samen op te trekken, maak je naar ons idee meer kans om uiteindelijk de ook noodzakelijke diagnostische inschatting te kunnen maken dan wanneer dat primair je doel is. Vóórdat je de diagnostische vraag wilt en kunt beantwoorden, wil je eerst de vragen en opvattingen van de anderen kennen, met name van mevrouw zelf. Ga je al dan niet volgens protocol primair voor diagnostiek ('Mevrouw, weet u ook welke dag het is vandaag en hoe de koning heet?'), dan is de kans groot dat ze na een eerste bezoek, waarin je vooral haar mentale status onder de loep hebt genomen en enkel hebt gekeken en geluisterd vanuit je professionele diagnostische bril, de deur niet meer opendoet. Als je bij de kennismaking steeds je eigen invulling van het werkblad (zoals in het vorige hoofdstuk is uitgewerkt) in gedachten houdt, is het mogelijk om vooral geïnteresseerd te zijn in haar wens om bescherming en erkenning te geven aan haar emoties van boos, hopeloos, verdrietig en angstig zijn. Als zij dit toestaat en erop in kan gaan, is het wellicht mogelijk andere thema's aan bod te laten komen. Het werkblad is dan ook je eigen hulpmiddel om die ingangen te vinden voor een goede samenwerkingsrelatie.

> **De helpende aspecten van een gepaste kennismaking**
> De voorbeelden uit dit hoofdstuk illustreren hoe je de kans op het opbouwen van een goede werkrelatie kunt vergroten door vanaf de eerste minuut aandacht te geven aan:
> - samen met de hulpvragers helder hebben wie hulpvrager en probleemdrager is, en wie wordt gezien als probleemoplosser;
> - vanuit je eigen inventarisatie van de vooraf bekende informatie – zoals samengevat op je werkblad – aansluiten bij en erkenning geven aan de positie en emoties van de hulpvrager;
> - je eigen rolinvulling: die van expert, consulent en/of participant.
>
> Met de verkregen duidelijkheid over hoe jij (als behandelaar) en de hulpvragers zich tot elkaar verhouden, kan de volgende stap in het behandelproces worden gezet. Over hoe je tot een gedeeld verhaal over wat speelt komt, gaat het volgende hoofdstuk.

Literatuur

Hafkenscheid, A. (2014). *De therapeutische relatie*. Utrecht: De Tijdstroom.

Jonghe, F. de, Rijnierse, P., & Janssen, R. (1988). Uitzicht op inzicht III. *Tijdschrift voor Psychotherapie, 14,* 91–99.

Maurer, J. (1998). Intersysteemkenmerken als leidraad voor therapiekeuze. Een aanzet tot ordeningsmodel voor systeembenaderingswijzen. *Tijdschrift voor Psychotherapie, 24,* 91–104.

Oenen, F. van, Deursen, S. van, & Cornelis, J. (2016). 'Uw wens is mijn gedachte'. Over rolkeuze en verrassing in het afstemmingsproces. *Tijdschrift voor Psychotherapie, 42,* 370–383.

Raad voor de Volksgezondheid en Samenleving (RVS) (2017). *Zonder context geen bewijs. Over de illusie van evidence-based practice in de zorg*. Den Haag: RVS.

Ryan, R. M., & Deci, E. L. (2017). *Self-determination theory: Basic psychological needs in motivation, development, and wellness*. New York: Guilford Press.

Saeger, H. de, Kamphuis, J. H., Finn, S. E., Smith, J. D., Verheul, R., Busschbach, J. J. van, et al. (2014). Therapeutic assessment promotes treatment readiness but does not affect symptom change in patients with personality disorders: Findings from a randomized clinical trial. *Psychological Assessment, Advance online publication*. ▶ http://dx.doi.org/10.1037/a0035667.

Westermann, G., & Maurer, J. (2016). Het Dialoogmodel. Het cocreëren van een gedeeld verhaal. *Tijdschrift voor Psychotherapie, 42,* 370–383.

Het creëren van een gedeeld verhaal over wat speelt

Samenvatting

Als hulpverlener streef je vanaf het begin naar het bereiken van een voldoende gedeeld verhaal als basis voor behandeling. Aan de hand van een samen opgebouwd plaatje komen alle relevante aspecten kernachtig in hun samenhang in beeld: een beeld zegt meer dan duizend woorden. Hoe dit plaatje gezamenlijk op te bouwen, staat stapsgewijs beschreven. Er wordt stilgestaan bij de vertaling van vaktaal naar gedeelde taal, woorden luisteren nauw. Tevens zijn voorbeelden te vinden over hoe positieve en negatieve aspecten, sterke en zwakke kanten, zijn te vertalen in helpende en hinderende termen. De focus ligt hierbij niet alleen op die van de hulpvrager, maar ook op die van de hulpverlener: diens mogelijkheden en beperkingen (en die van het multidisciplinaire team) verdienen eveneens aandacht. De eerste expliciete stap in gedeelde besluitvorming betreft dus overeenstemming over een gedeeld verhaal over wat speelt en verandering behoeft: gedeelde beeldvorming.

4.1 Een gedeeld verhaal is de integratie van meerdere verhalen – 59

4.2 Het verhaal van de hulpvrager(s) – 59

4.3 Het verhaal van de intaker (en zijn team) – 62

4.4 Het gedeeld verhaal aan de hand van het plaatje van het Dialoogmodel – 65

4.5 Praktijkvoorbeeld – 67
4.5.1 Pas-op-de-plaatsgesprek – 72
4.5.2 Gespreksverloop – 73
4.5.3 Overdenkingen achteraf – 79

Literatuur – 80

© Bohn Stafleu van Loghum is een imprint van Springer Media B.V., onderdeel van Springer Nature 2018
J. M. G. Maurer en G. M. A. Westermann, *Praktijkboek gedeelde besluitvorming in de GGZ*,
https://doi.org/10.1007/978-90-368-2180-3_4

Bijlagen – 81
Bijlage 4.1 Ordenend handvat – 81
Bijlage 4.2 Dialoogmodel-totaaloverzicht – 83

In de piramide is aangegeven welke stappen uit het behandelproces in dit hoofdstuk centraal staan (◘ fig. 4.1).

4.1 Een gedeeld verhaal is de integratie van meerdere verhalen

Een behandelplan als een gedeeld verhaal van hulpvrager en behandelaar over wat er speelt en waarin verandering wordt gewenst, maakt de meeste kans dat het succesvol wordt uitgevoerd. Als de behandelaar het behandelplan volledig toespitst op louter de probleemdefinitie van de hulpvrager en diens specifieke hulpvragen, geeft hij zijn eigen professioneel verhaal (gebaseerd op eigen kennis, kunde en ervaring) te weinig ruimte. Als de behandelaar het behandelplan volledig baseert op zijn professionele deskundigheid, dan wordt uitsluitend zijn verhaal de basis. Dit werkt goed als de hulpvrager de hierbij ingenomen expertpositie van de behandelaar wenst en accepteert, en het plan in elk geval aansluit bij de unieke situatie van de hulpvrager. In deze situatie is het verhaal van de deskundige 'het verhaal' waarop de samenwerkingsrelatie is gebaseerd. Onze ervaring is dat in de meeste behandelsituaties een goede werkrelatie een gedeeld verhaal nodig heeft, waarin de hulpvrager zijn eigen verhaal voldoende herkent.

Een gedeeld verhaal dient voorafgaand aan behandeling eveneens te worden gedeeld door relevante betrokkenen. Als bijvoorbeeld een onderdeel van het gedeelde verhaal betrekking heeft op grote afhankelijkheid bij de hulpvrager met de wens tot meer zelfstandigheid, dan is het wezenlijk dat de naasten van de hulpvrager dit beeld delen en het doel willen ondersteunen. Als de naasten een ander verhaal hanteren – 'hij kan enige vorm van zelfstandigheid nooit aan' –, dan heeft het beoogde behandelplan beperkte kans van slagen (of leidt tot een al dan niet gewenste breuk). Maar ook: als een medebehandelaar het gedeelde verhaal dat in het intakeproces tot stand is gekomen niet kan ondersteunen, zal diens bijdrage niet het gewenste resultaat kunnen opleveren.

In dit hoofdstuk bespreken we achtereenvolgens hoe je ruimte kunt geven aan het verhaal van de hulpvrager en hoe je als intaker je eigen verhaal in wisselwerking opbouwt. Door hierbij voldoende ruimte en erkenning te geven, vindt stressreductie plaats en groeit vertrouwen. Daarna laten we zien hoe het in wisselwerking opgebouwde gedeelde verhaal zijn vertaling vindt in een visueel overzicht dat als basis dient voor het behandelplan. Dit gedeeld verhaal is niet een gestold en vaststaand verhaal; dit verhaal zal, als het goed is, blijven veranderen tijdens het behandelverloop.

4.2 Het verhaal van de hulpvrager(s)

Je kunt op verschillende manieren de hulpvrager uitnodigen om zijn verhaal te vertellen. Hier moet je je goed van bewust zijn: de manier waarop je je opstelt, de manier waarop jij je vragen formuleert, is van belang voor de ruimte en de concreetheid en de relevantie van het in te brengen verhaal van de hulpvrager. In het vorige hoofdstuk hebben we voorbeelden gegeven van hoe verschillende startvragen een grote verscheidenheid aan reacties, aan ruimte voor exploratie bieden.

Pyramide (van onder naar boven):
- aanmelding – overleg met verwijzer/acceptatie – voorbereiding eerste gesprek
- werkrelatie, wederzijds vertrouwen, stressreductie, passende taak/rolverdeling
- verduidelijking van hulpvragen, verwachtingen en eerste inschatting
- overeenstemming over en uitvoering van nadere diagnostiek
- *co-creatie gedeelde diagnostische omschrijving*
- overeenstemming en afspraken over behandeling en zelfzorg
- gezamenlijke uitvoering met cyclische evaluatie
- afronding-overdracht

Figuur 4.1 De volgende stappen in het behandelproces

Je bent je er tevens van bewust dat hulpvragers sterk kunnen verschillen in de manier waarop zij een eigen verhaal hebben en presenteren. Deze verschillen hebben dus niet betrekking op de inhoud van de verhalen (die zijn per definitie verschillend en uniek), maar hebben betrekking op een metaniveau, het relationele. Voorbeelden hiervan zijn:
- een gesloten verhaal: de hulpvrager heeft een heldere visie op wat er speelt en hoe dit kan worden begrepen;
- een verward verhaal: de hulpvrager weet niet hoe hij zijn situatie in woorden kan vangen;
- een vragend verhaal: de hulpvrager formuleert meerdere hypotheses over wat er speelt;
- een dwingend verhaal: de hulpvrager heeft een duidelijk beeld van wat de behandelaar dient te doen, los van een heldere visie over wat speelt en hoe dat kan worden begrepen.

Het is dan ook jouw taak om je bij een intake niet uitsluitend te richten op de inhoud, maar ook op de betekenis in relationeel perspectief die door de hulpvrager aan de inhoud wordt gegeven. Het is zaak dat bij het exploreren dit relationeel aspect evenzeer ruimte krijgt als het inhoudelijke aspect. Een goede werkrelatie ontwikkelt zich immers op dit niveau, niet louter op het vlak van begrip voor het inhoudelijk verhaal. Je eigen relationele stijl bepaalt mede het verhaal dat de hulpvrager zal vertellen en hoe hij dat zal doen. In het vorige hoofdstuk is aan bod gekomen dat het innemen van een bepaalde rol (expert, coördinator, participant) complementaire of gelijkaardige rollen kan oproepen. Als je wilt dat een hulpvrager het eigen oplossingsvermogen en zelfredzaamheid vergroot, is een stimulerende, uitnodigende houding noodzakelijk.

Door als behandelaar tijdens het eerste gesprek te laten blijken dat je je goed hebt voorbereid en hebt verdiept in de door hen verstrekte voorinformatie, geef je een signaal van engagement aan de hulpvrager (en zijn naasten). Het is daarbij voorbeeldgedrag: engagement tonen is engagement bij de ander oproepen, nodig voor een hoopvolle en effectieve behandeling. Door voorafgaand aan het intakegesprek de hulpvrager een korte lijst voor te leggen met de uitnodiging om gespreksonderwerpen aan te dragen (▶ bijlagen 2.1, 2.2 en 2.3) bevorder je de zelfwerkzaamheid of ontdek je tot welke mate van zelfwerkzaamheid de hulpvrager in staat is en toe bereid is.

Je zorgt er als behandelaar voor dat je ook de voorinformatie van de verwijzer bij het kennismakingsgesprek kent en bij de hand hebt. Je gaat na in hoeverre deze uitkomsten en informatie gekend zijn en onderling gedeeld worden. Zo beloon je de inzet van de hulpvrager vooraf. Enerzijds toon je op deze manier op passende wijze waardering voor de informatie en inzet vooraf, van wie dan ook, anderzijds waak je ervoor al bij voorbaat conclusies over mogelijke diagnostiek en behandelingsmogelijkheden te trekken op grond van deze informatie. Ze zijn slechts een van de invalshoeken die een bijdrage leveren aan het uiteindelijk beeld dat in dialoog met de hulpvrager tot stand komt.

Deze persoonsgerichte benadering vat Van Staveren (2017, blz. 247) samen in haar begrip 'patiëntgericht communiceren'. Zij formuleert:

» Patiëntgericht communiceren is een respectvolle, empathische wijze van gesprek voeren, waarbij de hulpverlener het perspectief van de patiënt probeert te achterhalen, wederzijds begrip en overeenstemming probeert te bereiken en zoveel mogelijk de regie en de verantwoordelijkheid met de patiënt deelt.

Ook zij geeft in deze definitie aan dat het uiteindelijk doel is om te komen tot het delen van de regie en verantwoordelijkheid, net zoals wij in het vorige hoofdstuk bepleiten. Van Staveren geeft de door haar bepleite houding vorm in het stellen van de volgende vragen:
- Wat is er met je gebeurd?
- Waar heb je last van?
- Wat is je kwetsbaarheid en je weerbaarheid?
- Wat vind je belangrijk?
- Waar hoop je op?
- Waar wil je naartoe?
- Wat heb je nodig?
- Wil je en kun je meedenken en meebeslissen over het beleid?

Bespiegeling
Tot zover haar vragen aan de hulpvrager. Belangrijk is tevens haar opmerking dat deze vorm van communiceren een naadloze integratie is van zowel de klassieke, biomedische communicatie als van klachtgerichte, psychosociale communicatie. In

feite is dit waar wij ook naar streven, zoals uit de volgende paragrafen blijkt. Eerst bespreken we hoe je als intaker je eigen beeld, je eigen verhaal vormt, vervolgens hoe we de integratie proberen te bereiken van het persoonlijke en het professionele verhaal.

4.3 Het verhaal van de intaker (en zijn team)

Als intaker heb je niet alleen de taak om de hulpvrager zo goed mogelijk zijn verhaal te laten doen en hem zo goed mogelijk te begrijpen, maar uiteraard ook dat je hetgeen je hoort en ziet, toetst aan je professionele kennis. Zo werk je in gesprek gaandeweg aan je diagnostische overwegingen en hypotheses. Je zet je professionele diagnostische bril immers niet af. De hulpvrager komt juist naar je toe voor je veronderstelde kennis en kunde.

Is vanuit je eigen vakgebied gezien sprake van een aandoening, van een stoornis, van een ziektebeeld? Wat zijn de kwaliteiten en de kwetsbaarheden? Is er iets te zeggen over een mogelijk diagnostische classificatie of, meer in onze lijn, van een psychiatrisch syndroom (Bak et al. 2017)? Hoe verloopt de interactie (zowel helpend als hinderend) met belangrijke andere personen? In feite ben je gewend hier gerichte aandacht aan te besteden. In de vorige paragraaf hebben we aangegeven hoe je via je een persoonsgerichte, dialogische houding het verhaal van de hulpvrager zoveel mogelijk ruimte kunt geven. Hier geven we een handvat voor jezelf om ook richting aan het verhaal van de hulpvrager te geven. Het geeft geen pas als deze zich volledig richt op één enkel aspect van zijn leefwereld. Jij hebt als taak om de ander te helpen om tot een zo breed als nodig verhaal over zijn situatie te komen. Het format 'ordenend handvat' (▶ bijlage 4.1) helpt je hierbij. In dit format zijn alle aspecten opgenomen, die onderdeel uitmaken van het plaatje van het Dialoogmodel (◻ fig. 1.3), zoals in het eerste hoofdstuk is beschreven. Dit format heb je in feite in je hoofd en is vooral bedoeld om ook achteraf na te gaan of en hoe de verschillende aspecten zijn besproken. Het is daarmee beslist geen vragenlijst die je in het intakegesprek gebruikt om systematisch door te werken. Dan leidt dit format tot een vraag-en-antwoordgesprek, niet tot een dialoog, niet tot een over en weer betekenis verlenen aan bepaalde ervaringen en zaken. De lijst met vragen is meer bedoeld als handig hulpmiddel na een intakegesprek om de eigen indrukken te ordenen, betekenis te geven en je eigen vraagtekens te ontdekken. Ook later in de behandeling kunnen deze vragen behulpzaam zijn, bijvoorbeeld bij evaluatiemomenten, crisissituaties of als blijkt dat de behandeling stagneert. Hier komen wij in ▶ H. 6 op terug.

Het verhaal van jou als hulpverlener is in de regel niet uitsluitend gebaseerd op de inhoud en het verloop van een intakegesprek. Al eerder kwam aan bod dat er vaak bepaalde voorinformatie ligt. Ook is het, afhankelijk van de ernst en de complexiteit van de aangemelde klachten, niet ongebruikelijk dat aanvullend onderzoek door collega's plaatsvindt. Uit het voorgaande is duidelijk: aanvullend onderzoek regel je pas dan als het past in het op dat moment gedeelde verhaal met de hulpvragers. Aanvullend onderzoek indiceren omdat jij als behandelaar nieuwsgierig bent of de dringende behoefte hebt om meer in kaart te brengen, maakt de hulpvrager tot object. Ook weet je niet altijd of hij zich in deze rol wil en kan voegen, ook al stemt hij in. Aanvullend onderzoek zal vooral nuttig zijn als het voor de hulpvrager duidelijk en wenselijk is welke vragen daarmee mogelijk worden beantwoord. Houd steeds in gedachten dat de hulpvrager niet óns moet helpen om een zo goed mogelijk beeld te vormen over wat speelt, maar dat wij in de positie zijn om de ander beter begrip van zichzelf en zijn situatie te laten krijgen. Aanvullende diagnostiek dient slechts één doel: het beantwoorden van vragen van de hulpvrager. Dit klinkt vanzelfsprekend, maar is het niet als wij terugdenken aan het voorbeeld van de wantrouwende oudere mevrouw uit de vorige hoofdstukken (A3 in ▶ par. 2.5.3 en 3.4.2).

Zij wenst bescherming en heeft geen vraag naar een in kaart brengen van haar mentale toestand. Als zij toch wordt 'verleid' tot het meewerken aan psychodiagnostisch en/of medisch onderzoek, dan zijn vraagtekens te plaatsen bij de validiteit en betrouwbaarheid van de resultaten. Ook kan het gebeuren dat zij de resultaten (als deze negatief voor haar uitvallen) niet wil en kan erkennen, deze zal tegenspreken of negeren. Het risico op een escalerende strijd met dochter en hulpverleners is niet ondenkbaar en kent dan louter verliezers. Op deze manier worden voor haar geen oplossingen gevonden om het leven voor haar weer meer 'leefbaar' te maken. Of dat mogelijk is, blijft natuurlijk de vraag. Het is de taak van de hulpverleners om eerst in te zetten op het volgende: is er met haar te 'onderhandelen' over wie in deze (ook door haar ongewenste) situatie hulpvrager, probleemdrager en probleemoplosser is of kan zijn? Geeft het serieus nemen van haar vraag om bescherming een opening tot een constructief gesprek? Waar heeft zij al aan gedacht, is dat vorm te geven, zijn er alternatieven? De wens voor 'bescherming' zou een onderdeel kunnen worden van een gedeelde probleemomschrijving. De dochter wil vanuit haar bezorgdheid immers ook dat moeder meer 'bescherming' krijgt. Pas als ze hierover enige overeenstemming hebben, niet meer in conflict zijn, staat de weg open om te zoeken hoe 'bescherming' het beste kan worden verkregen. In eerste instantie zien zij beiden, ieder door haar eigen 'brillenglazen', totaal verschillende probleemoplossingen.

Als meerdere disciplines betrokken zijn bij aanvullend onderzoek, is het de vraag in hoeverre ieder bereid of in staat is de resultaten van dit onderzoek te formuleren in de termen die de intaker gebruikt als hij werkt volgens de hier beschreven invalshoek. Zijn de uitkomsten van aanvullend onderzoek enkel geformuleerd in termen van stoornissen of classificerende diagnoses? Worden ook helpende aspecten en kwaliteiten genoemd? Lukt het als multidisciplinair team om in een bespreking te komen tot een geïntegreerd verhaal in termen van de taal van de hulpvragers? Een verhaal waarmee de intaker vervolgens met de hulpvragers tot een gedeeld verhaal kan komen dat tot een gedeeld behandelplan kan leiden? Kunnen de verschillende disciplines de bespreking van hun bevindingen met de hulpvrager toevertrouwen aan de intaker? Kunnen behandelvoorstellen als zodanig, als voorstel, worden gezien of hebben ze de status van: hier dient de hulpvrager 'ja' op te zeggen, zodat wij volgens de geldende richtlijnen kunnen werken, gebaseerd op de meest recente wetenschappelijke bevindingen?

De beantwoording van deze vragen kan binnen teams tot spanningen leiden. Als elke onderzoeker erop staat om de bevindingen zelf met de hulpvrager te bespreken, ontstaat een vreemde situatie wanneer dit daadwerkelijk tot uitvoer wordt gebracht: de hulpvrager krijgt vanuit verschillende monden deelantwoorden op zijn vragen, die hij zelf nadien heeft te integreren. In het slechtste geval krijgt hij antwoorden die niet geheel aansluiten en/of die in verschillende talen (namelijk die van elke discipline afzonderlijk) zijn geformuleerd.

Met name voor GZ-psychologen is het moeilijk om het bespreken van psychodiagnostische testresultaten aan een ander over te laten. Zij voelen zich gebonden aan de richtlijnen van het NIP (Nederlands Instituut van Psychologen), die voorschrijven dat de psychodiagnosticus die de testresultaten interpreteert, deze zelf met de onderzochte bespreekt. Hoewel lang niet alle GZ-psychologen lid zijn van deze beroepsvereniging, onderschrijven de meeste GGZ-instellingen wel het gebruik van deze richtlijnen. In onze optiek dienen deze richtlijnen letterlijk als richtlijn (dus richtinggevend) en niet als verplichting te worden opgevat, waarvan beargumenteerd kan worden afgeweken.

In onze praktijkvoering neemt de intaker in zijn bespreking van de verschillende onderzoeken de bevindingen van de psychodiagnosticus mee in termen van: 'zoals u/jij ook tijdens dat onderzoek hebt aangegeven ...'. Met een dergelijke formulering blijft het onderzoek een activiteit die de hulpvrager zelf heeft gedaan, waarin hij iets van zichzelf heeft laten zien. Als de intaker formuleert: 'de psychodiagnosticus heeft bij u/jou vastgesteld ...', dan maakt hij de hulpvrager tot object, tot 'onwetende', terwijl de hulpvrager wel degene is die de informatie heeft aangedragen. Zo kunnen ook de bevindingen van een uitgebreid psychiatrisch onderzoek naar bijvoorbeeld het al of niet aanwezig zijn van een depressieve stoornis in het gesprek met de hulpvrager door de intaker in feite in één zin worden ingebracht. Bij het bespreken van de emoties kan worden gezegd: 'we hebben het gehad over uw/jouw vaak depressieve gevoelens, zoals u/jij het zelf noemt. U heeft/Je hebt er uitgebreid met de psychiater over gesproken, die dat ook duidelijk herkende. Hij heeft van u/jou begrepen dat u/jij er in die mate last van hebt, dat hij vanuit zijn vakgebied inderdaad spreekt van een depressie.'

Als de hulpvrager behoefte heeft om nog eens door te praten over de onderzoekbevindingen met de onderzoeker zelf, dan regelen we een dergelijk aansluitend gesprek (bijvoorbeeld toelichting van het verrichte onderzoek en de bijbehorende aanbevelingen aan een schoolpsycholoog). Wij moeten blijven beseffen dat het in ons werkveld steeds gaat om betekenisverlening en hoe we elkaar daarin bereiken. Het is een illusie om te denken dat hetgeen wij als hulpverleners vaststellen de 'objectieve waarheid' is. Het zijn enkel de waarheden die gelden binnen ons eigen kijk- en denkpatroon en dikwijls ook nog met 'beperkte houdbaarheid'. Vaak heel nuttig en zinvol, maar in elk geval altijd te interpreteren in het geheel van overwegingen en bevindingen.

Deze werkwijze kan afwijken van wat te doen gebruikelijk is binnen de dagelijkse GGZ-praktijk. Als hulpverlener zijn we opgeleid om een goede diagnose te stellen, deze voor te leggen aan de hulpvrager en eventueel met foldermateriaal toe te lichten. De hulpvrager zit dan in de positie van passieve toehoorder, die krijgt voorgelegd 'wat hem mankeert'. Wij bepleiten in onze manier van werken een omgekeerde aanpak. Pas als we het eens zijn over wat er allemaal speelt en vastligt in het plaatje van het Dialoogmodel, spreken we een zin uit als:

> T: Nu we alles zo op het bord hebben staan, en als we moeten kijken naar de diagnose, dan kunnen we in de handboeken vinden dat bij uw/jouw verhaal het beste de diagnose X past.

Daarna kun je de diagnose toelichten. Met psycho-educatie over het toestandsbeeld is in feite dan al een begin gemaakt. De uitleg, toegespitst op de persoon, staat immers al op het bord. Dat kan later nog eens worden herhaald of verder uitgebouwd. De implicaties van de diagnose, zoals de consequenties voor toekomstverwachtingen, kunnen dan worden besproken.

Helpend is ook dat in principe binnen een en dezelfde instelling een min of meer gedeelde visie aanwezig is ten aanzien van diagnostisch kijken, bejegening en behandelmogelijkheden. Als je bijvoorbeeld werkt in een team met vertegenwoordigers van classificerende psychodiagnostiek, narratieve systeemtherapie, cognitieve gedragstherapie, psychodynamische psychotherapie en biologische psychiatrie, dan zijn de verschillen in hoe ieder door zijn eigen bril kijkt groot. Onderlinge verbinding in het belang van de hulpverlener vindt plaats als ieder zijn visie kan integreren in de metafoor van het Dialoogmodelmontuur (fig. 1.2). Dat houdt ook in dat de principes van gedeelde besluitvorming worden gerespecteerd, waarbij de visie van de hulpvrager even belangrijk is als die van de professionals. Als binnen een team de onderlinge verschillen onvoldoende worden overbrugd, is het risico groot dat zich geen gedeeld verhaal over de problemen van en met de hulpvrager ontwikkelt. De kansen voor een geslaagde behandeling zijn dan verminderd omdat niet voldoende recht wordt gedaan aan het eerste principe van gedeelde besluitvorming: een gedeelde probleemdefinitie (oftewel een gedeeld beeld of verhaal).

4.4 Het gedeeld verhaal aan de hand van het plaatje van het Dialoogmodel

Nu 'het verhaal' van de hulpvrager bekend is, evenals de visie van de intaker (of het intaketeam), volgt de cruciale fase in de behandeling: de eerste fase naar gedeelde besluitvorming. Is er voldoende overeenstemming over wat speelt en waarin verandering wordt gewenst? Over wie zich hiervoor kan en wil inzetten? Hoe tot overeenstemming hierover te komen met hulp van het Dialoogmodel (het proces van gedeelde beeldvorming) bespreken we hier. De tweede fase in gedeelde besluitvorming, het bereiken van overeenstemming over behandeldoelen en het behandelplan, komt in het volgende hoofdstuk aan bod.

Het onderscheid dat wij maken tussen gedeelde beeldvorming en gedeelde besluitvorming is niet alleen theoretisch bepaald, maar is vooral gebaseerd op onze werkervaring. Problemen rond het overeenkomen van een behandelplan (van welke aard dan ook), blijken lang niet altijd gerelateerd aan te weinig inhoudelijke uitleg en voorlichting, maar eerder verband te houden met het feit dat onze voorstellen in de ogen van de hulpvragers niet voldoende aansluiten bij wat zij dachten nodig te hebben, bij wat zij denken dat er echt aan de hand is. Dat heeft ons ertoe gebracht om een scherp onderscheid te maken tussen overeenstemming bereiken over wat speelt en tot overeenstemming komen over wat te doen. Zorg dan ook dat je eerst samen met de hulpvragers een gedeeld verhaal hebt over wie hulpvrager, probleemdrager en mogelijke probleemoplosser is, over de pijn en dilemma's die spelen en over de betekenis van een en ander. Voer samen het gesprek over waarin verandering wordt verwacht, in hoeverre er hoop op verbetering is en wat de verwachtingen ten aanzien van jou als hulpverlener zijn. Zolang een dialoog hierover te weinig is uitgekristalliseerd, kan de stap naar een passende behandelvorm niet worden gezet. Schroom niet om dan een pas op de plaats te maken en eventueel een vervolggesprek te plannen om dit met elkaar verder uit te werken. De tijd die extra wordt gestoken in de beginfase, zal zich altijd 'terugverdienen' onder het motto: een goed begin is het halve werk.

Het gesprek waarin je met de hulpvrager diagnostische conclusies en behandelopties gaat bespreken, gebaseerd op zijn en jouw verhaal en eventueel onderbouwd met aanvullend onderzoek, heet traditioneel het adviesgesprek. We spreken inmiddels van het overzichtgesprek, dat minder lineair klinkt en benadrukt dat we samen eerst overzicht willen creëren. Als dat lukt, is heel veel bereikt. Voor ieder mens geldt dat houvast kwijt zijn, door de bomen het bos niet meer kunnen zien, enorm stressvol, vaak angstwekkend is. Hulpvragers bevinden zich in die situatie. Er speelt van alles, ze zijn vaak de draad kwijt of, zoals wij het noemen, enorm ontregeld.

Een overzichtgesprek kun je op verschillende manieren, vanuit verschillende rolposities, starten. Als je de expertpositie inneemt, leg je uit tot welke conclusies en diagnostische classificatie je bent gekomen en vraag je of de ander hiermee instemt. Vaak geef je dan uitleg over de inhoud en betekenis van de diagnose en geef je al of niet expliciet al enige psycho-educatie. Veel hulpvragers ervaren dit als prettig en kunnen hier verder mee. In feite vraag je de hulpvrager om jouw conclusies en uitleg in professionele taal te begrijpen. Als enkelvoudige, gesloten en 'lineaire' problematiek (denk aan een enkelvoudige fobie zonder verdere persoonlijkheidsproblematiek of systemische problematiek) wordt gepresenteerd en als zodanig wordt begrepen, is dit in onze ervaring een prima werkwijze. Bij veel hulpvragers met meer complexe, open en 'circulaire' problematiek werkt deze benaderingswijze lang niet altijd bevredigend. Dan helpt meer de werkwijze die wij hier beschrijven en die een ander uitgangspunt heeft. Wij proberen voor te leggen hoe wij de ander begrijpen door gebruik te maken van diens taal, door zaken te ordenen en er gezamenlijk betekenis aan te geven. Als dat lukt, dan geven wij eventueel daarna aan hoe dat is te vertalen naar een diagnostische classificatie vanuit professioneel oogpunt.

Voor het ordenen van alle belangrijke aspecten, voor het ontdekken van de samenhang, gebruik je het plaatje van het Dialoogmodel zoals weergegeven in ◘ fig. 1.3. Ideaal is als je kunt beschikken over een whiteboard in de kamer, dat meestal in liggende positie aan de muur is bevestigd. Een flap-over is ook bruikbaar, maar vanwege de meestal staande positie niet altijd even handig. Een vel papier op tafel is natuurlijk ook goed bruikbaar, zeker bij een huisbezoek. Zorg dan dat je een wat groter vel (bijvoorbeeld in A3-formaat) bij je hebt.

Het gebruik van een tekening heeft meerdere voordelen. Het geeft overzicht, en daarmee vaak inzicht en uitzicht. Daar waar gesproken woorden vaak vervliegen, niet worden gehoord en/of worden vergeten, blijven ze, als ze staan geschreven, in de kamer, voortdurend zichtbaar. Via het maken van een foto of een computerprint blijven de gebruikte woorden en het totaalbeeld nadrukkelijk aanwezig, als referentiepunt, als bewustzijn. Het meest krachtige daarbij is dat het niet het uitleggend plaatje van jou als intaker/behandelaar is, maar dat de hulpvrager het ervaart als zijn eigen plaatje, een plaatje dat hij mee heeft helpen opbouwen en waarin hij zich herkent. De tekening krijgt zo persoonlijke betekenis. Op deze manier bevorder je concreet zijn zelfbeschikking en mobiliseer je eigen kracht. Dit verhoogt zijn weerbaarheid, het in eigen hand nemen van zijn leven (en de behandeling).

Uit wetenschappelijk onderzoek weten wij dat informatie beter niet alleen verbaal, maar ook met hulp van grafieken of tekeningen kan worden overgebracht. Het verbeelden van informatie is een beproefde geheugentechniek. Door meer betekenis te geven aan hetgeen moet worden herinnerd en er een beeld bij te vormen, wordt informatie beter onthouden. De informatie wordt zo niet alleen auditief, maar ook visueel verwerkt en van een (zo mogelijk positieve) affectieve lading voorzien. Het biedt verder de mogelijkheid om verbanden aan te geven en (cognitief) structuur in de informatie aan te brengen. Verondersteld wordt dat een visueel schema (*concept map*) uitnodigt tot nieuwe ideeën, tot creativiteit. Visualisatie bevordert via prikkeling van de rechterhersenhelft ook het onthouden van de informatie. Grafische representaties blijken in de communicatie over complexe en emotionele onderwerpen gemakkelijker te verwerken dan taal. Visualisatie bevordert de synthese van de informatie bij de ontvanger, terwijl taal veel meer analytisch vermogen vraagt. Visualisatie helpt daarom bij het begrijpen van diverse opvattingen en de onderlinge samenhang. Samengevat is visuele ondersteuning sterk bevorderlijk voor het begrip, de affectieve onderkenning, als ook het onthouden en herinneren van informatie vergeleken met uitsluitend gesproken of geschreven taal (Westermann 2010).

Uit het volgende praktijkvoorbeeld is af te lezen wat wij met bovenstaande bedoelen.

4.5 Praktijkvoorbeeld

Hoe je met behulp van het Dialoogmodel tot een gedeeld verhaal kunt komen, illustreren we aan de hand van het verhaal van de man van midden 40 jaar, die met spoed was verwezen door zijn huisarts. In ▶ par. 2.5.2 staat onze inventarisatie van de volgende voorinformatie:

> A2: 'Graag op korte termijn (gezien voorgeschiedenis) uw onderzoek en beleid in verband met depressieve klachten bij patiënt met vermoedelijk persoonlijkheidsproblematiek/trekken. Patiënt kampt met vaker terugkerende zwaarmoedigheid en depressiviteit. Patiënt heeft geen werk en er zijn schulden ontstaan. Patiënt kan zijn klachten goed verbergen voor zijn omgeving. Patiënt wil liever geen medicatie omdat hij deze dan langdurend moet slikken. Patiënt probeert spanningen te vermijden. Hij heeft ook 'goede' periodes. Is bovenmatig sociaal geïsoleerd. Ik heb maatschappelijk werk al ingeschakeld voor de praktische problemen. Geen suïcidaliteit, maar gaarne toch de intake met enige spoed plannen omdat patiënt anders alsnog afziet van hulp.'

De intakefunctionaris besloot om eerst de huisarts te bellen om te overleggen over een mogelijke invalshoek. De huisarts vreesde immers dat de kans op enige ingang bij de man beperkt is, zeker als er tijd overheen gaat. Er is overeengekomen dat de huisarts regelt dat de betrokken maatschappelijk werker samen met de man op korte termijn naar het intakegesprek in de GGZ-instelling kan komen. De huisarts vraagt aan de maatschappelijk werker om mogelijke gespreksonderwerpen enigszins voor te bereiden met de man. Dit is gelukt. De intaker besluit gezien deze situatie om de korte lijst voor gespreksonderwerpen (▶ bijlage 2.3) niet toe te sturen in de veronderstelling dat dit voor deze man eerder drempelverhogend zal werken. Het intakegesprek vindt plaats samen met de maatschappelijk werker. De man laat in het inventariserend gesprek de maatschappelijk werker veel verwoorden. Deze laatste doet dat op een respectvolle manier, lastige en goede aspecten benoemend, waarmee de man instemt. De inschatting is dat de man zich in dit gesprek voldoende gehoord, gezien en erkend heeft gevoeld. De focus lag dan ook niet zozeer op de problemen, op de verstoringen, op wat niet lukt (hoewel ze zeker wel zijn benoemd), maar vooral op de vragen gericht op zijn persoon, zoals verwoord in het begin van dit hoofdstuk (▶ par. 4.2).

De intaker spreekt aan het eind van het gesprek af om in een volgend gesprek een pas op de plaats te maken om te kijken wat tot op dat moment is gedeeld en na te gaan of er een basis is om samen verder te gaan. De man stemt hiermee in, maar vraagt wel nadrukkelijk of de maatschappelijk werker hierbij opnieuw aanwezig kan zijn. Het blijkt dat de man vreest dat hij niet alles zal begrijpen en onthouden. Met dit verzoek wordt ingestemd.

Voordat hij dit volgende gesprek ingaat, bespreekt de intaker het verhaal van de man in zijn multidisciplinair team om zijn bevindingen te toetsen en tips te krijgen over mogelijke behandelopties. De intaker vat zijn bevindingen in steekwoorden samen (◘ tab. 4.1, de ingevulde versie van het 'Ordenend handvat' ▶ bijlage 4.1).

In classificerende zin lijkt het de intaker niet dat een depressief toestandsbeeld op de voorgrond staat, wel dat er sprake is van een dysthym beeld (in DSM-5-termen: persisterende depressieve stoornis). Of er wel of niet sprake is van een persoonlijkheidsstoornis lijkt de intaker op dit moment niet zo relevant: een antwoord op deze vraag is een beantwoording van de veronderstelling van de verwijzer, beslist niet van de betreffende man. Hij heeft zelf geen vraag over hoe hij als persoon in elkaar zit, geen vraag of hier sprake is van een stoornis. Als de intaker wel een persoonlijkheidsstoornis in termen van een DSM-classificatie veronderstelt of mogelijk zelfs vaststelt, dan voegt dat niets toe aan de beantwoording van de vragen van de man. De intaker loopt zelfs risico bij het gebruik van een dergelijke terminologie: de man zou kunnen afhaken, een gebruikelijke reactie van hem als anderen (zoals zijn zus) menen te weten wat er scheelt en wat er dan ook dient te gebeuren. Veel belangrijker is dat de man zicht heeft op hoe hij als 'persoonlijkheid' functioneert, of hij daar voldoende tevreden mee is en/of hij daarin verandering wenst.

4.5 · Praktijkvoorbeeld

Tabel 4.1 Format 'ordenend handvat' voor intaker, ingevuld aan de hand van praktijkvoorbeeld

Basisvragen die helpen bij het opbouwen van een samenwerkingsrelatie

Algemeen

– Zijn de specifieke hulpvragen voldoende duidelijk en concreet?

Veel ambivalentie.

– Kennen we van alle Dialoogmodel- elementen voldoende de helpende en hinderende kanten?

Ja, er is voldoende openheid.

– Wat is nodig om de onbekende aspecten te verduidelijken?

Ambivalenties bespreken (en mogelijke keuzes in dezen) staat meer op de voorgrond dan inhoudelijke informatie.

– Wat betekent dit voor onze benadering/attitude en voor te stellen interventies?

Erkennen en tempo van de man volgen (maar ook aansturen).

– Is het REGeL-profiel van de hulpvrager duidelijk en is het stabiel of wisselend?

Redelijk stabiel.

– Is het REGeL-profiel van de naastbetrokkenen duidelijk en is het stabiel of wisselend?

De afwezigheid van naastbetrokkenen is een groot thema.

Gedragsinteractiecirkels

– Hebben we hier voldoende zicht op, gerelateerd aan het 'probleemgedrag' van de hulpvrager?

(uitgesplitst naar persoon/personen en setting/omgeving): Ja.

– Wat zien we op concreet gedragsniveau waarin zij/wij vastlopen en wat goed valt te regelen?

Hij leeft teruggetrokken op zijn flatje, puzzelt wat of staart soms uren voor zich uit. De tv is zijn verbinding met de buitenwereld. Hij verzorgt zich redelijk en eet voldoende, niet altijd gezond. Hij doet snel tweemaal per week wat boodschappen voor zijn levensonderhoud.

Omgeving

– Hoe reageren de betrokkenen rond het 'probleemgedrag' op elkaar in helpende en hinderende zin?

Een ver weg wonende zus en zijn ex-vrouw blijken wel enigszins betrokken, maar haken af vanwege een afwijzende en afhoudende houding van hem.

– Familie?

Zijn vader is twintig jaar geleden op 58-jarige leeftijd overleden aan een hartstilstand. Moeder (77 jaar) zit in een verpleeghuis en heeft de ziekte van Alzheimer, ze kent hem niet meer. Zijn vijf jaar oudere zus woont met haar gezin 130 km van hem af, zijn moeder woont in dezelfde plaats, waar hij zelf ook is geboren. Hij bezoekt hen nooit, moeder herkent hem niet meer als haar zoon, zijn zus wil hem zoals altijd 'bemoederen' met allerlei adviezen die hij als dwingend ervaart. In zijn ogen heeft zij een succesvol leven. Het vroege gezinsleven klinkt als redelijk harmonieus. Op 26-jarige leeftijd trouwde hij met een 30-jarige vrouw met een 8-jarig kind. Na vijf jaar gescheiden: gevechten met haar ex-man en de opvoedingsproblemen met haar kind waren hem te veel. Hij zegt toen depressief te zijn geweest met slaap- en eetproblemen. Er is sporadisch contact met haar. Bij de scheiding is hij royaal met financiën naar haar toe geweest, heeft veel nieuwe spullen zelf gekocht, de ontstane schulden nooit kunnen afbetalen.

– School/opleiding/werk/dagelijkse bezigheden?

Na het vmbo bij de post gaan werken als postbezorger en op kantoor. Acht jaar geleden vanwege reorganisaties ontslagen zonder herplaatsing. Enige mislukte uitzendbaantjes gehad. Moet nu rondkomen van een bijstandsuitkering.

Tabel 4.1 Format 'ordenend handvat' voor intaker, ingevuld aan de hand van praktijkvoorbeeld (Vervolg)

Basisvragen die helpen bij het opbouwen van een samenwerkingsrelatie

– Vrije tijd, sociale contacten?

In jonge jaren bij voetbalclub, nogal onhandig, gestopt met 22 jaar. Daarna geen sport meer of andere verenigingsactiviteit. Hobby is al lang muziek beluisteren: hij weet veel van jazz en blues, heeft een indrukwekkende verzameling langspeelplaten. Geen concertbezoek. In feite geen sociale contacten nu. Buren in de flat worden vriendelijk gegroet, verder geen verbintenis.

– Andere hulpverlening?

In het verleden tweemaal naar zijn zeggen depressief geweest, maar geen verwijzing gewenst naar GGZ. Huisarts heeft medicatie voorgeschreven. Hij heeft twijfels of deze heeft geholpen, of dat de depressie vanzelf naar de achtergrond ging. Omdat huidige schulden hem blijven drukken en hij geen uitweg ziet, is hij akkoord gegaan met inschakeling maatschappelijk werk door de huisarts. Deze doet goed werk voor hem, vertrouwen in gekregen. Uiteindelijk ingestemd met diens voorstel om ook meer hulp voor hem persoonlijk te zoeken.

– Hoe verloopt het contact met mij als hulpverlener? Hoe reageer ik hierop?

Hij presenteert zich wat mat, laat veel aan maatschappelijk werker over. Bij gerichte vragen aan hem, beantwoordt hij deze op een oprechte manier op een vlakke toon. Soms valt hij even stil, lijkt dan inwendige pijn te voelen. Voor mezelf is het zoeken naar evenwicht tussen nieuwsgierigheid, gevaar van af te haken of te stimulerend te willen zijn. Het kost energie om me te engageren.

R   Is sprake van basisveiligheid/*capacity to be alone*? Ja.

     Is alleen 1-op-1 (dyadisch) mogelijk of ook triadisch contact?

     Beide vormen, hij verdraagt gedeelde aandacht.

     Wat is de basisrelationele stijl en wat zijn de helpende aspecten hierbij?

     Hij blijkt altijd wat verlegen te zijn geweest, van kinds af aan. Hij is vriendelijk, wil het de ander niet moeilijk maken. Het blijkt dat de opmerking uit de aanmelding dat er sprake is van wisselende stemmingen, vooral betrekking heeft op hoe de man zich kan presenteren: de ene keer meer gesloten en afhoudend dan de andere keer. Dit lijkt meer gekoppeld aan hoe een gesprek loopt (wil de ander wat?) dan afhankelijk te zijn van de onderliggende stemming.

E   Is sprake van een te hoog stress- dan wel angstniveau om effectief te kunnen bijdragen aan behandeling?

     Dit is moeilijk in te schatten; soms lijkt hij zijn huidig evenwicht te koesteren.

     Is sprake van te ernstige depressie/wisselende stemming om effectief een behandelrelatie aan te gaan?

     Er is eerder sprake van lusteloosheid dan van depressie en ontbreken van zingeving die hem afhouden van een mogelijk betekenisvolle relatie.

     Is er voldoende zicht op de basisemoties als angst, boosheid, verdriet en plezier?

     Hoewel vermijdend, komen geen uitgesproken angsten naar voren. Boosheid is niet actueel, evenmin verdriet, onprettige zaken lijken hem niet (meer?) te raken. Verbitterd? Bij doorvragen laat hij weten soms te kunnen genieten van zijn muziek: LP's met jazz en blues. Hij geeft aan tweemaal depressief te zijn geweest en toen medicijnen van de huisarts kreeg, maar zonder overleg te zijn gestopt met deze medicatie. In zekere zin klinkt er enige hopeloosheid door in wat hij deelt.

G   Zijn er 'hardware'-problemen (niveau, discrepantie, leerstoornis e.d.) waar speciale afstemming op nodig is?

     Niet waarneembaar, hij komt gemiddeld begaafd over.

     Welke zijn de helpende capaciteiten (zoals coherent, oplossingsgericht, creatief denken)?

     Best wel aanwezig, moet wel worden uitgedaagd.

Tabel 4.1 Format 'ordenend handvat' voor intaker, ingevuld aan de hand van praktijkvoorbeeld (Vervolg)

Basisvragen die helpen bij het opbouwen van een samenwerkingsrelatie

Zijn er dominante denkschema's?

Ja, met een sombere kleuring: 'ik ben niets waard, iedereen laat mij maar zitten, laat mij maar met rust, het leven heeft mij niets te bieden.' Helpende schema's worden niet genoemd. Bij doorvragen: 'ik ben niemand tot last, ik verzorg mij en mijn omgeving goed. Ik red me wel op mijn manier.'

e   Hoeveel externe structuur/sturing is nodig; continu of wisselend?

Op zijn manier heeft hij een leefbaar evenwicht, wijst het liefst externe sturing af.

Is sprake van verstoorde realiteitstoetsing? *Nee.*

Is er voldoende zelfreflectie/mentaliserend/zelfregulerend vermogen?

Door zijn bril gezien wel. Door mijn bril gezien: het zelfregulerend vermogen van dit moment houdt hem gevangen in zijn lusteloosheid. Hij is wel enigermate in staat tot zelfreflectie en mentaliseren.

L   Is sprake van specifieke lichamelijke problematiek waarvoor speciale afstemming nodig is?

Nee. Hij oogt lichamelijk voldoende gezond, de huisarts noemt geen bijzonderheden. Hij zegt geen drugs te gebruiken en met mate te roken en alcohol te drinken. Er zijn geen aanwijzingen om hier vraagtekens bij te zetten. Onduidelijk is eventueel medicijngebruik. Hij laat doorklinken daar slechte ervaringen mee te hebben. Er zijn al langere tijd perioden met verstoringen in eetlust, energieniveau en slaappatroon.

Zijn lichamelijke helpende kanten aanwezig en mogelijk actief in te zetten?

Lijkt niet het geval. Hij heeft geen positieve sportieve ervaringen of ambities.

– Kunnen we wat speelt samen met de hulpvrager(s) voldoende verklaren en voldoende plaatsen/begrijpen?

In feite heeft hij een coherent levensverhaal, waarin zijn huidige situatie is te plaatsen.

– Helpende vragen voor mij zelf als behandelaar:

De man erkent klem te zitten door naar intake te komen en zijn situatie voor te leggen. Ik moet vermijden te gaan 'trekken en/of duwen'. Kan ik hem zien als een man die klem zit in zijn 'noodlot', die zijn situatie koestert om zo weinig mogelijk verstorende prikkels op te zoeken, mogelijk uit angst voor ontregeling?

– Hoe komen we *naast* alle betrokkenen?

Steeds erkennen van zijn autonomie, van zijn gevoel van competentie (ondanks de negatieve denkschema's), en zijn verlangen naar enige verbondenheid (ook al bagatelliseert hij openlijk deze wens). Expertpositie zal averechts werken. Zelfonthulling beperken tot tonen van compassie.

– Welke zijn de pijn, de worsteling, de dilemma's van alle betrokkenen?

Voelbaar is de ambivalentie bij de man: enerzijds het besef dat dit niet zijn gewenste leven is, anderzijds het ontstane broze evenwicht koesteren. Hoe zijn zus en zijn ex-vrouw zoekende zijn, is onbekend. Ze lijken op hun manier wel betrokken bij hem.

– Hebben we al een voldoende gedeeld verhaal?

Nog niet. Waar de verwijzer en ook ik zien dat deze man zichzelf ernstig tekortdoet, ervaart hij dit zelf in wisselende (en dan bedekte) mate.

– Van welke brillen is sprake en welke matchen of overlappen (niet) voldoende?

De brillen van de aangemelde en van de hulpverleners overlappen elkaar beperkt.

> **Tabel 4.1** Format 'ordenend handvat' voor intaker, ingevuld aan de hand van praktijkvoorbeeld (Vervolg)

Basisvragen die helpen bij het opbouwen van een samenwerkingsrelatie

– In welke cirkels voelen zij/wij ons gevangen? Welke zijn stimulerend/hoopvol?

Het risico is groot dat de interactiecirkel die speelt tussen de man en zijn familie (terugtrekken-meer bemoeien-meer terugtrekken-afhaken) zich bij ons zal herhalen. Hoopvol is dat basaal de man zich openstelt in contact. Het is zaak om als hulpverlener niet de beweging van 'meer bemoeien' en van 'terugtrekken' te maken. Er is hoop op afstemming als het lukt om op de grens van 'onvoorwaardelijke' beschikbaarheid te functioneren.

– Wie is probleemdrager (betekent: heeft hulpvragen voor zichzelf)?

Duidelijke ambivalentie bij de man over wel of niet probleemdrager te zijn, of hij (naast hulp voor praktische zaken) ook hulpvrager wil zijn over zijn persoonlijk 'welzijn'. Voordat een mogelijk behandelplan tot stand kan komen zal deze ambivalentie nadrukkelijk tot thema gemaakt moeten worden.

– Wie voelt zich probleemoplosser of ziet anderen als probleemoplosser?

Zie vorig punt. Oppassen om zelf niet in de rol van probleemoplosser te stappen, zonder dat dit een met elkaar overeengekomen rol is. Zelf denk ik dat er voor een behandelproces alleen kans van slagen is als de man zich als (deel)probleemoplosser kan zien. Hier veel aandacht aan besteden op uitnodigende, niet voorwaardelijke, manier.

In de praktijk kan in dit 'ordenend handvat' het gebruik van steekwoorden volstaan. Voor de leesbaarheid in dit boek zijn enkele zinnen uit het intakeverslag – dat is hier niet weergegeven – samenvattend geciteerd.

4.5.1 Pas-op-de-plaatsgesprek

Nu volgt een weergave van het 'pas-op-de-plaatsgesprek', het tweede gesprek na twee weken, aan de hand van enkele fragmenten, waarin naar voren komt hoe het plaatje van het Dialoogmodel is te gebruiken. In dit geval is het te vroeg om al een advies- of overzichtgesprek met bijbehorende behandeladviezen te plannen. Omdat je het verhaal van deze man al voor een deel hebt gehoord en zelf al een beeld (in wording) hebt gevormd, is dit een passende interventie. Uit ervaring weten wij dat het samen in beeld brengen van wat is besproken door hulpvragers meestal bijzonder wordt gewaardeerd. Het feit dat wat speelt letterlijk met wat afstand wordt geconcretiseerd, maakt het voor de hulpvrager vaak beter te verdragen en te verwerken. Het voorbeeld laat zien dat de impact van het visualiseren desondanks groot kan zijn. Vaak biedt het plaatje houvast en reduceert het stress, maar soms ook is het pijnlijk en confronterend. De behandelaar zal deze visuele samenvatting uiteraard vanuit een steunende attitude samen met de ander opbouwen. Omdat het plaatje 'een extra object' in de kamer vormt, kan hij zich letterlijk en figuurlijk naast de hulpvrager scharen. Deze werkwijze bevordert op diverse niveaus beweging in de kamer. Voor beider ogen ontrolt zich een totaalbeeld waar ze in het gunstigste geval samen aan gaan staan.

Het is handig om de eerdere ordening van helpende en hinderende kanten vooraf al in kernwoorden of korte zinnetjes in te vullen op het zogenaamd 'Dialoogmodel-totaaloverzicht' (▶bijlage 4.2). Dat geeft je zelf houvast en laat zien dat je je wederom goed hebt voorbereid en verdiept in deze specifieke situatie. Wat je hebt ingevuld, kan door de dialoog waartoe je de hulpvrager uitnodigt tijdens het overzichtgesprek op punten zeker wijzigen. Hulpvragers komen geregeld zelf met voor hen nog betekenisvollere termen, waar je uiteraard dankbaar gebruik van maakt. Zo wordt het nog meer hun eigen beeld en verhaal.

4.5.2 Gespreksverloop

Nu volgt een weergave van het gespreksverloop, waarbij B staat voor behandelaar en H voor de hulpvrager. De reacties van de maatschappelijk werker zijn voor het overzicht hier weggelaten. Tussen blokhaken staat soms een toelichting. De man heeft de intaker gevraagd hem te tutoyeren.

B: 'Om goed zicht te krijgen op wat er allemaal speelt, gebruik ik graag het bord. Dat wil ik vandaag ook doen. Akkoord?'
[Met deze retorische vraag wordt eigenlijk altijd ingestemd. De intaker staat op en zegt dit terwijl hij het poppetje tekent en de rechterpijl zet.]

B: 'Dit stel jij voor' [dit lokt meestal wel een reactie uit waarop kan worden ingespeeld] en hier wil ik opschrijven wat ook alweer de klachten waren, de problemen waren waarmee wij ons gesprek zijn gestart. Hoe zou jij ze bondig samenvatten?'

H: 'Nou, eigenlijk weet ik dat nog steeds niet zo duidelijk. Soms gaat het wel redelijk met me, soms voel ik mij ook vastzitten en weet dat dat eigenlijk anders moet.'

B: 'Dit is belangrijk wat je zegt, we hebben erover kunnen spreken. Je zegt nu vooral iets over je gevoel en je wens. Dat zegt iets over je emoties en je gedachten. Die zet ik alvast hier neer' [hij zet de E van emoties en de G van gedachten in het hoofdje van de tekening; en in de rechterbovenhoek: E = Emoties en G = Gedachten] 'daar gaan we dadelijk uitgebreid op in. Eerst wil ik hier opschrijven wat dit voor je gedrag betekent. Mij is vooral opgevallen dat je nauwelijks nog buiten komt en dat je moeite hebt om de dag door te komen. Dat wil ik hier opschrijven of zou jij dat anders willen formuleren of juist andere zaken willen benadrukken?'

H: 'Als je het zo zegt klopt het natuurlijk wel, maar ook weer niet helemaal. Zo op mezelf vind ik lang niet altijd zo erg. Het klopt wel dat ik soms niet weet hoe ik de dag moet doorkomen, maar om dat zo scherp op te schrijven, vind ik wat overdreven.'

B: 'Ik heb van je begrepen, de vorige keren dat we elkaar spraken, dat de dag niet altijd bevredigend voor je verloopt.'

H: '...' [Zucht wat.]

B: 'Akkoord als ik hier schrijf: nauwelijks buiten komen, en: daginvulling vaak onbevredigend?'

H: 'Ja, dat klopt wel.'

B: 'Zeg niet te snel dat het wel goed is. We proberen het zo nauwkeurig mogelijk samen te vatten. Uiteindelijk is het jouw plaatje. Belangrijk is ook om hier neer te zetten wat je goed afgaat: in feite verzorg je je woning goed en zorg je in die zin goed voor jezelf; dat je op tijd en voldoende eet, je houdt een bepaald dagritme aan.'

H: 'Ja, dat klopt wel. Kost me wel soms moeite, dan moet ik naar de winkel, maar stel dat dan toch weer een dag uit, maar ik heb altijd wel wat in de vriezer liggen.'

B: 'Ik schrijf hier op: voldoende zorg voor woning en mezelf' (◘ fig. 4.2).

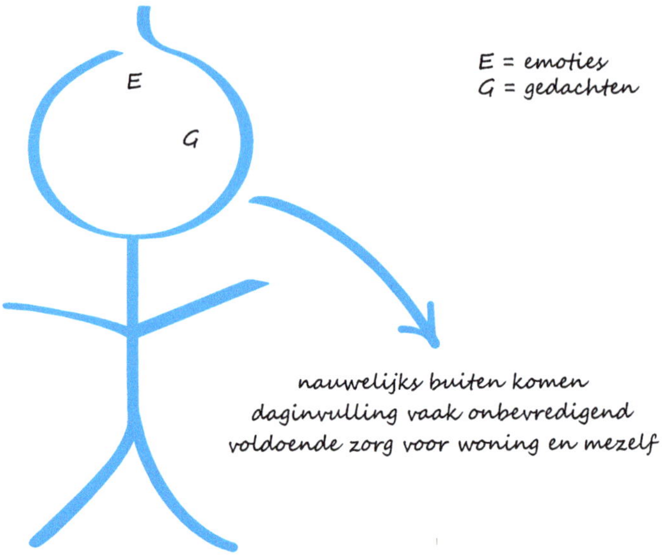

Figuur 4.2 Startplaatje met persoon en gedrag (en al aanduiding van emoties en gedachten)

E = emoties
G = gedachten

nauwelijks buiten komen
daginvulling vaak onbevredigend
voldoende zorg voor woning en mezelf

H: '…' [hij knikt voorzichtig instemmend.]
B: 'Voordat we stil gaan staan bij je belangrijke emoties en gedachten, wil ik eerst met je nagaan hoe jij op je omgeving en hoe deze op jou reageert. Je hebt aangegeven dat je nog maar weinig contact met je omgeving hebt. Je werk ben je al enkele jaren geleden verloren, dat schrijf ik hier op.' [na een pijl onder het poppetje door te hebben getrokken, schrijft hij op: werk kwijt] 'Met je moeder gaat het niet goed. Eigenlijk is gewoon contact met haar niet meer mogelijk, je kunt het niet meer opbrengen om haar op te zoeken. Met je zus heb je nog weleens telefonisch contact, maar haar bezorgde betweterij kun je maar moeilijk verdragen. Met de vrouw met wie je getrouwd bent geweest (en haar kind) heb je af en toe beleefdheidscontacten rond verjaardagen via e-mail of WhatsApp. Jullie komen niet meer bij elkaar, maar zijn op een bepaalde manier toch nog betrokken. Mag ik hier opschrijven: familie ver weg?'
H: 'Als je het zo zegt, schrik ik wel … Zo heb ik het zelf nooit gezien … Eigenlijk wil ik ze zelf niet zien, ze brengen me vaak in de war … Het klopt wel ….'
B: 'Dit roept nogal wat op … Vind je het toch goed als ik het hier neerzet?'
H: 'Ja.'
B: 'We praten er dadelijk verder over … Ik wil bij de omgeving ook de hulpverlening vermelden. Je bent iemand die zaken het liefst zelf oplost, maar nu lukt het je om hulp van de maatschappelijk werker te accepteren om die slepende schuldkwestie aan te pakken. Er komt perspectief: jullie hebben een regeling kunnen treffen waarmee je akkoord bent. En blijkbaar lukt het je rond deze zakelijke kwestie om aan een ander zaken toe te vertrouwen. Ik wil hier schrijven: maatschappelijk werk [afgekort als MW], vertrouwen, oplossing dichterbij (fig. 4.3).' [Woorden luisteren nauw. Over het gebruik van deze specifieke woorden is vooraf nagedacht.] 'Ik wil hier ook iets zeggen over je hobby, je muziekverzameling. Dat heeft je altijd goed gedaan. Onthouden we dit of zal ik het erbij zetten?'
H: 'Laat maar, dat onthoud ik wel.'

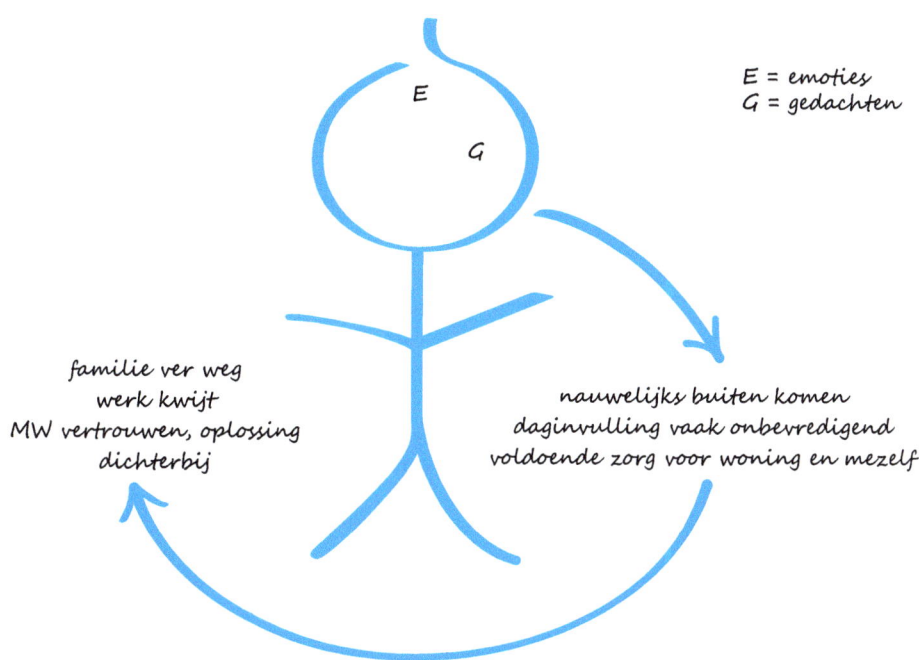

▫ **Figuur 4.3** Vervolgplaatje, aangevuld met omgevingsaspecten

B: 'Laten we eens kijken wat er nu op het bord staat: aan de ene kant staat hoe je nogal op jezelf bent, aan de andere kant hoe de omgeving ver van je afstaat. Het lijkt op een wisselwerking: de anderen houden afstand, jij houdt afstand en jullie versterken elkaar daarin. Je gaf al aan dat dat niet zomaar is. Je zei: het verwart mij. Dat is belangrijk. Het is een akelig gevoel en verstoort ook enigszins je denken. Dat wil je niet, dat doet pijn. Hoe zetten we dat op het bord?'

H: '…' [Hij is aangedaan, blijft wel gericht op de intaker, haakt niet af.]

B: 'Deze pijn wil ik hier bij de E zetten. In feite komt deze niet zo vaak voor, krijgt bij wijze van spreken niet zoveel kans. Mag ik dat zo stellen?'

H: 'Meestal voel ik mij wat neutraal …'

B: 'Zo hebben we het erover gehad in een vorig gesprek: vaak wat lusteloos, niet echt koud of warm van iets worden, niet bang, niet boos, wel vaker wat gedrukte stemming. Ik schrijf het hier op bij de E.'

H: 'Het klopt niet dat ik depressief ben. Dat ben ik wel geweest, toen sleepte ik mij echt de dag door.'

B: 'Goed dat je dit zegt. Blijkbaar vroeg je je bij de aanmelding toch af of je weer echt depressief aan het worden bent. Die ellendige periodes wil je niet terug.'

H: 'Zo bedoelde ik dat niet. Ik dacht dat jij me depressief zou noemen, zoals mijn zus en toch ook wel de huisarts. Hij zei het wel niet, maar volgens mij was het wel de reden waarom hij wilde dat ik mij liet verwijzen.'

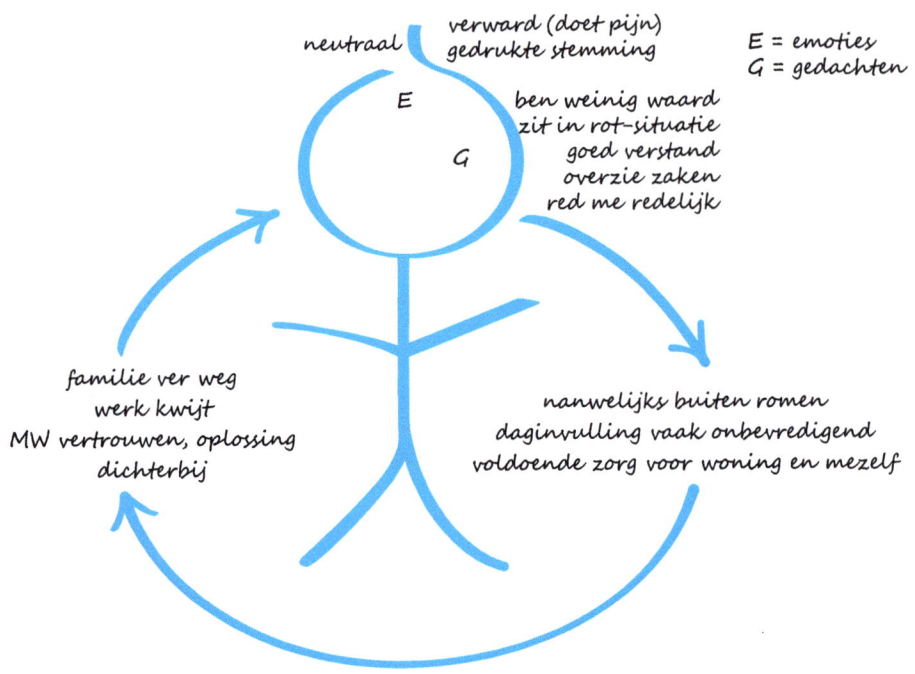

Figuur 4.4 Vervolgstap met uitwerking van de emoties en gedachten

B: 'Zegt dit iets over, zoals ik het noem, je relationele stijl? Dat je je meestal voegt naar wat anderen van je willen, niet snel daartegen ingaat, het de ander niet te moeilijk wilt maken? En vaak teleurgesteld bent, als blijkt dat anderen daar – misschien is dat niet het goede woord – misbruik van maken?'

H: 'Ik ben nooit op ruzie uit geweest, ik veroordeel niet snel iemand. Het gemak waarmee anderen mij konden veroordelen heb ik nooit kunnen begrijpen. Het gemak waarmee mij, als op het werk zaken niet zo lekker liepen, de schuld in de schoenen werd geschoven terwijl ik me op mijn manier toch goed inzette, ook al was het niet het tempo waarvan de anderen vonden dat dat nodig was, of op de 'juiste' manier.'

B: 'Het lijkt erop dat je jezelf bent gaan veroordelen: er klinken gedachten door van dat je het werkelijk allemaal niet zo goed kunt, dat je niet de moeite waard bent.'

H: 'Dat is ook toch ook zo? Dat maak ik mijzelf niet wijs. Hoe mijn leven er nu uitziet is toch het levende bewijs?'

B: 'Daar ben je nogal uitgesproken in, dat is nogal wat. Het is wel hoe je er nu over denkt. Dan wil ik dat hier bij de G van Gedachten zetten. Ik heb je er toch ook op kunnen betrappen dat je, ondanks alles, enige trots hebt over het feit dat je de huishoudelijke zaakjes redelijk voor elkaar hebt, dat wil ik ook opschrijven. Bij dit alles wil ik ook een in mijn ogen helpende factor opschrijven: je hebt een goed verstand (◘ fig. 4.4). Je overziet zaken, hoe ze met elkaar verband houden. Verdraag je dit, een goedbedoeld compliment?'

H: 'Je maakt een grapje …' [Hij toont een voorzichtig lachje, B reageert neutraal zonder woorden.]

B: [is gaan zitten en kijkt even zwijgend naar wat op het bord staat] 'Als we zo een en ander proberen te ordenen, denk je er wat aan te hebben of vind je het maar raar en misschien wel akelig?'

H: [kijkt een tijdje zwijgend naar het bord] 'Het klopt wel wat er staat. Ik vind het wel wat vreemd alsof het niet over mij gaat, maar toch is het wel zo.'

B: 'Ik stel voor om het verder aan te vullen om daarna te kijken wat dit allemaal voor jou betekent en in hoeverre het openingen biedt om te kijken hoe een en ander weer wat beter geregeld kan worden, zodat je je weer wat prettiger kunt voelen, niet zo gevangen hoeft te zitten in je hinderende gedachten.'

H: [na enige aarzeling] 'Ik zit niet gevangen en voel me best wel redelijk … ik zit gewoon in een rot-situatie.'

B: 'Goed dat je je zo uitspreekt. Ik veronderstelde inderdaad van alles vanuit mijn positie gezien, zonder voldoende te letten op hoe het voor jou is. Dat is niet goed van mij. Vind je het toch goed dat we het plaatje verder aanvullen? Let er dan vooral goed op dat niet te veel mijn woorden op het bord sluipen, maar dat het woorden zijn waar jij zelf achter kunt staan.'

H: 'Zoveel valt er toch niet meer aan te vullen?'

B: 'Dat klopt. Toch wil ik terugkomen op waar we het zojuist over hadden: je gebruikelijke manier van hoe je op anderen reageert. Dat wil ik hier bij de R zetten, de R van relationele stijl. Hoe zou je je in dit opzicht zelf willen omschrijven?'

H: 'Over het algemeen ben ik wat op de achtergrond. Vroeger op het werk en in gezelschappen keek ik meestal de kat uit de boom, sprak me niet gemakkelijk uit. In feite ben ik altijd vriendelijk tegen anderen, ook als ik me wat boos voelde. Als ik onenigheid met mijn vrouw had, trok ik me meestal terug. Ruziemaken kon ik niet, nu is dat niet meer nodig …'

B: 'Je zegt op deze manier veel over jezelf: je wilt het goed doen, anderen niet tot last zijn. Toch klinkt ook door dat je je afvraagt of je met deze manier van omgaan met anderen je altijd goed voor jezelf bent geweest. Welke woorden kan ik opschrijven?'

H: 'Nou gewoon: stil en verlegen.'

B: 'Oké, dan doe ik dat. En ook wat je eerder zei dat je anderen niet veroordeelt en je altijd voor anderen inzet. Akkoord?' [De man knikt kort.] 'Dan wil ik nog kort stilstaan bij een aspect waar we het eigenlijk nog nauwelijks over hebben gehad, de lichamelijke kant. In feite hebben we het al een hele tijd over hoe je je in je vel voelt zitten. Hoe het met je lichaam zelf gaat, levert daar een belangrijke bijdrage aan. Zoals ik van je huisarts heb begrepen, en ook van jezelf, ben je lichamelijk gezond: je hebt geen ziektes of aandoeningen die aandacht vragen. Je huidige algemene conditie houdt niet over, zoals ik van je heb begrepen, dat is natuurlijk niet verwonderlijk bij je huidige daginvulling. Met roken en drinken ga je matig om, drugs of medicijnen gebruik je niet. In de tijd dat je postbode was, liep je veel in de buitenlucht en dat vond je niet verkeerd. Ik wil dan ook hier bij L schrijven: gezond.

Ik trek ook nog even lijnen tussen deze letters, want het zijn kanten van onszelf die met elkaar samenhangen, een eenheid vormen. Met deze kleine letter 'e' geef ik dat aan en die letter staat ook voor het woordje evenwicht. Soms bestaat tussen onze emoties,

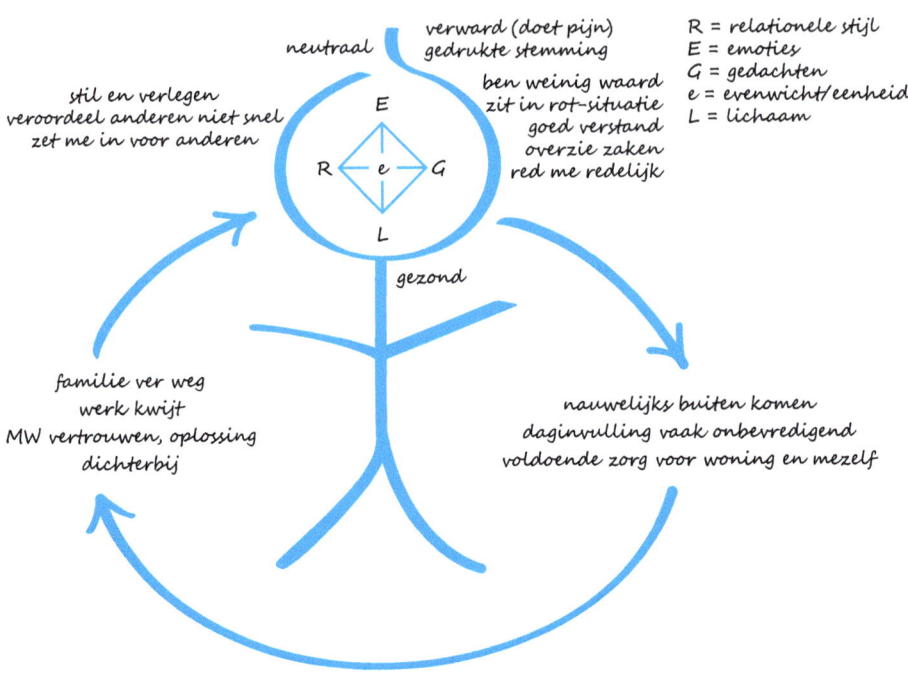

◘ **Figuur 4.5** Voorlopig totaaloverzicht

gedachten, lichamelijke situatie en onze manier van relaties aangaan genoeg en soms ook minder evenwicht. Bij jou lijkt dat ook wat wisselend zoals ik je heb leren kennen. Zoals je misschien al hebt gezien, vormen deze letters het woordje 'REGeL'. Dat gebruiken we als ezelsbruggetje (◘fig. 4.5). Met al deze kanten van onszelf regelen we onszelf en ons gedrag. Daar komen we nog wel op terug.' [De man knikt instemmend.]

B: [Hij is weer gaan zitten en beiden kijken naar het plaatje.] 'Zoals we het allemaal hebben opgeschreven, doet dit je voldoende recht? Zijn we belangrijke zaken vergeten?'

H: [Na enige stilte en aandachtige bestudering van het plaatje.] 'Ik blijf het gek vinden. Ik merk dat ik steeds naar bepaalde woorden blijf kijken, zoals naar "ver weg". Het roept van alles op, maar ik weet niet precies wat. Ik zit ook steeds te kijken alsof het niet over mij gaat, maar dat gaat het wel. Het liefst zou ik zeggen dat het niet klopt, maar dan ga je mij vragen wat niet klopt en wat anders moet zijn …'

B: 'Inderdaad …'

H: 'Op dit moment zou ik niet weten wat anders moet of kan worden opgeschreven. Het enige wat ik kan zeggen is dat het me wat doet. Maar ook hiervan kan ik niet aangeven wat precies …'

B: 'Misschien is het een goede zaak als je een en ander laat bezinken. Wil je een foto van het plaatje maken? Dan kun je er thuis ook naar kijken, of – misschien nog beter – er samen met de maatschappelijk werker naar kijken. Mogelijk valt dan het een en ander op zijn plaats of kun je waardevolle aanvullingen en/of correcties maken. Is dat goed? Mijn voorstel is dat we over veertien dagen een vervolgafspraak hebben om dit plaatje definitief te maken, zodat we een gedeeld verhaal over jouw situatie hebben. Mijn inzet

blijft om dan te kijken waar en hoe ik (en samen met mijn collega's hier) dan met je kan nagaan wat invalshoeken zijn om je leefsituatie te verbeteren, om je prettiger te laten voelen, om meer in evenwicht te zijn. Mogelijk allemaal wat grote woorden voor je, maar ik meen ze wel.'
H: 'Is goed'.

> **Afronding gesprek**
> Er wordt een vervolgafspraak gemaakt samen met de maatschappelijk werker, die in dit gesprek op de achtergrond is kunnen blijven. Hij heeft zich vooral beperkt tot instemmende knikjes en heeft daar waar nodig de man ondersteund in het verwoorden van wat deze probeert duidelijk te maken. Hij bracht geen agenda in van wat nu echt nodig is of wat er moet gebeuren, zodat het gesprek als bovenstaand heeft kunnen verlopen.

4.5.3 Overdenkingen achteraf

Niet alles uit het 'ordenend handvat' van de intaker is op het bord komen te staan. Dat hoeft ook niet. Dit voorbeeld verduidelijkt dat woorden nauw luisteren. De hulpverlener toetst regelmatig of hij de juiste termen gebruikt. Kernwoorden/-zinnen die recht doen aan zowel de visie van de man als de professionele kijk. Door middel van dialoog nodigt hij de man uit zijn aandeel te leveren aan een gezamenlijke definitie. Voortdurend afstemmen op zijn relationele stijl en emotionele behoeften is hierbij geboden.

Wat zich voordoet in de kamer, wordt zoveel mogelijk benut. De behandelaar sluit hiermee aan bij de ervaringen in het hier en nu. Ook bij deze man brengt het gesprek het nodige teweeg. Vooraf is dat meestal niet te voorzien, hoe belangrijk de voorbereiding ook is en het plaatje al deels in je hoofd zit. Door het samen in dialoog opbouwen ervan kunnen eerder bedachte kernwoorden wijzigen en accenten verschuiven. We beginnen doorgaans met het poppetje en de aanmeldingsklachten bij Gedrag, maar de verdere invulling hangt af van wat het oproept bij alle aanwezigen, hoe de dialoog vorm krijgt. Nu is het resultaat zodanig dat het een gedeeld plaatje is geworden. Hiermee is de eerste noodzakelijke stap van gedeelde besluitvorming gezet.

De intaker weet niet of de man zijn ambivalenties zodanig kan overwinnen dat hij een meer persoonlijke behandeling aan wil gaan; dat zal in een volgend gesprek moeten blijken. Hoewel de intaker best al tot een diagnostische classificatie over kan gaan, brengt hij deze nu niet naar voren. Hij voelt het dilemma van de verwijzende huisarts rond afstand en nabijheid bij deze man: te grote afstand (en afstandelijkheid) werkt niet, te grote nabijheid (op dit moment) evenmin. Als de man in het volgend gesprek echt kan instemmen met het plaatje – al of niet aangevuld/aangepast –, dan zal hij aangeven hoe dit beeld wordt vertaald in professionele termen, nodig voor vergoeding door de zorgverzekeraar.

De helpende aspecten van het creëren van een gedeeld verhaal

Het creëren van een gedeeld verhaal over wat speelt, zien wij als een cruciale fase in een behandelproces. Het ontbreken van een dergelijk gedeeld verhaal bemoeilijkt de stap naar gedeelde besluitvorming over een behandelplan. Helpende aspecten in de intakefase hierbij zijn:

- Geef ruimte voor het verhaal van de hulpvrager via een persoonsgerichte, dialogische attitude.
- Bouw je eigen visie (en dat van je team) op aan de hand van de onderscheiden aspecten van het Dialoogmodel die je vervolgens met elkaar in samenhang brengt.
- Breng samen met de hulpvrager letterlijk in beeld waar en hoe zijn en jouw visie zijn samen te voegen.
- Gebruik daarbij de woorden van de hulpvrager en laat vakjargon achterwege.
- Op deze manier ben je al therapeutisch actief: je zet aan tot zelfreflectie en mentaliseren, tot verschuiving in cognities.
- Pas nadat een gedeeld verhaal tot stand is gekomen, leg je de diagnostische classificatie voor.

Als het punt is bereikt dat voldoende consensus over het gezamenlijk verhaal tot stand is gekomen, verbeeld met hulp van bovenstaande figuur, kan de volgende stap worden gezet. Deze stap behelst het doornemen van mogelijke behandelinterventies, elk met hun voor- en nadelen en haalbaarheid aan beide kanten. Hoe met hulp van het plaatje deze toeleidingfase naar behandeling in een voortgaande dialoog op logische, motivatiebevorderende wijze vorm krijgt, komt in het volgende hoofdstuk aan bod.

Literatuur

Bak, M., Domen, P., & Os, J. van (Red.). (2017). *Innovatief leerboek persoonlijke psychiatrie. Terug naar de essentie.* Leusden: Diagnosis.

Staveren, R. van (2017). Patiëntgericht communiceren. In M. Bak, P. Domen & J. van Os (Red.), *Innovatief leerboek persoonlijke psychiatrie. Terug naar de essentie* (pag. 247–253). Leusden: Diagnosis.

Westermann, G. M. A. (2010). *Ouders adviseren in de jeugd-ggz. Het ontwerp van een gestructureerd adviesgesprek.* Thesis. Maastricht: Datawyse/Universitaire Pers. ► http://repub.eur.nl/res/pub/22397/.

Bijlagen

Bijlage 4.1 Ordenend handvat

Basisvragen die helpen bij het opbouwen van een samenwerkingsrelatie

Algemeen
- Zijn de specifieke hulpvragen voldoende duidelijk en concreet?
- Kennen we van alle Dialoogmodel- elementen voldoende de helpende en hinderende kanten?
- Wat is nodig om de onbekende aspecten te verduidelijken?
- Wat betekent dit voor onze benadering/attitude en voor te stellen interventies?
- Is het REGeL-profiel van de hulpvrager duidelijk en is het stabiel of wisselend?
- Is het REGeL-profiel van de naastbetrokkenen duidelijk en is het stabiel of wisselend?

Gedragsinteractiecirkels
- Hebben we hier voldoende zicht op, gerelateerd aan het 'probleemgedrag' van de hulpvrager?
(uitgesplitst naar persoon/personen en setting/omgeving)
- Wat zien we op concreet gedragsniveau waarin zij/wij vastlopen en wat goed valt te regelen?

Omgeving
- Hoe reageren de betrokkenen rond het 'probleemgedrag' op elkaar in helpende en hinderende zin?
- Familie?
- School/opleiding/werk/dagelijkse bezigheden?
- Vrije tijd, sociale contacten?
- Andere hulpverlening?
- Hoe verloopt het contact met mij als hulpverlener? Hoe reageer ik hierop?

R   Is sprake van basisveiligheid/*capacity to be alone*?
      Is alleen 1-op-1 (dyadisch) mogelijk of ook triadisch contact?
      Wat is de basisrelationele stijl en wat zijn de helpende aspecten hierbij?

E   Is sprake van een te hoog stress- dan wel angstniveau om effectief te kunnen bijdragen aan behandeling?
      Is sprake van te ernstige depressie/wisselende stemming om effectief een behandelrelatie aan te gaan?
      Is er voldoende zicht op de basisemoties als angst, boosheid, verdriet en plezier?

G   Zijn er 'hardware'-problemen (niveau, discrepantie, leerstoornis e.d.) waar speciale afstemming op nodig is?
      Welke zijn de helpende capaciteiten (zoals coherent, oplossingsgericht, creatief denken)?
      Zijn er dominante denkschema's?

e   Hoeveel externe structuur/sturing is nodig; continu of wisselend?
      Is sprake van verstoorde realiteitstoetsing?
      Is er voldoende zelfreflectie/mentaliserend/zelfregulerend vermogen?
      Waarden/behoeften/strevingen?

L   Is sprake van specifieke lichamelijke problematiek waarvoor speciale afstemming nodig is?
      Zijn lichamelijke helpende kanten aanwezig en mogelijk actief in te zetten?

Basisvragen die helpen bij het opbouwen van een samenwerkingsrelatie
- Kunnen we wat speelt samen met de hulpvrager(s) voldoende verklaren en voldoende plaatsen/begrijpen?
- Helpende vragen voor mij zelf als behandelaar:
- Hoe komen we *naast* alle betrokkenen?
- Welke zijn de pijn, de worsteling, de dilemma's van alle betrokkenen?
- Hebben we al een voldoende gedeeld verhaal?
- Van welke brillen is sprake en welke matchen of overlappen (niet) voldoende?
- In welke cirkels voelen zij/wij ons gevangen? Welke zijn stimulerend/hoopvol?
- Wie is probleemdrager (betekent: heeft hulpvragen voor zichzelf)?
- Wie voelt zich probleemoplosser of ziet anderen als probleemoplosser?

Bijlage 4.2 Dialoogmodel-totaaloverzicht

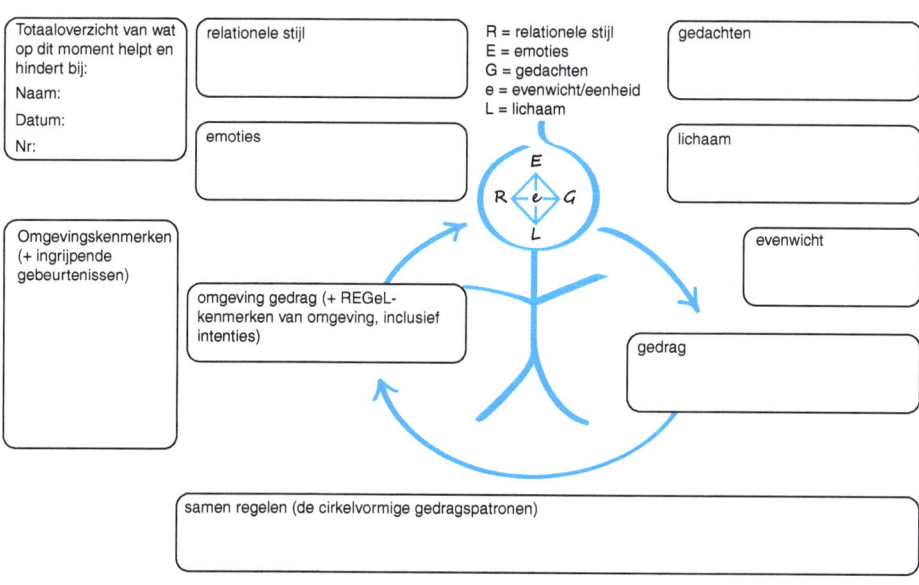

Gedeelde besluitvorming over een behandelplan

Samenvatting

Een gedeeld verhaal, een overeengekomen diagnostische beschrijving, leidt niet rechtstreeks/lineair naar een bepaalde behandelvorm. Kritisch wordt stilgestaan bij de discussie rond de diagnose-behandelcombinatie (DBC). Essentieel voor het slagen van een behandeling zijn de volgende sleutelwoorden: verwachtingen over ieders rol en over de prognose, prioriteiten, draagkracht en draaglast, leerstijl en relationele stijl. Aan bod komt hoe in deze tweede stap in gedeelde besluitvorming rekening is te houden met deze aspecten en is te komen tot prioritering van behandeldoelen. Daarna kan worden geïnventariseerd wat de mogelijkheden en beperkingen van iedere betrokkene zijn (van zowel hulpvrager als behandelaar). Wetenschappelijke evidentie van mogelijke behandelvormen is een belangrijk onderwerp bij de te kiezen behandeling, maar is niet de doorslaggevende factor. Is de interventiekeuze gemaakt, dan kan worden besloten wie, wat, hoe in welke fasering gaat doen. De keuzes worden vastgelegd in het behandelplan aan de hand van een eenvoudig format, in gedeelde taal.

5.1   *Evidence-based* werken is meer dan het toepassen van wetenschappelijke kennis – 87

5.2   Behandeldoelen voortvloeiend uit een gedeeld verhaal – 89

5.3   Overeenstemming over het behandelplan – 93

5.4   Praktijkvoorbeelden – 95
5.4.1   De piekerende 34-jarige vrouw – 96
5.4.2   De 46-jarige alleenstaande man – 102

Literatuur – 107

© Bohn Stafleu van Loghum is een imprint van Springer Media B.V., onderdeel van Springer Nature 2018
J. M. G. Maurer en G. M. A. Westermann, *Praktijkboek gedeelde besluitvorming in de GGZ*,
https://doi.org/10.1007/978-90-368-2180-3_5

Bijlagen – 108
Bijlage 5.1 Het behandelplan met het REGeL-overzicht – 108
Bijlage 5.2 Begeleidende brief aan verwijzer – 110

In de piramide is aangegeven welke stappen uit het behandelproces in dit hoofdstuk centraal staan (◻ fig. 5.1).

5.1 *Evidence-based* werken is meer dan het toepassen van wetenschappelijke kennis

Een gedeeld verhaal, een overeengekomen diagnostische beschrijving, leidt niet rechtstreeks/lineair naar een bepaald behandelplan. Het vaststellen van een gedeeld behandelplan vraagt wat traditioneel in de literatuur 'gedeelde besluitvorming' heet. Wij noemen dit de tweede stap in het proces van gedeelde besluitvorming.

Het is gebruikelijk in de (geestelijke) gezondheidszorg dat je als behandelaar een indicatie voor een bepaalde behandelvorm vaststelt en uitvoert op basis van de diagnostische classificatie. Als je volgens de principes van gedeelde besluitvorming werkt, is het goed om alvorens deze stap te zetten, stil te staan bij de volgende overwegingen.

Een op wetenschappelijk onderzoek of 'praktijkstandaard' gebaseerde voorkeursbehandeling bij een bepaalde diagnostische classificatie is niet meer en niet minder een behandeling waarvan in één of meerdere *randomized control trial*s (RCT's) is aangetoond dat hiermee de grootste kans op succesvolle behandeling is te behalen. We vergeten vaak dat het woord 'kans' hier centraal staat. De uitkomst van een wetenschappelijk onderzoek is vaak dat een bepaalde behandelvorm relatief gunstiger resultaten boekt dan andere behandelvormen. Daarbij worden gemiddelde behandelresultaten vergeleken. Gemiddelden worden berekend op basis van grote en kleine verbeteringen en vaak bij een specifieke doelgroep. Niet iedere hulpvrager heeft evenveel baat bij een dergelijke gunstig beoordeelde behandeling. Wel zijn uitspraken mogelijk als: 'met deze behandeling A worden bij deze diagnostische classificatie naar verwachting drie van de vier hulpvragers goed geholpen.' Een behandeling met een dergelijke succesgraad wordt dan vaak superieur gedacht aan behandelingen B en C waarbij is gevonden 'drie van de vijf' of 'vier van de zeven' met een gemiddeld goed behandelresultaat. We weten dan nog niet welke hulpvragers het meest profiteren van behandeling A, B of C. We weten enkel dat elk van deze behandelingen goed kan helpen bij een grote groep mensen.

Toekomstig onderzoek naar de effectiviteit van de behandeling vraagt naar het meer betrekken van specifieke kenmerken van hulpvragers. In de meeste onderzoeken over de werkzaamheid van bijvoorbeeld psychotherapie worden naast het criterium DSM-5-classificatie, de zogenaamde patiëntkarakteristieken zo goed als mogelijk universeel gemaakt: geslacht, leeftijd, sociaal-economische status e.d. Naast de diagnostische (en de overig genoemde) kenmerken zijn bij persoonsgericht behandelen de niet-geïnventariseerde persoonlijke aspecten minstens zo belangrijk, zoals prognostische verwachtingen (is er enige hoop?), de rolverwachtingen (hoe dien ik mij als hulpvrager te gedragen?), voorkeuren in bejegening (past de hulpverlener bij mij?), vertrouwen in anderen, leerstijl en – zeer belangrijk – actuele levensomstandigheden, de context in brede zin. Deze aspecten zijn in theoretische zin los van de aangemelde problematiek en de diagnostische classificatie te zien. Waar het om gaat bij de vraag of een bepaalde vorm

Pyramide (van onder naar boven):

- aanmelding – overleg met verwijzer/acceptatie – voorbereiding eerste gesprek
- werkrelatie, wederzijds vertrouwen, stressreductie, passende taak/rolverdeling
- verduidelijking van hulpvragen, verwachtingen en eerste inschatting
- overeenstemming over en uitvoering van nadere diagnostiek
- co-creatie gedeelde diagnostische omschrijving
- *overeenstemming en afspraken over behandeling en zelfzorg*
- gezamenlijke uitvoering met cyclische evaluatie
- afronding-overdracht

Figuur 5.1 De volgende stappen in het behandelproces

van behandeling effectief zal zijn, is of de hulpvrager en de behandelaar met betrekking tot de hierboven genoemde aanvullende aspecten voldoende aansluiting vinden. Kunnen ze zich aan elkaar toevertrouwen? Durven ze een intensief traject, wat een behandeling betekent, met elkaar aan?

Er is voldoende *evidence* aanwezig dat een goede werkrelatie (de resultante van dit wederzijds afstemmingsproces) een positieve factor is in de uiteindelijke effectiviteit van een behandeling. Scholing (2016) geeft in haar oratie daar enkele mooie voorbeelden van. Zij concludeert dat het nodig is bij vervolgonderzoek niet alleen te kijken naar de effectiviteit van een specifieke behandeling, maar ook naar welke specifieke kwaliteiten van een behandelaar bijdragen aan een effectieve behandeling. Wij bepleiten de stem van de hulpvrager in vervolgonderzoeken eveneens te betrekken. Deze wordt immers niet enkel gekend via een diagnostische classificatie en demografische kenmerken.

De inschatting van de behandelaar op basis van diens wetenschappelijke kennis en zijn inschatting van de mogelijkheden van hemzelf en van de hulpvrager in relationeel opzicht bepalen het uiteindelijke behandelvoorstel. Richtlijnen zijn letterlijk richtinggevend, niet bepalend. Een gedeeld verhaal over wat speelt en overeenstemming over doelen en aangrijpingspunten zijn essentieel. Dit kunnen we niet genoeg benadrukken. Als een behandeling stokt – onvoldoende toevertrouwen, afspraken niet nakomen, geen vooruitgang – dan is meestal een grote stap terug noodzakelijk naar dit punt: is voldoende overeenstemming over het beeld, het verhaal en plan? Te vaak worden bij stokkende behandelingen oplossingen 'vooruit' gezocht: meer onderzoeken, meer behandelen, meer motiveren. Dit is een beweging met risico op afhaken, bij zowel hulpvrager als behandelaar. Ons advies is: ga terug naar het begin, de basis. Essentiële vragen zijn: is een goede werkrelatie tot stand gekomen? Is er een gedeelde diagnostische omschrijving?

5.2 Behandeldoelen voortvloeiend uit een gedeeld verhaal

In een tot stand gekomen gedeeld verhaal – zoals samengevat vastgelegd in het plaatje van het Dialoogmodel – komen altijd de pijn en dilemma's van de hulpvragers naar voren. Het is zaak om deze pijn en dilemma's te vertalen in concrete doelen van verandering. Dat is lang niet altijd even gemakkelijk. De reden van aanmelding betreft altijd een bepaalde mate van lijdenslast en een bepaald ervaren onvermogen om deze last zelf, of met hulp van naasten, te verminderen. Dit 'niet lukken' kan verband houden met meerdere factoren. Een daarvan is ambivalentie ten opzichte van verandering. Schippers et al. (2016, blz. 360) formuleren als volgt:

> Cliënten zijn vrijwel altijd ambivalent ten opzichte van verandering; ze verlangen ernaar en zijn er bang voor. Ze willen wel van de klachten af, maar zien ook op tegen de inzet die dat vraagt, of weten niet hoe dat aan te pakken. Ze doen negatieve ervaringen op in contact met anderen, maar hebben geen zicht op de rol die ze daarin spelen. Ze willen wel hun gedrag veranderen, maar verzetten zich tegen de moeite die dat kost.

Kortom: inzicht in wat er speelt, betekent niet direct dat daar vanzelfsprekend een veranderproces op volgt. Daar is meer voor nodig. Genoemde auteurs beschrijven de principes van motiverende gespreksvoering, waarin vier processen zijn te herkennen. Ze noemen twee belangrijke stappen die liggen tussen het engageren, ofwel het aangaan van een gelijkwaardige samenwerkingsrelatie, en de uiteindelijke behandelplanning. Deze stappen zijn: focussen en ontlokken. In onze werkwijze met het Dialoogmodel geven wij dat als volgt vorm.

Op het moment dat het geïntegreerd verhaal is uitgetekend in het plaatje en als gedeeld verhaal en beeld wordt ervaren, is de eerste fase van gedeelde besluitvorming én van het opbouwen van een gelijkwaardige relatie succesvol afgerond/tot stand gekomen. Daarna komt het erop aan om tot een gedeeld besluit te komen over de doelen en aangrijpingspunten van verandering. Het onderscheid tussen doel en aangrijpingspunt is bewust gemaakt. Het een lijkt het logisch gevolg van het ander, maar is het niet. Deze begrippen zijn onlosmakelijk met elkaar verbonden, ze zijn in wisselwerking met elkaar.

Als samen naar het plaatje van het gedeeld verhaal wordt gekeken, roept dat veel op. De eerste vraag is natuurlijk: wil en kan ik mijn situatie (dit plaatje) veranderen? De actuele situatie ligt 'confronterend' en met instemming vast, is niet te negeren of af te zwakken. Als bij het nadenken over wat nodig is om te veranderen, over de 'juistheid' van het visueel overzicht opnieuw twijfels ontstaan, dan behoeft het plaatje revisie of verdere nuancering. Als de hulpvrager besluit: goed te weten, daar heb ik wat aan, ik neem het ter harte en ga er zelf mee aan de slag, dan komt geen gezamenlijk behandelplan tot stand. Dat kan hoopvol en prima zijn. Er zijn situaties waarin inzicht helpt tot aanzet van

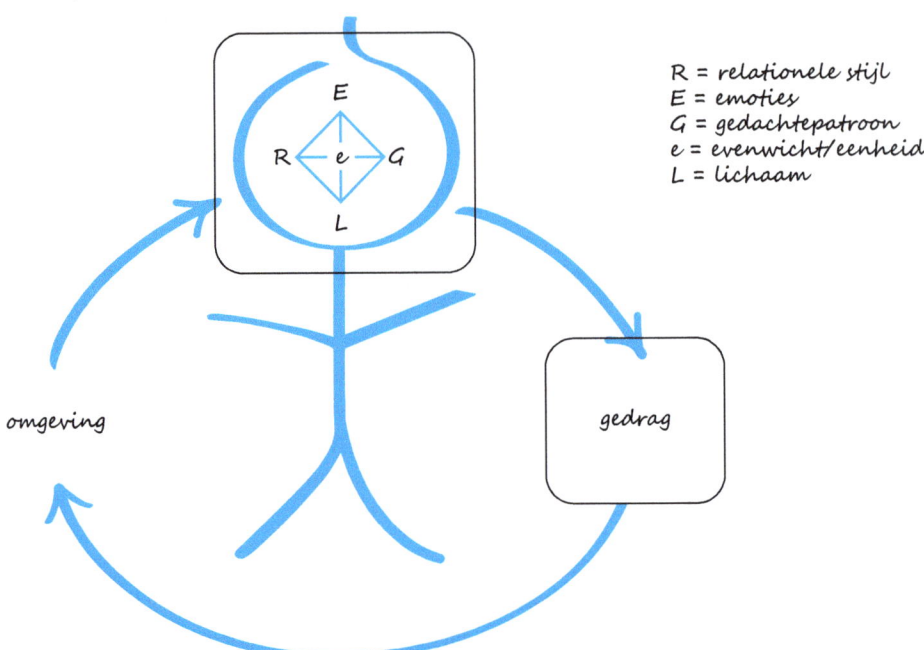

Figuur 5.2 De hulpvrager ziet zichzelf als oplosser

verandering op eigen kracht. In de regel is dit echter niet zo en breng je als intaker de vraag in: 'wie, kan wat hoe veranderen'? Op deze manier help je de hulpvrager om zich meer te focussen, meer toe te spitsen op waarin hij verandering wenst.

Als de hulpvrager in termen van 'wie' reageert, is het mogelijk dit in het plaatje aan te geven. In feite geeft hij op deze manier aan wie hij als probleemoplosser ziet.

Zo ziet de piekerende 34-jarige vrouw (H2; ▶par. 3.2.1 en besproken in ▶par. 3.2.2) zichzelf als de enige en aangewezen probleemoplosser: zij dient aan de slag te gaan en vraagt in wezen handvatten om dat te doen. Schematisch is dit weergegeven in ◘fig. 5.2: de vrouw wil haar gedrag en zichzelf als persoon veranderen.

De hulpvrager kan ook andere aangrijpingspunten van verandering zien. Het kan zijn dat een man met ernstige stressproblemen en slapeloosheid vooral verandering in zijn omgeving wenst. Het kan zijn dat hij tot de conclusie komt dat hijzelf iets in de omgeving moet veranderen. Zijn conclusie kan zijn: 'het hectische werk dat ik doe, past niet bij mij, het geeft te veel stress, waardoor ik op te veel terreinen te zeer ontregel raak. Een andere baan, met meer structuur, zal mij goed doen'. In ◘fig. 5.3 illustreren we dit met de omkadering van zijn Gedachten, zijn Gedrag en Omgeving.

Stel dat de man uit dit voorbeeld en zijn behandelaar vooral tot de conclusie zijn gekomen dat hij is vastgelopen in zijn huwelijk. Dat hij zijn vlucht heeft genomen in zijn werk, met alle stress en slapeloosheid van dien. Hij zal dan zelf, samen met zijn partner en de behandelaar, aan de slag kunnen gaan. De hulpvrager kan een veranderingsproces vooral als een relationeel gebeuren gaan zien, als een wisselwerking tussen hem en zijn omgeving, waarin ook zijn naasten en de behandelaar een plaats hebben. In ◘fig. 5.4 is vooral dit relationeel circulair proces aangegeven.

5.2 · Behandeldoelen voortvloeiend uit een gedeeld verhaal

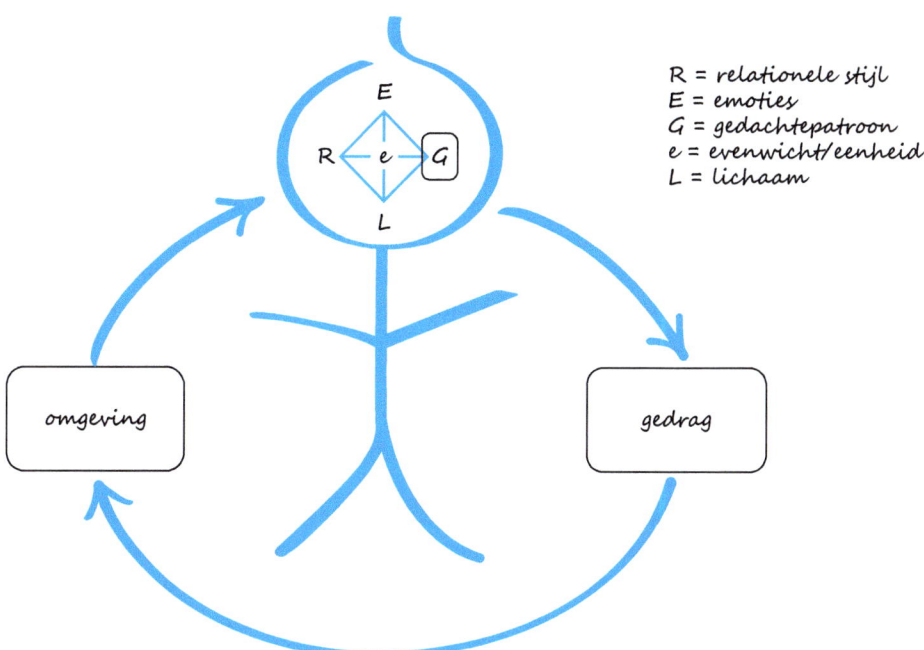

Figuur 5.3 Aangrijpingspunt van veranderen wordt in omgeving, gezien door eigen denken en doen, op gang gebracht

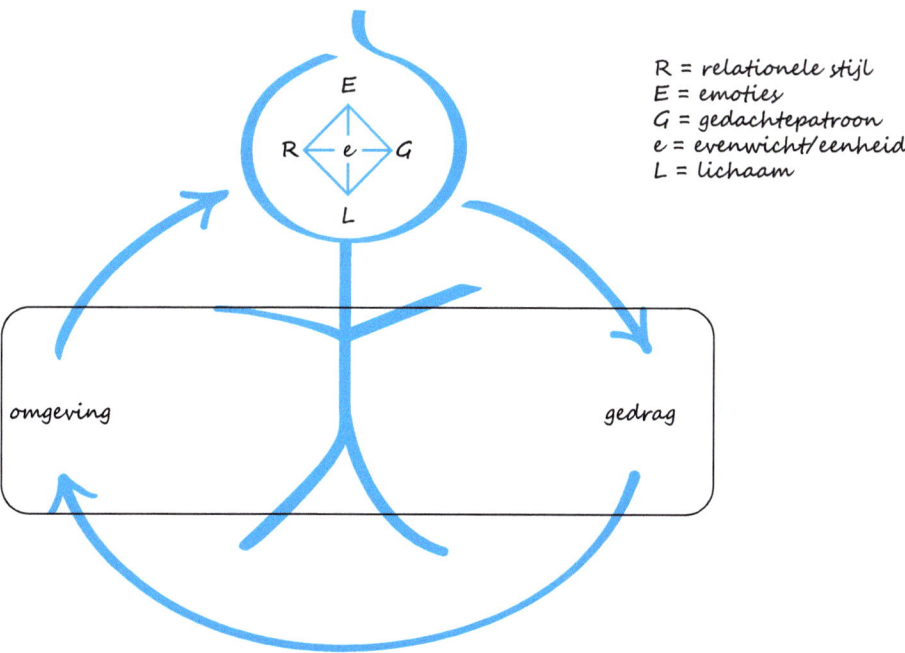

Figuur 5.4 Veranderingsproces, gezien als gezamenlijk traject

Door de hulpvrager te laten aangeven waar hij aangrijpingspunten ziet voor verandering, verschaft de intaker zichzelf de mogelijkheid daarop te reageren in instemmende of vragende zin. Hoe ziet de hulpvrager dat dan in concrete termen? Hoe ziet hij de haalbaarheid? Welke (blijvende) effecten verwacht hij? De antwoorden op deze vragen helpen de intaker om naar voren te brengen hoe hij zelf als professional deze zaken ziet.

Zijn reactie op de hulpvrager kan bevestigend, ontradend of afwijzend zijn. Ook als er verschil in visie bestaat, zal de intaker de dialoog blijven aangaan. Hij blijft proberen een brug naar overeenstemming te slaan. Een dialoog blijft nodig. Op deze manier kan gedeelde besluitvorming tot stand komen over aangrijpingspunt(en) van verandering. Het grote winstpunt bij deze manier van werken is dat de hulpvrager vanaf het begin wordt uitgenodigd om de positie van (mede)oplosser in te nemen. Als dat nog niet haalbaar blijkt, is het aan de intaker om zelf aan te dragen waar hij kansen ziet om verandering in gang te zetten door de hulpvrager zelf, aangevuld met de professionele mogelijkheden van de behandelaar.

Het kan zijn dat de hulpvrager op de eerder gestelde vraag 'wie, wat en hoe te veranderen' reageert met opmerkingen over het 'wat'. Het kan zijn dat hij reageert in termen als: 'ik wou dat ik niet meer steeds zo verdrietig ben', of: 'ik word gek van al die vreemde gedachten die door mijn hoofd spoken, die moeten eens stoppen', of: 'zolang ik geen boodschap aan anderen heb, zullen ze dat ook niet aan mij hebben, dat ben ik onderhand zat, daar moet iets aan veranderen'. Deze opmerkingen zijn gemakkelijk door de intaker in het plaatje te benadrukken door deze aspecten te omcirkelen of te onderstrepen. Ook deze uitspraken van de hulpvrager zijn voor de intaker aanleiding om zijn eigen professionele opvattingen naar voren te brengen. Hij kan aangeven hoe hij de betekenis weegt van wat wordt ingebracht, hoe hij de hulpvrager tot nu heeft begrepen, in hoeverre dit in zijn ogen de kern(en) raakt.

De hierop volgende wisselwerking bepaalt wat uiteindelijk de belangrijkste focus wordt. Duidelijk is dat steeds de opmerkingen en visie van de hulpvrager het uitgangspunt van de dialoog zijn. Als intaker stel je je niet bij voorbaat als expert op. Doe je dit wel, dan kom je tot een zin als: 'bij jou is sprake van X en dan kunnen we het beste "dat" aanpakken op "die en die" manier'. Je hoopt uit te komen bij zinnen als:

> B: Klopt het verhaal zoals het nu op het bord staat, is hiermee de kern van hoe het met je gaat vastgelegd? (Na een bevestigend antwoord) Laten we dan kijken waar verandering is gewenst en mogelijk is.

Het kan goed zijn dat de hulpvrager – om welke reden dan ook – niet goed weet te antwoorden op de gestelde vraag van 'wie, wat en hoe te veranderen'. In dat geval is het nodig dat jij het initiatief neemt en je eigen overwegingen inbrengt en deze via het aanwijzen in het plaatje verduidelijkt. Dit doe je dan vanuit de intentie om uit te zoeken of dit een goede interpretatie is, of het passend is, en niet als voorschrift. Bij voorschriften loop je te veel het risico dat deze (al of niet zwijgend) niet worden opgevolgd. Met name in de medische zorg is uit veel onderzoek bekend dat gemiddeld een derde (oplopend naar de helft bij complexiteit en chroniciteit) van de voorschriften van artsen niet of slechts beperkt wordt opgevolgd (Smets et al. 2006). In de GGZ moet er rekening mee worden gehouden dat dit percentage niet ver afwijkt.

De reactie van de hulpvrager op de vraag 'wie, wat en hoe te veranderen' zal hij niet snel in termen van 'hoe' geven. Het antwoord kan worden uitgedrukt in niet altijd reële wensdromen: 'als ik de hoofdprijs win, zal alles gemakkelijker gaan', 'als mijn ouders gezonder zouden zijn en minder zorg vroegen, dan gaat het beter met mij', of: 'ik heb net gelezen over die nieuwe medicijnen, die heb ik nodig'.

Het kan ook voorkomen dat de hulpvrager zich goed heeft georiënteerd in de mogelijkheden – vaak ook op website van je eigen instelling – en al een zeer concreet beeld heeft van wat hij denkt dat bij hem past. Als je als intaker hiermee kunt instemmen, deze gedachte kunt ondersteunen, versterk je de zelfredzaamheid van hem, beloon je zijn inzet voor het zoeken naar verbetering, zijn motivatie om aan de slag te gaan. Dit is een gunstige gang van zaken. Meestal weet de hulpvrager echter niet goed hoe zijn problemen zijn op te lossen, hoe hij weer beter in evenwicht met zichzelf en zijn omgeving kan komen. In dat geval kun je voorstellen voor specifieke behandeling(en) noemen en aangeven hoe dit aangrijpt op wat in het plaatje staat en wat daarmee kan veranderen. Ook de inspanningen die het van eenieder zal vragen en eventuele risico's of nadelen zullen hierbij aan bod komen. Als sprake is van meerdere aandachtspunten, is prioritering in doelen nodig. Aan de hand van de voorbeelden verduidelijken we hoe dat kan gaan (▶ par. 5.4). Eerst presenteren wij de formats die je kunt gebruiken om de besluitvorming vast te leggen.

5.3 Overeenstemming over het behandelplan

Na het vaststellen van de behandeldoelen volgt het opstellen van het behandelplan. Dit plan gaat dus over het 'hoe' en wordt in de termen van het Dialoogmodel geschreven als basis voor het komend behandelproces. De ambivalentie rond een veranderwens (het wel willen, maar niet durven of ertegenop zien), zoals beschreven in het eerdergenoemde citaat van Schippers et al. (2016; ▶ par. 5.2), is in deze fase grotendeels naar de achtergrond verschoven.

Het volgende voltrekt zich tijdens de opbouw van het plaatje. Als intaker ontlok je een nieuwe kijk op zaken, laat je perspectieven ontstaan op een spiegelende en toetsende manier: het staat er zwart op wit, waarbij het de woorden van de hulpvrager zelf zijn, niet louter die van de professional. Daarbij ben je een hulpverlener die het nodige begrip en compassie toont voor hetgeen op het bord komt te staan. Als je overeenstemming hebt bereikt over wat de gewenste veranderingen zijn, hoe en door wie aan te pakken, dan leg je deze vast in het behandelplan. Dit plan is voor en van de hulpvragers en gaat in kopie, indien gewenst en met toestemming, naar de verwijzer. Kenmerkend is het gebruik van de taal van de hulpvrager en dat je je in het plan richt tot de hulpverlener, zoals wordt vastgelegd in ▶ bijlage 5.1.

In dit behandelplan wordt de resultante van het voorgaande intakeproces kernachtig samengevat. De woorden die uiteindelijk op het bord staan, zijn hierin verwerkt. Op deze manier dient dit format meteen als bijlage bij de afsluitende brief van de intake. Het is dus geen schrijven *over* de hulpvrager, maar een schrijven *aan*. Het format helpt om aan alle aspecten systematisch aandacht te geven. De formulering kan uiteraard worden aangepast om een zo goed mogelijk aansluitend verhaal te creëren.

We staan verder even stil bij twee aspecten zoals genoemd in de afronding van het behandelplan. Het eerste gaat over het 'afgesproken evaluatiemoment'. Wij bepleiten om hiervoor een concrete datum vast te leggen, los van het verloop van het komend behandelproces. De tijdsspanne tot de evaluatie kan in onderling overleg worden vastgesteld, maar langer dan drie maanden is vanuit onze ervaring niet wenselijk. Belangrijk is dat een datum vastligt. Op die datum kan worden bekeken of het behandelproces van de grond is gekomen:

- Lukt het de behandelaren om de toegezegde afspraken na te komen (soms is de wachtlijst langer dan voorgespiegeld)?
- Lukt het de hulpvrager zich te engageren: zijn er vaak afmeldingen of wordt niet toegekomen aan het uitvoeren van thuisopdrachten?

Het klinkt misschien vreemd, maar het eerste evaluatiemoment heeft hiermee niet het primaire doel om na te gaan of en in hoeverre verbetering optreedt, maar vooral om na te gaan of het proces van hulpverlening goed loopt en eventueel bijsturing nodig heeft.

Het tweede aspect om bij stil te staan is het volgende. In een behandelproces zoals wij dat vorm geven, proberen we waar te maken dat de intaker de rol van regiebehandelaar op zich neemt, los van het feit of deze wel of niet een (deel)behandeling start. Dit is meestal ook wenselijk als meerdere behandelaren worden betrokken, als het een letterlijke multidisciplinaire behandeling is. Bij een 'monodisciplinaire' behandeling hoeft dit niet in deze vorm.

Na het gesprek waarin het behandelplan is overeengekomen, stuurt de intaker dit plan ter definitieve goedkeuring en ondertekening op naar de hulpvrager, met het verzoek het per ommegaande te retourneren. Als op dat moment blijkt of als de inschatting is dat er toch nog enige ambivalentie speelt, kan worden besloten het plan op papier in een volgend gesprek nog eens samen door te nemen, alvorens het gezamenlijk in een eventueel aangepaste vorm te ondertekenen.

In dit format staat niets over een diagnostische classificatie. Wij zijn van mening dat deze niet direct nodig is om de 'goede' en 'gepaste' behandeling te starten. Het is lang niet altijd nodig dat wij de hulpverlener uitleggen hoe wij als professionals onze vaktaal bezigen. In principe doet een medicus dit ook niet. De overheid en de zorgverzekeraars hebben voor beleidsbeslissingen en vergoedingssystemen groot belang bij inzicht in welk kader behandelingen worden verricht. In die zin zijn diagnostische classificaties onontbeerlijk. In Nederland worden hiervoor de classificaties volgens de DSM-5 gebruikt. Pas nadat we met de hulpvrager overeenstemming hebben over het beeld dat speelt, leggen we voor hoe wij dit als professional kaderen binnen ons vakgebied. Zoals al eerder aangegeven: wij leggen niet de door ons vastgestelde diagnose voor met toelichting, zodat de hulpverlener in de positie komt om onze gedachtegang te volgen, maar wij leggen voor hoe hetgeen we zijn overeengekomen in onze vaktermen is te vertalen. Deze diagnostische classificatie leggen wij vast in een korte begeleidende brief aan de verwijzer (▶bijlage 5.2). Wij vragen uitdrukkelijk de toestemming van de hulpvrager om deze brief te versturen ten behoeve van externe verantwoording en verduidelijking, met het volledige behandelplan als bijlage.

Zo verloopt dit proces bij een reguliere behandeling. Bij een crisissituatie is ad-hoc-overeenstemming nodig over de benodigde zorg op grond van de op dat moment beschikbare gegevens. Indien overeenstemming uitblijft en er gevaar dreigt gerelateerd aan het toestandsbeeld, kan in het uiterste geval een juridische maatregel nodig zijn.

Als een hulpvrager al in behandeling is, biedt het behandelplan en bijbehorend plaatje voor betrokkenen (dat kunnen ook crisismedewerkers zijn en niet de eigen behandelaren) een kort en bondig overzicht van de helpende en hinderende aspecten. Een crisisnoodplan is soms al onderdeel van het behandelplan. Naast de acute nood en risico's zijn juist (eerder overeengekomen) helpende aangrijpingspunten en strategieën welkom in dit soort omstandigheden. Vaak zijn bijvoorbeeld hulpbronnen in de omgeving medebepalend voor de te adviseren crisisinterventie.

Als degene die in crisis is geraakt, nog niet in zorg is, dan kan het 'Werkblad Dialoogmodel voor behandelaar ter voorbereiding op de intake' (▶bijlage 2.4) helpend zijn. Samen met de hulpvrager of diens naasten kan hiermee systematisch een overzicht worden verkregen over de helpende en hinderende kanten van de hulpvrager en diens directe omgeving.

In noodsituaties kan het beroep dat wordt gedaan op hulpverlening groot zijn, soms ook door derden, zoals de politie. Het gebruik van het visualisatiehulpmiddel kan in zo'n geval helpen om samen in beeld te brengen wie zich probleemdrager voelt en wie probleemoplosser kan zijn. Geïllustreerd kan worden dat jij als behandelaar geen 'allesoplosser' of 'allesregelaar' bent en dat bepaalde interventies (zoals een opname) in sommige gevallen het regelvermogen van de hulpvrager juist niet ten goede zullen komen. Daarnaast kan het je samen richten op het plaatje helpen om iets meer (cognitieve) afstand te creëren en letterlijk de positie naast elkaar in te nemen. Juist in crisissituaties komt informatie vaak moeilijker binnen of wordt het minder goed opgeslagen. Het beeld met kernwoorden kan in deze situatie als hulpmiddel worden ingezet. Het geeft als het ware een samen op te lossen 'acute puzzel' weer.

5.4 Praktijkvoorbeelden

Hoe tot een gedeeld behandelplan te komen met hulp van het Dialoogmodel, illustreren we achtereenvolgens aan de hand van het verhaal van de 34-jarige vrouw die veel piekert en het verhaal van de 45-jarige man uit het vorige hoofdstuk.

5.4.1 De piekerende 34-jarige vrouw

Zoals eerder beschreven, meldt een piekerende vrouw (H2 in ▶par. 3.2.1 en besproken in ▶par. 3.2.2) zich in de huisartsenpraktijk met het volgende verhaal:

> H2: 'Vaak lig ik 's nachts te piekeren over van alles en nog wat. Ik kom nauwelijks in slaap en overdag voel ik mij vaak moe. Mijn collega's op het werk beginnen het te merken, zien dat ik wat trager en minder alert mijn werk doe en vragen mij hoe het met me gaat. Meestal glimlach ik die vragen weg zonder er op in te gaan. Als ik nu maar eens wist waarom ik zoveel pieker, het is net alsof ik voortdurend in cirkeltjes draai. Dan pieker ik over de gezondheid van mijn ouders, dan weer over de kinderen en mijn man, soms ook over de drukte op het werk. Ik ben bang dat ik begin door te draaien. Ik heb mij al voorgenomen meer aan mezelf te denken en ben op fitness gegaan. Het lichamelijk bewegen doet mij goed, ik heb er ook een paar leuke leeftijdsgenoten ontmoet, maar de druk blijf ik voelen en het piekeren in de nachten vermindert niet. Hopelijk werkt een praattherapie voor mij wel.'

Nadat de praktijkbegeleider GGZ (POH) een inventariserend gesprek met haar heeft gehad, legt hij haar voor om een volgend gesprek samen met haar man te plannen. In eerste instantie houdt zij dit wat af. Haar man heeft het immers al druk genoeg met zijn werk en ze wil hem niet nog meer belasten, zo zegt ze. Ze heeft al het gevoel dat zij voor hem niet de ideale echtgenote is en wil hem zoveel mogelijk haar zorgen besparen. Toch gaat ze akkoord.

In het daaropvolgend gesprek komt naar voren dat haar man een drukke baan heeft die nogal wat van zijn energie vraagt. Hij lijkt dit niet zo'n probleem te vinden, hij doet het graag. Het géeft hem ook energie. Tot haar verrassing toont de man zorgen om haar, hij ziet dat ze met zaken zit, maar dat hij zich daar wat bij buiten gesloten voelt. Dit maakt hem best wel angstig en onzeker. Hij krijgt weinig hoogte van haar en dringt dan niet meer aan omdat hij ziet dat dat haar wat verstoort. Hij zet zich in bij huishoudelijke taken en is graag met de kinderen bezig. Hij bevestigt dat het een druk huishouden is, dat het soms schipperen is met hun drukke banen, maar dat het hem ook een bevredigend gevoel geeft. Dit is wat ze samen altijd graag hebben gewild: een actief ondernemend gezin. Hij vindt het soms pijnlijk om te ervaren dat zijn vrouw nog maar nauwelijks kan genieten, steeds bezig is met regelen en vooruitplannen en nog maar weinig ontspanning kent. Beschaamd geven ze aan dat intimiteit 'op een laag pitje staat'.

Al snel in dit tweede gesprek besluit de POH een en ander uit te tekenen op het whiteboard in de kamer. Met hen samen bouwt hij het plaatje van het Dialoogmodel op, dat er na 20 minuten zo uitziet, waarbij de aanvankelijke hulpvrager, de vrouw, centraal staat:

- Bij gedrag: grote inzet, op tenen lopen, weinig tijd samen, anderen ontzien.
- Bij omgeving: druk gezin, klaarstaan voor elkaar, weinig tijd, geen financiële zorgen, stamgezinnen bijzonder, weinig steun. Vrije tijd: hij voetbal, zij fitness, kleine vriendenkring. Werk: goede baan, te zwaar op moment.

- Bij G: piekeren, helder verstand, 'anderen niet tot last zijn' 'ik moet het zelf opknappen' 'ik moet er voor anderen zijn', 'het moet helemaal kloppen'.
- Bij E: bedrukt, weinig plezier, geen uitgesproken angsten of boosheid.
- Bij L: gezond, slecht slapen, moe.
- Bij R: attent, klaarstaand, 'introvert', wegcijferend.

Als de POH boosheid op het bord zet en er een kruis door zet om aan te geven dat deze blijkbaar afwezig is, trekt hij een verwonderd gezicht. Hij zegt (ontlokkend): 'waar heb je die gelaten?' Ook maakt hij enkele keren een circulaire beweging waarin hij de woorden gebruikt, die zowel op haar als hem betrekking hebben, waarop hij de focus legt: klaarstaan en wegcijferen. Beiden zetten zich in om elkaar (en anderen) te ontzien en blijven zo met hun eigen zorgen zitten, zo lijkt het.

Zonder terughoudendheid beamen ze hetgeen op het bord staat. In feite draait het bij hen hierom, ze hebben geen behoefte om verder te onderzoeken of ze belangrijke zaken zijn vergeten. Het valt hen op dat ze eigenlijk niets over de kinderen hebben aangegeven, maar ze concluderen samen dat dat niet verwonderlijk is: de kinderen ontwikkelen zich gewoon en leveren wat betreft opvoeding geen wrijvingspunten tussen hen op. Buiten de gebruikelijke kleine zorgjes floreren de kinderen goed. Als ouders zijn ze best trots op hun kinderen.

In het eerste gesprek heeft de vrouw op uitnodiging over haar levensverhaal (ontwikkelingsgeschiedenis) verteld. Zij noemde vervelende zaken die mogelijk samenhangen met haar huidig beeld. Deze zijn ook even aangehaald bij het uittekenen van het plaatje, maar hoeven niet apart te worden genoemd. Met het woord 'bijzonder' vat hij haar verhaal samen. De POH gaat naast de vrouw en man zitten en concludeert als volgt dat ze een gedeeld verhaal hebben:

> B: Als ik naar het bord kijk, denk ik op basis van onze gesprekken dat de kern van wat er speelt bij jou (naar vrouw knikkend) en jullie (naar beiden gericht) hier staat samengevat. Klopt dat? (ze beamen dit) Zelf kan ik er ook niets aan toevoegen. Als mij vanuit mijn kennis en ervaring nog andere bijzonderheden waren opgevallen, dan had ik jullie die gezegd, maar ook ik denk dat dit de kern van jullie verhaal raakt, van hoe het nu gaat. Zullen we de volgende stap zetten en kijken of we tot een werkbaar plan kunnen komen om een en ander te verlichten?

Belangrijk is om in deze fase de focus op het hier-en-nu te leggen. De huidige situatie is 'verstoord', niet in evenwicht en hier ligt het aangrijpingspunt van behandeling. In de behandeling zelf komt – waar nodig – ruimte om verleden, heden en toekomst te verbinden.

De POH gaat vervolgens met hen op zoek naar het 'wat, wie en hoe' voor het vervolg. Over het wat zijn ze het snel eens: haar piekeren moet verminderen. Dit bevestigt de POH, want hier heeft zij het meeste last van en is het meest ontregelend. Al kijkend naar het plaatje vraagt hij vervolgens naar wat moet 'vermeerderen'. De man geeft aan: 'weer wat meer genieten', hetgeen zij beaamt. Hij is ook degene die tegen zijn vrouw zegt: 'als je het niet met me eens bent, of als het je te veel is, laat dat dan duidelijker horen. Voor mijn part ben je een keertje boos op me. Nu probeer ik steeds van je gezicht af te lezen hoe het voor je is, maar dat is niet gemakkelijk.' In feite is op deze manier een therapeutisch proces gestart: zoeken naar wegen tot verandering ten goede.

De man vraagt haar of zij het goed vindt dat hij meer aandringt bij haar als ze zich wat afsluit, als ze doet alsof er niets speelt. De POH sluit non-verbaal bevestigend hierbij aan door deze communicatiecirkel op het bord met zijn vinger aan te wijzen. Daarmee laat hij zien hoe het een op het ander inspeelt. Hij gebaart ook cirkels in het hoofd van haar. Ook daar beïnvloedt het een het ander: de R, E, G en L zijn onlosmakelijk met elkaar verbonden en bepalen samen het gevoel van evenwicht. Hij grijpt deze erkenning ook aan om haar een compliment te geven voor haar stap naar fitness. Zij heeft intuïtief gevoeld dat dit mogelijk een goede invalshoek voor verandering kan zijn. Dat is het in feite ook, zeker omdat dit een gunstige invloed heeft op haar emoties (ze ervaart er plezier) en op haar manier van contactleggen. Dat is helpend, maar het klinkt ook hinderend voor haar, omdat ze het nogal op een dwangmatige manier moet doen. Hij stimuleert haar hiermee door te gaan, niet om te stoppen omdat 'het toch niet werkt'. Het is alleen nog onvoldoende om de piekerende en perfectionistische gedachten te laten verminderen.

Zo pratende komt de vrouw tot de conclusie dat naast het piekeren, ook de manier waarop ze met anderen omgaat moet veranderen. Anders blijft ze in hetzelfde cirkeltje draaien. Hiermee zijn twee doelen voor haar vastgesteld: minder piekeren, meer voor mijzelf opkomen. De POH vult aan: als partners willen ze elkaar meer persoonlijk durven aanspreken, ook al kan dat wat pijnlijk zijn. Ze onderschrijven dit doel. Ze geven aan dat ze denken deze doelen niet enkel op eigen kracht te kunnen bereiken. Ze vragen naar behandelmogelijkheden. De stap naar concretisering van een behandelplan kan nu worden gezet: er is een gedeeld verhaal en er is duidelijk wie hulpvrager, probleemdrager en probleemoplosser kan zijn. Daarbij zijn de doelen vastgesteld, zodat nu het 'hoe' invulling kan krijgen. Op dit punt van het gesprek staat de POH even stil bij het volgende:

» B: Er is nog een punt dat ik met jullie moet bespreken en dat is de diagnose. Als professional ben ik eraan gehouden om administratief een diagnostische classificatie te stellen, voor zowel interne als externe verantwoording. Als we naar het plaatje kijken waar we samen bij zijn uitgekomen en je kijkt in de handboeken van ons vakgebied, en op internet, dan sluiten onze conclusies het meest bij het volgende aan. Onze samenvatting voldoet niet precies aan een bepaalde categorie. Het meest op de voorgrond zijn het piekeren, het dwangmatige en het perfectionistische, te zien als trekken van een ongespecificeerde obsessieve compulsieve stoornis. Zo noemen wij dat in vaktaal.

Op deze manier neemt de POH slechts gedeeltelijk de expertpositie (van bijvoorbeeld GZ-psycholoog) in door zich naast de hulpvragers te plaatsen: samen kijken naar de betekenis van alles.

Laten wij ter verduidelijking een meer traditionele benadering ernaast zetten. Als hij volledig vanuit een expertpositie het gesprek zou zijn gestart, zou hij het gesprek als volgt kunnen zijn begonnen:

» B: Uit jouw verhaal maak ik op dat waarschijnlijk sprake is van een ongespecificeerde obsessieve compulsieve stoornis. Het is fijn dat jullie samen zijn gekomen, zodat niet alleen jij, maar ook je man hoort wat speelt en wat we eraan kunnen doen. Nu kunnen we samen zaken doorspreken en alle vragen die dit oproept, bespreken.

Bij deze werkwijze vraag je aan de hulpverleners om vooral jouw 'verhaal' goed te begrijpen. Op deze manier zet je je eigen expertise centraal, die leidt tot uitleg en voorschrift. De hulpvragers komen dan vanzelf – en waarschijnlijk ongewild – in de meer passieve en ontvangende positie. Vanuit deze situatie is het moeilijker om te komen tot een actieve houding om het leven weer in eigen hand te nemen.

Bij de persoonsgerichte benadering draaien we dit dus om: je wilt uitdrukken hoe je hen hebt begrepen, je wilt aansluiten bij de richting die zij willen inslaan en je gaat na in hoeverre jij daar een bijdrage aan kunt leveren, hoe jij gedeeltelijk mee kunt regelen, zodat zij het op den duur weer zelf geregeld krijgen.

De laatste tien minuten van het gesprek worden besteed aan gedeelde besluitvorming over concrete behandelingsvoorstellen. De POH staat weer naast het plaatje en zegt, steeds wijzend naar de specifieke woorden en cirkels, het volgende. Dit doet hij wel vanuit een expertpositie over de behandelmogelijkheden. Hij heeft kennis van behandelmogelijkheden die de hulpvragers niet hebben. Hij is de deskundige in wat de GGZ kan bieden.

- Doel 1: minder piekeren

» B: Het piekeren speelt vooral in je hoofd en heeft invloed op alle aspecten. Er zijn goede behandelmogelijkheden om dit aan te pakken. Wij noemen dat cognitieve gedragstherapie. Zoals het woord al zegt, grijpt deze therapie aan op de cognities, het denken G, en gedrag (wijst ze even aan), en daarmee ook op E en R (wijst op de lijntjes tussen G, E en R). Welke manier van werken het beste bij je past kun je bespreken met een gekwalificeerde therapeut, zeker omdat je ook stil wilt staan bij hoe zaken in je leven zijn gelopen. We kunnen dadelijk bespreken bij wie je een dergelijke therapie het beste kunt volgen.

- Doel 2: meer genieten

» B: Meer genieten is vooral een verandering in E, daar krijgt het nu te weinig ruimte. Daar hebben we niet meteen allerlei gerichte therapieën voor. Toch kun je denken aan meer lichaamsgerichte behandeling, die dus bij L aangrijpt (en wijst van L naar E). Zelf ben je al op fitness gegaan, dat voor dit doel best al geschikt is. Je kunt ook aan yoga denken of andere meer specifieke ontspanningsoefeningen, of mindfulness. Daar zou je jezelf eens op kunnen oriënteren.

- Doel 3: elkaar als partners meer aanspreken

» B: Jullie kunnen hier zelf mee aan de slag, maar ik kan me voorstellen dat jullie nogal huiverig zijn voor de risico's. Het gevaar van elkaar kwetsen en teleurstellen is er, maar ook een positieve ontwikkeling is zeer reëel: elkaar beter begrijpen en dichter bij elkaar komen, is iets wat jullie allebei als waardevol hebben genoemd. Ondersteuning hierbij door een relatietherapeut is ook het overwegen waard.

Het echtpaar is het snel eens. Het piekeren moet verminderen, dit is te bepalend voor haar en daarmee ook te verstorend voor elkaar. Zij wil de mogelijkheid voor een cognitieve gedragstherapie graag aangrijpen. Overwogen wordt een verwijzing te regelen naar een goed bekendstaande GGZ-instelling in de woonplaats of een aanmelding bij de kleine psychologenpraktijk die is gevestigd in het pand van de huisartsenpraktijk. Zij kiest voor de laatste optie, er is daar voldoende expertise aanwezig.

Een bijkomend voordeel is – zij voelt zich door de POH goed gehoord, gezien en begrepen – dat deze zich als regiebehandelaar aanbiedt. Dit houdt in dat deze bij het overdrachtsgesprek aanwezig kan zijn en een evaluatiegesprek vastlegt (samen met de echtgenoot) om over twee maanden na te gaan hoe een en ander loopt.

Aan het tweede doel (meer genieten) wil ze zelf werken. Het heeft haar erg geholpen te beseffen dat ze er goed aan heeft gedaan te starten met fitness. Eigenlijk stond ze op het punt om te stoppen omdat het haar niet helpt om van het piekeren af te komen. Nu kijkt ze er anders tegenaan en wil ze er bewuster voor het behalen van haar andere doelen mee omgaan.

Over het derde doel (elkaar meer aanspreken) tonen ze zich wat ongemakkelijk: ze weten het nog niet zo. Zullen, kunnen en durven ze zich meer kwetsbaar naar elkaar te tonen? Ze willen het op eigen kracht proberen. De POH suggereert op een respectvolle manier dat zij niet alleen meer openheid op het gebied van E en G dienen na te streven, maar ook bij L, waarmee de tweede doelstelling eveneens aan bod kan komen.

De POH zegt nog iets belangrijks. Deze mensen willen het 'goed' doen, tonen grote verantwoordelijkheid en willen hard werken. Hij legt ze voor, al kijkend naar het plaatje, dat dit mogelijk een van hun valkuilen is. Het is misschien beter om te faseren, tijd te nemen, de tijd ook het werk te laten doen. Nu is gekozen voor de prioriteit 'werken aan piekeren' en dat is goed. Bij evaluaties kan worden stilgestaan bij mogelijke verschuiving in keuzes. Hij zegt toe om datgene wat is besloten binnen enkele dagen op papier vast te leggen en naar hen toe te sturen.

Omdat is gekozen voor aanmelding binnen de aanpalende psychologenpraktijk wordt alvast een vooraanmelding gedaan. Het behandelplan komt er dan als volgt uit te zien (▶ kader 5.1). Omdat de vrouw tijdens het intakeproces tutoyeren op prijs stelde, is de brief eveneens in de 'je-vorm' opgesteld. Dit plan richt zich ook qua formulering primair op de vrouw. Afhankelijk van het proces is ook een plan gericht op hen als koppel voorstelbaar. Bij minderjarigen wordt het behandelplan geregeld een 'gezinsgericht plan'.

Kader 5.1

Format ingevuld behandelplan jonge vrouw

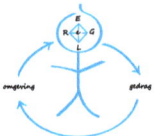

Behandelplan (REGeL-overzicht) nr:
naam en geboortedatum: vrouw, 34 jaar
datum:

5.4 · Praktijkvoorbeelden

Hiervoor vraag je op dit moment hulp:
Jij wilt van het piekeren af en weer meer genieten.
Jullie denken als partners nog na over hulp bij het meer direct met elkaar omgaan.
Jullie hebben jezelf voorgenomen elkaar minder te ontzien, rechtstreekser te communiceren in de hoop weer wat dichterbij elkaar te komen en ook weer meer samen te genieten.

Beknopt overzicht van wat helpt en wat hindert in je situatie op dit moment en van wat in contact met je naaste omgeving wel/niet voldoende goed is te regelen:
Bij jou zien we op lichamelijk gebied (L) dat je gezond bent, maar dat je wel slaapproblemen kent, je moe voelt. We zien op emotioneel gebied (E) dat je vaak bedrukt bent, weinig plezier kent. Er zijn geen uitgesproken angsten of gevoelens van boosheid. Wat betreft je gedachtepatroon (G) zien we veel piekeren, met gedachten als 'anderen niet tot last zijn' 'ik moet het zelf opknappen' 'ik moet er voor anderen zijn', 'het moet helemaal kloppen'. Je hebt een helder verstand, denkt veel na. Wat betreft je relationele stijl (omgang met anderen, R) zien we een attente en klaarstaande houding. Je noemt je zelf nogal een binnenvetter, met groot gevaar jezelf weg te cijferen. Wat betreft deze persoonlijke kenmerken lijk je op dit moment onvoldoende in evenwicht. Je probeert op eigen kracht – je wilt het vooral zelf doen – meer evenwicht te vinden. In het dagelijks leven loop je vooral vast bij grote inzet, op je tenen lopen, het altijd maar moeten op een perfectionistische manier. In het gezin lukt het onvoldoende om dit samen geregeld te krijgen. We zien dat jullie een druk gezin hebben, klaarstaan voor elkaar, weinig tijd voor elkaar hebben. Jullie ontzien elkaar actief en zijn elkaar daarmee zelfs wat kwijt aan het raken. Er zijn geen financiële zorgen, met de kinderen gaat het goed. Van jullie eigen ouders krijgen jullie weinig steun. Vrije tijd: je man voetbalt, jij gaat naar fitness, kleine vriendenkring. Werk: goede baan, te zwaar op dit moment.

Afspraken over hoe hulpverlening de komende tijd mee-regelt (onderzoek & behandeling):
Overeengekomen behandeling (doelstelling, methode, frequentie, behandelaar):
- Doel 1: minder piekeren.
  Het piekeren speelt vooral in je hoofd en heeft invloed op alle aspecten. Er zijn goede behandelmogelijkheden om dit aan te pakken. Wij noemen dat cognitieve gedragstherapie. Zoals het woord al zegt, grijpt deze therapie aan op je denken G, en gedrag, en daarmee ook op E en R. Welke vorm het beste bij je past kun je het beste bespreken met een gekwalificeerde therapeut, zeker omdat je ook stil wilt staan bij hoe zaken in je leven zijn gelopen. Besluit: verwijzing naar psychologenpraktijk X.
- Doel 2: meer genieten.
  Meer genieten is vooral een verandering in E, daar krijgt het nu te weinig ruimte. Daar hebben we niet meteen allerlei gerichte therapieën voor. Toch kun je denken aan meer lichaamsgerichte behandeling, die dus bij L aangrijpt. Zelf ben je al op fitness gegaan, dat voor dit doel best al geschikt is. Je kunt ook aan yoga denken of andere meer specifieke ontspanningsoefeningen [*mindfulness?*]. Besluit: voortzetting fitness, geen aanvullende behandeling.
- Doel 3: elkaar als partners meer aanspreken.

> Je kunt hier zelf mee aan de slag, maar ik kan me voorstellen dat jullie nogal huiverig zijn voor de risico's. Het gevaar van kwetsen en elkaar teleurstellen is er, maar ook een positieve ontwikkeling is zeer reëel: elkaar beter begrijpen en dichter bij elkaar komen. Ondersteuning hierbij van een relatietherapeut is ook het overwegen waard. Besluit: nu geen relatietherapie.
>
> Afgesproken evaluatiemoment: over drie maanden (met datum), samen met behandelaar uit psychologenpraktijk.
> Datum ondertekening:
> Handtekening cliënt(e)   Handtekening behandelaar

Tot zover dit voorbeeld. Het verhaal van de teruggetrokken man uit het vorige hoofdstuk (A2 in ▶ par. 4.5) heeft het volgende vervolg.

5.4.2 De 46-jarige alleenstaande man

De teruggetrokken man komt zijn vervolgafspraak na, al of niet door zijn maatschappelijk werker daartoe aangezet. Het belangrijkste is dat hij is gekomen. Afhaken op dit moment was niet ondenkbaar. Het blijkt dat hij en de maatschappelijk werker vooraf in een gesprek van een half uur samen hebben teruggekeken naar het verloop van en het besprokene in het intakegesprek. Hij geeft aan dat het de vorige keer was meegevallen, dat er serieus naar zijn situatie is gekeken. Wat hem het meest over zichzelf is bijgebleven, is hoe hij probeert het risico op een terugval naar een echte depressie probeert te vermijden. Dat waren achteraf gezien toch vreselijke tijden, die hij niet meer wil meemaken. Daarmee formuleert hij in feite een meer uitgesproken hulpvraag: het vermijden van een echte depressie. Daarbij zegt hij zich vragen te stellen bij hoe hij dat nu probeert: door moeilijke zaken uit de weg te gaan, is het risico op verstoring het kleinst, en tegelijkertijd is het ook een risico om zich terug te trekken en veel langs zich heen te laten gaan.

De intaker staat hier uitgebreid bij stil, hij beaamt en ondersteunt de man in zijn conclusies. Hiermee is een gedeelde probleemdefinitie vastgesteld. In het proces van gedeelde besluitvorming zijn hiermee belangrijke stappen gezet. Er is overeenstemming over wie hulpvrager is, wie probleemdrager is en hoe het probleem kan worden omschreven.

De volgende stap is het 'benoemen' van wie de probleemoplosser kan zijn. Daartoe nodigt de intaker de anderen uit om het plaatje van de vorige keer er weer bij te halen – hij heeft het zelf ook bewaard – om na te gaan welke mogelijke aangrijpingspunten zijn te vinden om het gewenste risico op een echte depressie te verminderen (◘ fig. 4.5). Kortom de zoektocht naar het wat, wie en hoe voor het vervolg.

De man zelf weet niet zo direct waar in de cirkel voor hem iets is te veranderen. De intaker maakt hier geen punt van en loopt de verschillende aspecten langs waar een mogelijke invalshoek ligt. Door het woord 'mogelijk' te gebruiken induceert hij al enige beweging, hetgeen hij beklemtoont met handbewegingen om uit te drukken hoe het een het ander beïnvloedt. Met deze handbewegingen brengt hij letterlijk en nadrukkelijk beweging in deze als statisch overkomende situatie. Hij neemt het initiatief door iets over de invalshoek lichaam (L) te zeggen.

> B: In het verleden heeft de huisarts je bij je depressies proberen te helpen door deze L te willen beïnvloeden met medicatie in de hoop dat daarmee (al aanwijzende) ook de E en G in goede zin zouden veranderen. Achteraf bezien is het moeilijk vast te stellen of deze medicijnen al of niet iets gunstigs voor je hebben gedaan. In ieder geval is het een invalshoek waar je erg huiverig tegenover staat en die je eigenlijk niet meer wilt. Dat kan ik mij voorstellen. Dat neemt niet weg dat medicijnen soms toch een gedeeltelijke oplossing kunnen zijn, als andere invalshoeken geen of te weinig effect hebben [Daarmee suggereert hij dat de man zelf probleemoplosser kan zijn om het niet zover te laten komen]. Als we naar L blijven kijken, moet ik denken aan wat je vertelde over je werk als postbode. Veel kilometers maken in de buitenlucht is je altijd goed bevallen. Is dat niet iets om te overwegen? Regelmatig stevige wandelingen maken? Dan ben je toch op jezelf, maar zet je je lichaam in beweging, waarvan we uit ervaring weten dat dat gunstig werkt (al wijzende op het bord) op E en G.

> H: Het idee is niet slecht, maar ik betwijfel of ik mij daartoe kan zetten. Bij de post had ik een duidelijk doel om te lopen. Dat heb ik nu niet.

> B: Dat klopt. Toch houd ik je voor dat nu het doel kan zijn om te zorgen dat je een depressie op afstand houdt, een erg belangrijk doel voor je. We weten uit wetenschappelijk onderzoek dat intensieve lichaamsbeweging een helpende factor is bij het terugdringen van een depressie.

Met deze toonzetting wordt het plaatje doorlopen. De maatschappelijk werker geeft bijvoorbeeld aan dat hij merkt dat nu de financiële problemen goed in kaart zijn gebracht en afnemen, dit hem goed doet. Nu ze tot te overziene consequenties zijn teruggebracht, werkt dit helpend door op de andere aspecten: minder stress en piekeren (de behandelaar wijst het verband aan op het plaatje: MW, E en G).

Verder blijkt al stilstaand bij de 'omgeving' dat ook de nodige ambivalenties spelen rond de relatie met zijn zus en ex-vrouw. Zouden daar voor hem helpende aspecten te vinden zijn? Dat weet hij nog niet. Wel geeft hij een paar keer aan dat als hij zich eens wat minder lusteloos zou voelen en ook wat meer met perspectief kon zien, hij gemakkelijker tot het zetten van stappen kan komen. Ook hier toont de intaker het nodige begrip. Tegelijkertijd geeft hij met bewegingen aan het bord aan hoe dit het bekende vraagstuk van het kip en het ei is. De man reageert hier weer even met een lachje op. Nu durft de intaker er wel openlijk op te reageren met:

> B: Ach, wat is het leven zonder humor …

De man lacht weer even. Na alles nog eens te hebben nagelopen, komen ze tot de conclusie dat de man op dit moment geen behandeling bij de GGZ wenst. Hij vindt dat hij in voldoende mate in staat is om zijn zaken zelf te regelen en dat de huisarts zich onnodig ongerust maakt. Hij heeft goed begrepen dat er behandelmogelijkheden aanwezig zijn om met name de E en de G te helpen veranderen. Voor hem is een meer intensieve manier van werken, met regelmatige gesprekken, een schrikbeeld, daar wil hij nog niet aan gaan staan.

Ook heeft hij begrepen hoe de intaker als professional zijn verhaal in termen van een diagnostische classificatie zal vastleggen, nodig voor interne en externe verantwoording. Hij kan het eens zijn met de term dysthyme stoornis. Hij geeft aan zich geholpen te voelen om meer zicht op zijn situatie te krijgen. Hij voelt zich ook voldoende serieus genomen, er is goed naar hem geluisterd en hem niets opgedrongen. Hij neemt zich voor zelf aan de slag te gaan met zaken die hij op dit moment kan aanpakken, die hij eigenlijk niet kan concretiseren. Hij wil daarbij gebruikmaken van de diensten van de maatschappelijk werker. Deze ondersteunt de conclusie van de man en zegt na te gaan in hoeverre hij vanuit zijn organisatie ruimte krijgt om dit een tijd te doen.

Als probleemoplosser zijn hiermee de man zelf en de maatschappelijk werker gedefinieerd. Samen zullen ze zich inspannen om tot meer concrete plannen te komen rond 'meer bewegen' en het leggen van contact met zijn zus en zijn ex-vrouw en haar kind. De GGZ-instelling vervult vooralsnog geen rol als probleemoplosser. Toch komt de GGZ-instelling gewoon in het overeengekomen behandelplan (▶ kader 5.2) te staan. De intaker rondt het gesprek in positieve zin af. Het verslag zal hij snel maken en voor akkoordverklaring toesturen.

Kader 5.2

Format ingevuld behandelplan man van middelbare leeftijd

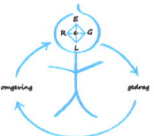

Behandelplan (REGeL-overzicht) nr:
naam en geboortedatum: man, 45 jaar
datum:
Hiervoor vraag je op dit moment hulp:
Het vermijden van een depressie.
Beknopt overzicht van wat helpt en wat hindert in jouw situatie op dit moment en van wat in contact met jouw naaste omgeving wel/niet voldoende goed is te regelen:
Bij jou zien we op lichamelijk gebied dat je gezond bent. We zien op emotioneel gebied dat je je vaak bedrukt voelt, wat lusteloos, in die zin gelijkmatig met weinig hoogte- en dieptepunten. Wat betreft je gedachtepatroon zien we dat je al snel denkt dat je toch niets waard bent, dat anderen niets aan je hebben. Je overziet situaties vaak wel, maar je weet niet altijd wat ermee te doen. Ondanks dit alles kun je soms gelukkig nog wel de humor van iets inzien. Wat betreft je relationele stijl (omgang met anderen) zien we dat je je vooral probeert aan te passen, anderen niet tot last wilt zijn, je bent stil en verlegen. Opkomen voor jezelf is niet gemakkelijk. Je toont je

wel betrouwbaar en hebt je altijd voor anderen ingezet. Wat betreft deze persoonlijke kenmerken lijk je op dit moment onvoldoende in evenwicht.
In het dagelijks leven loop je vooral vast bij het feit dat je nauwelijks buiten komt. Je daginvulling is vaak onbevredigend. Er is weinig om aan het eind van de dag op terug te kijken en tevreden over te zijn (zoals er vroeger toen je nog werkte wel was). Je hebt wel voldoende zorg voor je woning en jezelf.
Kenmerkend voor je situatie is dat je familie en ex-vrouw ver weg zijn en dat je nauwelijks contact met ze hebt. Je bent erg op jezelf. Dat geeft rust en houvast, tegelijkertijd is het een situatie die het risico op een depressie verhoogt.
Je werk bij de post ben je al een tijd kwijt, herintegratie is niet gelukt. Nu moet je rondkomen van een bijstandsuitkering en heb je schulden. Rond de sanering van de schulden heb je hulp geaccepteerd van maatschappelijk werk. Deze hulp waardeer je en verlicht de stress al enigszins. Wat betreft je vrijetijdsbesteding kun je genieten van je platenverzameling.
Afspraken over hoe hulpverlening de komende tijd mee-regelt (onderzoek & behandeling):
Op dit moment kies je ervoor om op eigen kracht de huidige situatie zodanig te veranderen dat het risico op een depressie wordt verminderd. Daarvoor zoek je steun bij de maatschappelijk werker. De invalshoeken hierbij zijn verbetering van je financiële positie en mogelijke verbetering in de relatie met je zus en ex-vrouw en haar kind. Ook neem je je voor meer aandacht aan je muziekverzameling te besteden. In lichamelijk opzicht neem je je voor concrete stappen te zetten naar bewegingsactiviteiten. Voor jou is het belangrijk om daar een concreet doel aan te kunnen koppelen. We hebben het erover gehad dat actief zijn goed is voor je stemming. Je weet dat je een beroep op de GGZ kunt doen als je aan veranderingen rond emoties en gedachten wilt werken. We denken dan aan een best wel intensieve therapie die cognitieve gedragstherapie heet. Het kan ook zijn dat je terugkomt op je besluit geen medicatie meer te wensen. We kunnen dan met elkaar nagaan welke medicijnen het meest passend zijn in jouw situatie. Op het moment dat je ons wilt inschakelen, neem dan gerust via je huisarts weer contact op.
Datum ondertekening:
Handtekening hulpvrager   Handtekening regiebehandelaar

De formulering van de laatste zinnen in deze brief vloeit voor uit het eerder geformuleerde voornemen bij het 'ordenend handvat' (◘tab. 4.1): 'Het is zaak om als hulpverlener niet de beweging van 'meer bemoeien' en van 'terugtrekken' te maken. Er is hoop op afstemming als het lukt om op de grens van 'onvoorwaardelijke' beschikbaarheid te functioneren.'

Deze laatste woorden luisteren hiermee net zo nauw als de openingswoorden bij de intake, zoals in ►H. 3 is toegelicht. Op bovenstaande manier uitgedrukt, probeer je de opvattingen van de man, van de maatschappelijk werker en van jezelf te integreren. Als je daarentegen je eigen visie volledig op de voorgrond zet, kun je tot een slotzin komen als:

> B: Deze man is op dit moment niet te behandelen, daarvoor ontbreekt voldoende motivatie. Hij kan in de toekomst een beroep op ons doen als hierin verandering is gekomen.

Zo op het eerste oog lijkt in deze zin niets anders te staan dan in de boven geformuleerde eindzinnen. Dat is ook zo, echter enkel op inhoudelijk vlak. Op relationeel niveau ligt hierin een heel andere boodschap besloten. Als je het op deze manier formuleert, geef je als intaker aan dat jij op dit moment niets met hem kunt. In feite krijgt hij hiermee de 'schuld' van het niet lukken van het opbouwen van een samenwerkingsrelatie. Daarmee bevestig je in feite zijn vertrouwd vermijdingsmechanisme: 'wordt het spannend, dan haak ik af.' Dan is het essentieel dat jij dat beslist niet doet, dat jij hem niet afwijst.

Met deze zin suggereer je ook dat je niet in staat bent deze man te behandelen (door zijn schuld), maar dat is niet waar. Je hebt wél mogelijkheden om hem te behandelen, die je ook beargumenteerd aan hem hebt voorgelegd. Dat hij hiervan op dit moment, om welke redenen dan ook, geen gebruik kan en wil maken, is te respecteren. Je hoopt dat het je gelukt is een zodanige samenwerkingsrelatie op te bouwen dat het voor hem gemakkelijk zal zijn opnieuw een beroep op je te doen als de nood groter is, bijvoorbeeld als blijkt dat zijn eigen inzet niet lukt of onvoldoende resultaat geeft.

Kader 5.3

Begeleidende brief aan verwijzer van man van middelbare leeftijd

Aan: verwijzer
Betreft:
Geachte collega,
In … (maand + jaar) evalueerden wij de intake van (voornaam + achternaam).
In de bijlage vindt u de diagnostische omschrijving en het bijbehorende behandelingsplan volgens het Dialoogmodel.
In termen van de DSM-5 komen wij tot de volgende classificatie:
Persisterende depressieve stoornis (dysthymie).
In het behandelplan komt naar voren dat de man op dit moment geen gebruik gaat maken van de mogelijkheden binnen onze instelling. Op het moment dat hij ons wil inschakelen, kan hij via u contact met ons opnemen. Op het moment dat u zelf inschat dat dringend hulpverlening door ons is aangewezen, kunt u aan de hand van deze brief met hem en ons opnieuw in overleg treden.
Met vriendelijke groet,
regiebehandelaar   mee-ondertekenende BIG-specialist

Helpende aspecten van een gedeeld behandelplan

Het creëren van een gedeeld verhaal over wat verandering behoeft, en hoe en wie daaraan bijdraagt, is essentieel bij de start van een behandelproces. Helpende aspecten in deze fase zijn:

- Durf de vanzelfsprekende koppeling tussen een diagnostische classificatie en een aangewezen behandeling in eerste instantie los te laten.
- Zoek samen met de hulpvrager naar diens prioriteiten waarin hij verandering wenst.
- Ga na wat wie hij hierbij als probleemoplossers ziet, sluit aan bij zijn mogelijkheden en die van zijn omgeving.
- Bespreek welke mogelijkheden en inzet jij in de rol van probleemoplosser kunt hebben.
- Stel een gezamenlijk behandelplan op.

Op deze manier is er voldoende basis om een behandeling te starten. Hiermee verklein je de risico's op een stokkend of mislukkend traject.

Gedurende de behandelfase zet je als behandelaar diverse therapievormen in, waarbij soms ook gebruik wordt gemaakt van visualisatiehulpmiddelen (bijvoorbeeld het GGGGG- of het Gevolgenmodel). Deze schema's kunnen desgewenst ook via het multi-theoretisch Dialoogmodelkader worden weergegeven. De Dialoogmodeltekening kan voor de hulpvrager zo nog meer persoonlijke betekenis krijgen en er hoeft niet een nieuw schema te worden geïntroduceerd. Zoals we al eerder aangaven, het Dialoogmodel is in geen geval bedoeld als vervanging voor de al aanwezige kennis en kunde. Als metamodel kadert en verbindt het de persoonlijke en professionele invalshoeken en mogelijkheden om een goed behandeleffect te bevorderen.

Zo kan het Dialoogmodelplaatje ook worden benut bij psycho-educatie of om samen actuele intrapersoonlijke of intermenselijke dynamieken te verhelderen. Het gedeelde verhaal wordt zodoende regelmatig bevestigd en mogelijk verstevigd. Ook blijven de aandachtspunten en overeengekomen doelen van het behandelplan op deze manier gedurende de behandelfase letterlijk in beeld.

Een behandeltraject heeft tussentijdse evaluaties nodig om de overeengekomen behandelplannen te bestendigen of aan te passen, afhankelijk van het verloop van de samenwerkingsrelatie en de vorderingen in het behalen van de doelen. Over het wanneer en hoe evalueren gaat het volgende hoofdstuk.

Literatuur

Schippers, G. M., Baron, E., Zinn, M. F., & Jonge, J. de (2016). Motiverende gespreksvoering in psychotherapie. *Tijdschrift voor Psychotherapie, 42,* 353–369.

Scholing, A. (2016). Over de psychotherapeut en de buurvrouw. *Tijdschrift voor Psychotherapie, 42,* 274–290.

Smets, E., Nieuwkerk, P., & Hoos, A. (2006) Therapietrouw. In A. Kaptein, R. Erdman, J. Prins, H. van de Wiel (Red.), *Medische psychologie. Quintessens.* Houten: Bohn Stafleu van Loghum.

Bijlagen

Bijlage 5.1 Het behandelplan met het REGeL-overzicht

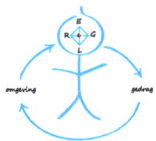

Behandelplan (REGeL-overzicht) nr:

naam en geboortedatum: *datum*:

Hiervoor vraagt u op dit moment hulp:
<omschrijving verduidelijkte hulpvraag>

Hiervoor vraagt uw partner/familie op dit moment hulp:
<omschrijving verduidelijkte hulpvraag>

Beknopt overzicht van wat helpt en wat hindert in uw situatie op dit moment en van wat in contact met uw naaste omgeving wel/niet voldoende goed is te regelen:

Bij u zien we op lichamelijk gebied dat <beschrijving in helpende/hinderende zin>. We zien we op emotioneel gebied dat <beschrijving in helpende/hinderende zin>. Wat betreft uw gedachtepatroon zien we dat <beschrijving in helpende/hinderende zin>. Wat betreft uw relationele stijl (omgang met anderen) zien we <beschrijving in helpende/hinderende zin>. Wat betreft deze persoonlijke kenmerken lijkt u op dit moment onvoldoende in evenwicht. <zo mogelijk beschrijving hoe de R, E, G en L-aspecten op elkaar invloed hebben/overwegen/tekortschieten>

Thuis/Waar u woont/In het dagelijks leven loopt u vooral vast bij <gedrag>. In het gezin lukt het onvoldoende om dit samen geregeld te krijgen. We zien dat <korte beschrijving van de interactie/gedragscirkel met gezinsleden>. Dit gaat gepaard met <beleving bij cliënt(e) en gezinsleden>. Ook zien we dat <korte beschrijving van de interactie/gedragscirkel> thuis nog goed loopt. Kenmerkend voor uw gezin/situatie is <beschrijving in helpende/hinderende zin>.

Op uw werk/Bij uw opleiding loopt u vooral vast bij <gedrag>. <gedrag cliënt(e)/sociale interactie> loopt/lopen goed. Kenmerkend voor uw werk/opleiding is <beschrijving in helpende/hinderende zin>. [indien van toepassing]

Wat betreft uw vrijetijdsbesteding/dagbesteding heeft u (grote) zorgen over/(veel) last van <invulling/contacten>. <invulling/contacten> loopt/lopen goed. Kenmerkend voor uw vrijetijdssituatie is <beschrijving in helpende/hinderende zin>.

Optioneel: bij eerdere hulpverleningservaringen die van invloed kunnen zijn op huidig traject. We zijn samen alert op <omschrijving>, gezien eerdere soortgelijke ervaringen met hulpverlening.

NB: het is mogelijk dat op niet alledrie de levensgebieden zorgen voorkomen. Dan beschrijf je alleen wat wel goed loopt, helpende factoren zijn.

Afspraken over hoe hulpverlening de komende tijd mee-regelt (onderzoek & behandeling):

Overeengekomen behandeling (doelstelling, methode, frequentie, behandelaar):

Overeengekomen aanvullende diagnostiek (doelstelling en methode):

Afgesproken evaluatiemoment:

Datum ondertekening:

| Handtekening cliënt(e) | Handtekening regiebehandelaar | Handtekening mee-ondertekenende BIG-specialist: psychiater of klinisch psycholoog |

Bijlage 5.2 Begeleidende brief aan verwijzer

Aan: verwijzer

Betreft:

Geachte collega,

In ... [maand + jaar] evalueerden wij de ... [intake/behandeling] van [voornaam + achternaam hulpvrager] en zijn/haar gezin/naasten.

In de bijlage vindt u de diagnostische omschrijving en het bijbehorende behandelingsplan volgens het Dialoogmodel.

In termen van de DSM-5 komen wij tot de volgende classificatie:

... <invullen>

Met vriendelijke groet,

(naam en functie), regiebehandelaar   (mee-ondertekenende BIG-specialist: psychiater of klinisch psycholoog)

Het evalueren van de samenwerking en de resultaten

Samenvatting

Tussentijds evalueren van behandelingen is cruciaal en te definiëren als de derde stap in gedeelde besluitvorming. Genomen besluiten dienen geëvalueerd te worden naar werkzaamheid van de samenwerkingsrelatie en naar overeengekomen gehoopte effecten. Dit geeft ruimte voor bezinning op de ingeslagen weg met mogelijkheden voor nieuwe, bijgestelde verhalen en besluiten. Zowel de behandelaar als de hulpvrager beoordelen en bevragen elkaar op ieders inbreng en inzet. Met meerdere voorbeelden en met behulp van enkele formats is aangegeven hoe dit proces vorm te geven. Een specifiek bij de Dialoogmodelmethode passend ROM-instrument wordt hierbij geïntroduceerd. In principe leidt iedere evaluatie tot een vernieuwd (en uiteindelijk afrondend) behandelplan. Besproken wordt hoe te handelen bij aarzelingen in toevertrouwen aan elkaar, bij beperkte behandelingstrouw of bij ogenschijnlijk goede samenwerking zonder enige verandering ten goede. Ook kunnen visies en opvattingen gaandeweg zijn gedivergeerd, zodat er onvoldoende gedeeld verhaal rest. Dan is een 'pas-op-de-plaatsgesprek' aangewezen.

6.1   Evalueren: wat, wie en wanneer – 113

6.2   Evaluatie door de behandelaar – 115

6.3   Evaluatie door hulpvragers – 119

6.4   Gedeelde besluitvorming tijdens evaluaties – 120

© Bohn Stafleu van Loghum is een imprint van Springer Media B.V., onderdeel van Springer Nature 2018
J. M. G. Maurer en G. M. A. Westermann, *Praktijkboek gedeelde besluitvorming in de GGZ*,
https://doi.org/10.1007/978-90-368-2180-3_6

6.5	Praktijkvoorbeelden – 122	
6.5.1	De gepeste jongen – 122	
6.5.2	De wantrouwende vrouw – 127	

Literatuur – 133

Bijlagen – 134
Bijlage 6.1 Werkformulier 'duale intake' (inhoud en proces) – 134
Bijlage 6.2 MDO-voorbereiding – 137
Bijlage 6.3 Evaluatieformulier in dialoog (versie hulpvrager) – 138

In de piramide is aangegeven welke stappen uit het behandelproces in dit hoofdstuk centraal staan (◘ fig. 6.1).

6.1 Evalueren: wat, wie en wanneer

Een belangrijke stap in het proces van gedeelde besluitvorming is het samen evalueren van de voortgang en het resultaat van de overeengekomen behandeling(en). Er zijn vijf vragen die ertoe doen:
1. Verloopt de samenwerkingsrelatie naar wens?
2. Hebben we nog hetzelfde gedeelde verhaal over wat speelt?
3. Verloopt de praktische uitvoering van de behandeling zoals afgesproken?
4. Is er voldoende hoop op en perspectief tot verbetering?
5. In hoeverre zijn de gestelde doelen gerealiseerd en wat betekent dat voor het vervolg?

Het beantwoorden van deze vragen dient in gezamenlijkheid plaats te vinden, zodat vervolgens kan worden besloten over de inhoud en vorm van het vervolg van de behandeling. Met de vorm bedoelen we een veelvoud van aspecten: de methodiek, de frequentie van gesprekken, de uitvoerenden (zijn andere behandelaren of andere naasten nodig?), de plaats en tijd e.d. Het kan zijn dat in de voorliggende fase van behandeling zaken naar voren zijn gekomen, die het eerder overeengekomen verhaal over wat speelt doen verschuiven. Feiten die niet eerder zijn gedeeld kunnen op tafel komen, dat wat in de gesprekskamer gebeurt, kan een andere betekenis geven aan eerdere interpretaties. In feite is evalueren een continu verlopend proces. Behandeling is immers dynamisch, een voortdurende wisselwerking tussen twee of meer mensen. Er vindt voortdurende beïnvloeding plaats: elkaar steeds evalueren en het eigen gedrag hierop afstemmen (Hafkenscheid 2014).

Door dit proces te expliciteren als gespreksthema wordt het risico op een stokkende of mislukkende behandeling verlaagd. Reflectie op het behandelproces kan in feite in iedere sessie aan bod komen of in enkele vaste evaluatiemomenten tijdens de behandeling worden overeengekomen en gepland. Evalueren vindt niet uitsluitend plaats tussen de hulpvragers en de regiebehandelaar; ook familieleden en andere naasten van de hulpvrager kijken, denken en voelen mee, vormen hun mening en delen die (op welke manier dan ook) met de hulpvragers. Of, zoals Baars en Van Meekeren (2013) het uitdrukken: een psychische stoornis heb je niet alleen.

Net als de hulpvrager, heb je als behandelaar een context waarbinnen je werkt. Meestal betreft dat een instelling en werk je in een multidisciplinair team, waarbij teamleden periodiek op vergelijkbare wijze meekijken, meedenken en meevoelen en hun mening geven. Ook kunnen zij medebehandelaar zijn en vindt afstemming tussen de diverse vormen van behandeling plaats. Meestal gebeurt dit tijdens een bespreking in een multidisciplinair overleg (MDO), al of niet regulair ingepland. Gewoonlijk bespreken behandelaren eerst onderling in een dergelijk MDO hun visie op de voortgang voordat een gesprek hierover met de hulpvrager plaatsvindt. Wij draaien dit in het kader van

```
                    afronding-
                    overdracht

              gezamenlijke uitvoering
               met cyclische evaluatie

            overeenstemming en afspraken
             over behandeling en zelfzorg

         co-creatie gedeelde diagnostische omschrijving

       overeenstemming over en uitvoering van nadere diagnostiek

     verduidelijking van hulpvragen, verwachtingen en eerste inschatting

    werkrelatie, wederzijds vertrouwen, stressreductie, passende taak/rolverdeling

  aanmelding – overleg met verwijzer/acceptatie – voorbereiding eerste gesprek
```

Figuur 6.1 De volgende stappen in het behandelproces

de gezamenlijke besluitvorming om: regiebehandelaar en hulpvragers evalueren eerst gezamenlijk om hun conclusies en eventuele vragen vervolgens voor te leggen aan de andere teamleden binnen het MDO. Deze reflectie- en evaluatiemomenten zijn als het ware 'knooppunten' waar informatie gebundeld wordt en op hoofdlijnen wordt besproken. Tussentijds verbreedt en verdiept het proces zich steeds weer. Schematisch geven we dit in ▶fig. 6.2 vorm.

De ruimtes tussen de lijnen staan symbool voor de hoeveelheid informatie die wordt uitgewisseld. Bij de aanmelding wordt informatie aangeleverd. Als intaker ga je na of deze informatie nog aangevuld moet en kan worden. Deze voorinformatie bundel je, zoals in ▶H. 2 is uitgewerkt, in kernwoorden, daarmee 'verdicht' je deze gegevens (aangegeven door de 'knooppunten' in ▶fig. 6.2).

In de intake zelf komt de samenwerking tot stand in de uitwisseling van alle relevante informatie (moment van verbreding), die na het advies- of overzichtsgesprek wordt vastgelegd in het behandelplan (verdichting). Tijdens de behandeling (fase van verbreding) zelf vindt de vooraf afgesproken cyclus van evaluatiemomenten (verdichting) plaats. Iedere keer opnieuw vindt er een vertaling plaats in kernwoorden van alles wat ter sprake is gekomen en is aangepakt. Zo verloopt een reguliere behandeling.

In een crisissituatie is, zoals al eerder genoemd, acuut verdichting van de beschikbare gegevens helpend. Als een hulpvrager al in behandeling is, biedt het behandelplan en bijbehorend plaatje voor betrokkenen (dat kunnen ook crisismedewerkers zijn en niet de eigen behandelaren) een kort en bondig overzicht van de helpende en hinderende aspecten. Een crisisnoodplan is soms al onderdeel van het behandelplan. Naast de acute nood en risico's zijn juist (eerder overeengekomen) helpende aangrijpingspunten en strategieën welkom in dit soort omstandigheden. Vaak zijn bijvoorbeeld hulpbronnen in de omgeving medebepalend voor de te adviseren crisisinterventie.

Als degene die in crisis is geraakt, nog niet in zorg is, dan kan het 'Werkblad Dialoogmodel voor behandelaar ter voorbereiding op de intake' (▶bijlage 2.4) helpend zijn. Samen met de hulpvrager of diens naasten kan hiermee systematisch een overzicht worden verkregen over de helpende en hinderende kanten van de hulpvrager en diens directe omgeving.

In noodsituaties kan het beroep dat wordt gedaan op de hulpverlening groot zijn, soms ook door derden, zoals de politie. Het gebruik van het visualisatiehulpmiddel kan in zo'n geval helpen om samen in beeld te brengen wie zich probleemdrager voelt en wie probleemoplosser kan zijn. Geïllustreerd kan worden dat jij als behandelaar geen 'allesoplosser' bent en dat bepaalde interventies (zoals een opname) in sommige gevallen juist het regelvermogen van de hulpvrager niet ten goede komen. Daarbij kan het je samen richten op het plaatje helpen om iets meer (cognitieve) afstand te creëren en letterlijk de positie naast elkaar in te nemen. Juist in crisissituaties komt informatie vaak moeilijker binnen of wordt het minder goed opgeslagen. Het beeld met kernwoorden kan in deze situatie als hulpmiddel worden ingezet.

6.2 Evaluatie door de behandelaar

In deze paragraaf staan we stil bij hoe je als behandelaar je contacten met hulpvragers evalueert en hoe je je bewust voorbereidt op de gezamenlijke evaluaties. Net als in het eerder besproken adviesgesprek komen in geplande evaluatiegesprekken zowel je eigen evaluatie als die van de hulpvrager bij elkaar in een synthese, als basis voor het vervolg. Jouw evaluatie is dan ook niet bepalend en richtinggevend, maar een bouwsteen tot overleg en gedeelde besluitvorming.

Dit is ook de reden dat wij bepleiten om een MDO ná een evaluatiemoment met de hulpvrager te laten plaatsvinden. Als gezamenlijk wordt vastgesteld dat de behandeling – op basis van de beantwoording van boven gestelde vragen – goed verloopt, kunnen opmerkingen van collega's in het MDO beperkt blijven. Als een of meerdere vragen ongunstig uitvallen of onbeantwoord blijven, zonder dat het de behandelaar en de hulpvrager lukt daar een nieuw hoopvol perspectief aan te geven, kan het MDO-team worden gevraagd mee te denken, suggesties te doen enzovoort. Deze opmerkingen neemt de behandelaar mee naar het volgende gesprek. Wanneer je als behandelaar de conclusies en de voorstellen van het MDO als feitelijke 'opdrachten' presenteert, dan schiet je de uitgangspunten van gedeelde besluitvorming voorbij. Een voorbeeld:

» B: Ons dilemma van hoe verder heb ik voorgelegd aan mijn collega's in het MDO. *Zij stelden* dat het juist nu belangrijk is om de gekozen weg vast te houden en door te zetten. Het komt er nu op aan om niet op te geven.

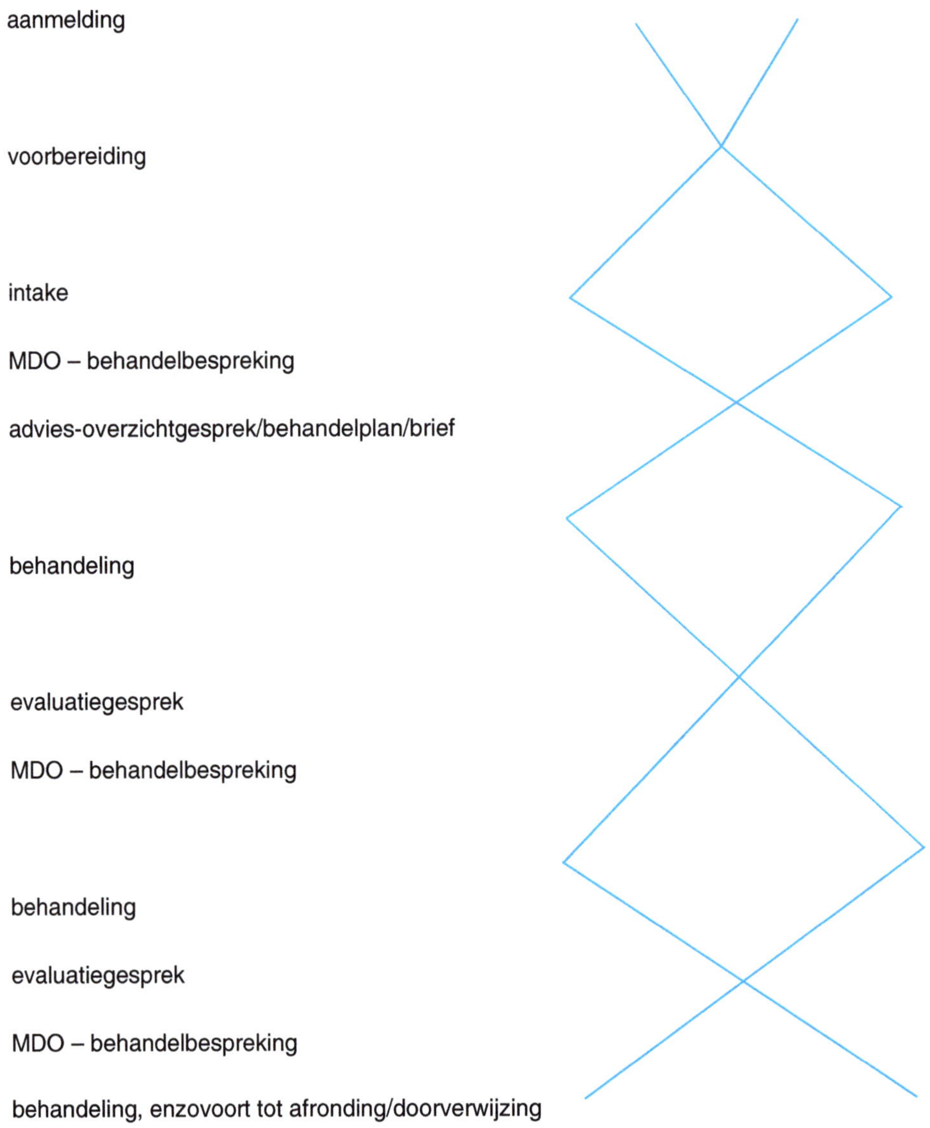

aanmelding

voorbereiding

intake

MDO – behandelbespreking

advies-overzichtgesprek/behandelplan/brief

behandeling

evaluatiegesprek

MDO – behandelbespreking

behandeling

evaluatiegesprek

MDO – behandelbespreking

behandeling, enzovoort tot afronding/doorverwijzing

Figuur 6.2 De cyclus van verbreding en verdichting van informatie

Als je het zo uitdrukt, doe je in relationeel opzicht iets bijzonders. Zonder het te willen, stel je de mening van je zelf (je ambivalentie) ondergeschikt aan de vastberadenheid van de collega's binnen het MDO. Jij plaatst hen op deze manier in de expertpositie. Hiermee wordt het proces van gedeelde besluitvorming bemoeilijkt omdat je voorlegt: laten we gaan doen wat het MDO (door voor de hulpvrager onbekende personen die hem zelf evenmin kennen) heeft besloten. Het dilemma versmalt op deze manier tot een dichotomie: wel of niet doorgaan met nog weinig ruimte voor dialoog. Onbedoeld diskwalificeer je je zelf een beetje door aan het MDO een 'hogere macht' toe te kennen.

Dezelfde 'boodschap' kun je ook op de volgende manier formuleren, woorden luisteren immers nauw:

> B: Ons dilemma van hoe verder heb ik voorgelegd aan mijn collega's in het MDO. Zij hebben mij argumenten voorgelegd die *mij overtuigen* hoe belangrijk het is om de gekozen weg vast te houden en door te zetten. Het komt er nu op aan om niet op te geven.

Op deze manier zeg je hetzelfde, maar met het grote verschil dat je je boodschap persoonlijk maakt: het is je gelukt om je eigen dilemma op te lossen, waarmee je verder in gesprek wilt gaan over het dilemma van de hulpvrager. In relationeel opzicht plaats je je niet meer in de positie van tussenpersoon tussen de hulpvrager en het MDO, maar ben je de enige 'echte' gesprekspartner van de hulpvrager, met wie hij tot overeenstemming moet komen.

Dit voorbeeld geeft het belang aan om je er voortdurend heel bewust van te zijn waarover het gaat. Het is altijd pijnlijk als we bij mislukkende behandelingen vaststellen dat wij onze eigen onmacht, dilemma's en wanhoop toeschrijven aan de inzet van onze hulpvragers. Het is juist onze taak om te kunnen gaan met de onmacht, dilemma's en wanhoop van hen, zonder in dezelfde gevoelens te vervallen. Gebeurt dit toch, dan is zelfreflectie de eerste opdracht. Hebben we hen toch te zeer een in onze ogen gepaste behandeling opgedrongen? Hebben we wel een passende relationele houding aangehouden? Is de gepresenteerde problematiek te dicht op onze eigen huid om de bijbehorende therapeutische rol te kunnen vervullen? Het thema zelfreflectie van de behandelaar krijgt de laatste tijd weer meer aandacht in de vakliteratuur. Hafkenscheid (2014, pag. 179–209) presenteert in een hoofdstuk over het perspectief van de therapeut meerdere vragenlijsten als hulpmiddel voor zelfreflectie. Hij bespreekt onder meer de Therapeut Tevredenheidsschaal, de Beoordelingslijst Therapiegesprek, de therapeutversie van de *Session Rating Scale* (SRS) en het Interpersoonlijk Raster.

Reflectie op eigen handelen vindt vaak ook in de stroom van het dagelijks werken plaats in de vorm van tussentijds onderling overleg. Hier volgt een klein voorbeeld uit een intake. In instellingen worden intakes op verschillende manieren vormgegeven. Meestal is er een intaker die na één of enkele intakegesprekken zijn bevindingen inbrengt in een MDO. De conclusies worden dan in een adviesgesprek voorgelegd, waarbij volgens de huidige regelgeving in ieder geval een BIG-(specialist)functionaris aanwezig dient te zijn.

Wij hebben veel ervaring met duale intakes, waarbij de toekomstige regiebehandelaar samen met een psychiater of klinisch psycholoog het eerste gesprek voert. Dit blijkt in de praktijk gunstig vanuit kostentechnisch oogpunt en vooral vanuit het perspectief van de gedeelde besluitvorming en voortgang van behandeling. De hulpvrager leert meteen de regiebehandelaar en de verantwoordelijke en vertegenwoordigende BIG-specialist uit het team kennen, de gesprekspartners voor de komende periode. De beide teamleden zijn vanaf de eerste minuut in de gelegenheid om hun beeld als professionals te vormen en met elkaar te delen. Dit beeld is te toetsen aan het verhaal van de hulpvrager en draagt bij aan het opbouwen van een gedeeld verhaal dat perspectief moet bieden. Voorafgaand aan het gesprek en ook halverwege de intake als de behandelaren opsplitsen (dat heeft bijvoorbeeld in geval van jeugdigen en ouders vaak meerwaarde) staan ze stil bij welke rol- en taakverdeling mogelijk het best past. De driedeling in ▶ bijlage 6.1 helpen bij het vooroverleg, het tussenoverleg en het afsluitend overleg bij de intake.

Met het volgende voorbeeld willen we zo'n reflectief moment illustreren. In de pauze van het eerste gesprek met een vrouw die steeds in conflicten verstrikt raakt, kan de volgende verzuchting tussen de beide intakers worden beschouwd als een eerste multidisciplinaire evaluatie:

» B1: Ik heb nogal moeite met haar. Eerlijk gezegd vind ik haar een zeurpiet, nogal drammerig. Steeds uitgebreide ellendige verhalen. Telkens als ik erop in wil gaan, komt ze alweer met het volgende verhaal.

» B2: Wat je zegt, herken ik wel. Mij valt daarbij vooral haar wanhoop op, haar angst onvoldoende gehoord en gezien te worden.

Als B1 een individuele intake had gedaan, was de kans groot geweest dat in het intakeverslag vooral het actuele gedrag (gestaafd door de inhoudelijkheid van haar verhaal) van de vrouw op de voorgrond was komen te staan: bepalend, dwingend, zeurend. B2 zou in het intakeverslag mogelijk het accent hebben gelegd op de beleving van wanhoop en de angst onvoldoende gehoord en gezien te worden. Beide verslagen zijn niet goed of fout, maar wel beschreven vanuit de bril die de intaker al snel opzet en dan niet gemakkelijk meer afzet. Als je met de bril van het Dialoogmodel kijkt, heb je een hulpmiddel om het actuele gedrag te verbinden met de beleving en betekenisverlening van de hulpvragers.

Als de opdracht van de intaker binnen de instelling is om vast te stellen in welk zorgprogramma de vrouw het beste kan worden geholpen, dan is bij B1 de kans op doorverwijzing naar team Persoonlijkheidsstoornissen groter dan bij B2, die mogelijk meer kansen ziet binnen het zorgprogramma Angst/Stemmingsstoornissen: hij ziet haar interpersoonlijk gedrag bijvoorbeeld vooral als agitatie bij depressie. Op deze manier neemt de intaker een expertpositie in. Hij laat zijn eigen evaluatie prevaleren en gaat te weinig in overleg met de hulpvrager om te komen tot een gedeeld besluit over waar de beste aangrijpingspunten voor behandeling liggen.

Dit voorbeeld geeft aan hoe lastig en ingewikkeld het werken in de GGZ is. Als waarnemingsinstrument zijn we slechts beperkt betrouwbaar: we denken iets bij de ander vast te stellen, terwijl dat in hoge mate is gekleurd door onze eigen persoonlijke en professionele bril. Het gebruik van betrouwbare en valide diagnostische testen en procedures is helpend, maar de integratie van de uitkomsten is een product van onze interpretaties. We ontkomen er niet aan onze waarnemingen en opvattingen telkens weer te toetsen aan die van de ander, zonder vooringenomenheid, zover als mogelijk. Die anderen zijn in dit voorbeeld van een eerste intakegesprek zowel de hulpvrager als de collega. Het betrekken van meerdere perspectieven bij de diagnostische hypothesevorming helpt om zorgvuldig te zijn. Het geeft de hulpvrager meer positie en bevordert een gelijkwaardige samenwerking.

Het evaluatiegesprek met de hulpvrager bereid je voor door het behandelplan te doorlopen, waarbij je jezelf de vijf eerder in dit hoofdstuk geformuleerde vragen stelt:
1. Verloopt de samenwerkingsrelatie naar wens?
2. Hebben we nog hetzelfde gedeelde verhaal over wat er speelt?

3. Verloopt de praktische uitvoering van de behandeling zoals afgesproken?
4. Is er voldoende hoop op en perspectief tot verbetering?
5. In hoeverre zijn de gestelde doelen gerealiseerd en wat betekent dat voor het vervolg?

Om met de tweede vraag te beginnen: zijn je zaken opgevallen die een ander licht werpen op de eerder overeengekomen definitie over wat speelt? Dan maak je dit tot gespreksthema. Is er een belemmerende verschuiving opgetreden in de samenwerkingsrelatie? Ga voor je zelf na welke rol jij (of een van de medebehandelaren) hierbij speelt. Loopt de praktische uitvoering van de behandeling goed? Het kan zijn dat de lengte van de wachtlijstperiode anders uitvalt dan gehoopt, dat wegens ziekte meerdere sessies zijn uitgevallen, dat het moeilijk is reguliere tijden voor gesprekken te plannen. Samen met de hulpvrager kom je in het gesprek tot een vernieuwd behandelplan, in de regel een bevestiging van het bestaande, maar het is ook mogelijk dat een wezenlijke aanpassing noodzakelijk is. Met de hulpvrager kom je overeen dat je het nieuwe plan ter toetsing wilt voorleggen aan je collega's in een MDO, deels om zeker te zijn niets over het hoofd te zien (er zijn meer 'brillen' vertegenwoordigd).

Belangrijk is hoe je jouw inbreng in het MDO voorbereidt. Door de grote tijdsdruk in de GGZ is er weinig ruimte voor interdisciplinair overleg. Vergaderingen moeten efficiënt verlopen, veel ruimte voor reflectie op een behandeling en voor zelfreflectie is er vaak niet. Ons advies is om het volgende format te gebruiken dat met enkele steekwoorden vooraf kan worden ingevuld (▶ bijlage 6.2 MDO-voorbereiding). Het vraagt niet veel tijd van jezelf, en je collega's krijgen een inzichtelijk en integratief beeld van wat speelt. Het format is als volgt opgebouwd. In de eerste plaats formuleer je kernachtig welke vragen je hebt aan het MDO. Het kan goed zijn dat je er geen hebt, dan geef je dat gewoon aan. Vaak is dat een uitdrukking van het feit dat het goedlopende behandeling betreft, waarbij niet lang hoeft te worden stilgestaan. In ▶ bijlage 6.2 zijn verder de verschillende aspecten vast te leggen.

Dit format helpt jezelf om nog eens alle facetten (en de veranderingen daarbinnen) goed in kaart te brengen. Het helpt je teamleden om redelijk snel zicht te krijgen op het verloop en de actuele situatie van het behandelproces. Op basis hiervan kan worden meegedacht over eventuele alternatieve probleemdefinities en behandelopties, te bespreken met de hulpvrager. Op deze manier gebruik je het format om vooral stil te staan bij de ontwikkeling van de hulpvrager. Je kunt het format ook voor jezelf gebruiken waarbij je jezelf tot onderwerp maakt. Dan wordt het een format voor zelfreflectie. Als het veilig genoeg is in je team (en er voldoende tijd voor is) kun je je eigen versie ook inbrengen. Een intervisiemoment leent zich hier ook goed voor.

6.3 Evaluatie door hulpvragers

Net zoals wij onze hulpvragers beoordelen en evalueren, doen zij dat ook met ons als behandelaren. Zeker als zij al een wat langere hulpverleningsgeschiedenis hebben, delen ze behandelaren in verschillende categorieën in. Zij herkennen snel wie een probleemoplosser is, wie zich als coach opstelt, wie een voorschrijver is of wie een meer filosofische houding aanneemt. Zij weten ook al vaak bij wie (los van andere persoonlijke eigenschappen) zij zich het meest 'thuis voelen'.

Door hier gericht naar te vragen – 'Verloopt de samenwerkingsrelatie naar wens?' – kan worden nagegaan in hoeverre er sprake is van helpende of hinderende aspecten in relationeel opzicht. Als behandelaar heb je hierbij de taak je enigermate kwetsbaar op te stellen, je bereid te tonen dat er opmerkingen over je houding komen die niet altijd prettig zijn. Je gaat er immers van uit dat jouw therapeutische houding 'de goede' is. Het helpt als je beseft dat je houding niet 'goed' of 'fout' is, maar mogelijk net niet passend is bij deze hulpvrager. Het gaat om de juiste afstemming, die afstemming die het meeste perspectief biedt op een werkzame samenwerking.

Dit onderwerp kan ter sprake worden gebracht in een regulier evaluatiegesprek, het kan ook thema zijn in het behandelproces zelf. Bekend is onder meer de *Session Rating Scale* (SRS; Duncan et al. 2003), waarop de hulpvrager kan aangeven hoe hij in het voorgaande gesprek de band met de behandelaar heeft ervaren, de kwaliteit van het behandelcontact, de aanpak en werkwijze van de behandelaar, en hoe deze doelen en onderwerpen heeft behandeld. In dit kader kan ook de *Outcome Rating Scale* (ORS; Miller et al. 2003) worden genoemd, waarin de hulpvrager in iedere sessie het verloop van het behandeleffect aangeeft. Van beide lijsten zijn Nederlandse versies beschikbaar. Tevens zijn vele *Routine Outcome Measurement* (ROM-)lijsten beschikbaar. In het kader van dit boek zullen we deze niet bespreken. Voor de implicaties van het gebruik van deze maten verwijzen we naar het artikel van Hafkenscheid en Van Os (2014). Zij plaatsen kritische opmerkingen bij het gebruik van deze lijsten buiten de therapeutische context.

Als een regulier evaluatiegesprek nadert, zoals vastgelegd in het behandelplan, vraagt de behandelaar aan de hulpvrager om als voorbereiding stil te staan bij de eerder in dit hoofdstuk genoemde vijf vragen en deze aan te vullen met eigen vragen en aandachtspunten. Deze worden in het begin van het evaluatiegesprek als 'agendapunten' ter bespreking vastgesteld. Helpend bij het beantwoorden van de vragen kan het door ons ontwikkelde 'Evaluatieformulier in dialoog' (▶ bijlage 6.3) dienstdoen. In deze lijst zijn alle aspecten van het Dialoogmodel opgenomen. De vragen hebben zowel betrekking op de samenwerkingsrelatie als op de vorderingen in de behandeling. Daarnaast zijn er vragen omtrent hoop, verwachtingen en perspectief.

Tot zover de overdenkingen die hulpvragers en de behandelaren voorafgaand aan een evaluatiegesprek kunnen maken. Hierna bespreken we hoe deze overdenkingen leiden tot verdere gedeelde besluitvorming.

6.4 Gedeelde besluitvorming tijdens evaluaties

We willen benadrukken dat we in dit hoofdstuk die evaluatiemomenten beschrijven die mede het behandelproces zélf tot onderwerp hebben, niet louter het resultaat van de behandeling. De aandacht richt zich dan onder meer op vragen over de relatie tussen de behandelingsdoelen en de aanpak daarvan, over de behandelcontext en over de samenwerkingsrelatie. Dit gaat verder, betreft meer het metaniveau, dan vragen rond de werkzaamheid van de lopende behandeling. De vraag 'Welke verbeteringen zijn inmiddels opgetreden?' is uiteindelijk de belangrijkste, maar is tijdens het behandelproces niet de meest doorslaggevende. In de tussentijdse evaluatie staat voorop om samen na te gaan of de weg naar dat uiteindelijke doel de goede is of aanpassing vraagt. Tussentijdse verbetering, vastgesteld via scores, zijn onvoldoende maatgevend als niet bekend is welke betekenis deze verbetering heeft. Dat betekenisverlening ertoe doet, is te begrijpen uit de volgende uitspraken van twee verschillende hulpvragers:

» H1: Inderdaad ben ik op meerdere vlakken goed vooruitgegaan. Zo gaat het altijd bij mij: dan heb ik slechtere periodes, dan betere.

Als een hulpvrager op een dergelijke manier tegen positieve veranderingen aankijkt, klinkt door dat hij zich niet als werkelijke probleemoplosser ziet, dat hij vooruitgang niet koppelt aan gedane arbeid, maar het eerder blijft zien als een soort lotsbestending. Als daarentegen een hulpvrager géén verbetering rapporteert, maar het volgende verzucht, is er meer perspectief op een verder gunstig verlopend behandelproces:

» H2: Echte verbetering kan ik niet melden. Ik heb het de afgelopen weken zelfs moeilijker gehad. Toch ben ik ervan overtuigd dat we op de goede weg zijn. Dit is wat ik nodig heb.

Deze hulpvrager legt verband tussen de gezamenlijk gedane inspanningen en een te verwachten gunstig effect. Hij beseft dat het geen gemakkelijke weg is, een weg die mogelijk via hobbels gaat, maar wel moet worden gegaan.

Juist omdat het behandelproces zelf ook onderwerp van evaluatie is, bepleiten wij een cyclische planning met vooraf vastgestelde tijdsintervallen. In het behandelplan komt dan te staan: eerste evaluatiegesprek over twaalf (of een ander aantal) weken. Dus niet gekoppeld aan een aantal behandelsessies. Door een tijdsspanne af te spreken kan worden nagegaan of de gemaakte afspraken in het behandelplan al of niet, of slechts gedeeltelijk zijn nagekomen. Als bijvoorbeeld is afgesproken dat de behandeling vier weken na het adviesgesprek kan starten en dan in wekelijkse sessies zal plaatsvinden, zal dat een punt van evaluatie zijn. Is de behandeling op tijd kunnen starten? Lukt het de behandelaar en de hulpvrager om iedere week een sessie af te spreken of 'komt er steeds iets tussen'? Als dit laatste het geval is, komt dit door overmacht of speelt iets anders? Als het aan factoren bij de behandelaar ligt (enkele keren ziek geweest): is dit nadelig voor het behandelproces of hanteerbaar? Moet naar alternatieven worden uitgekeken?

Om deze vragen te kunnen bespreken is het belangrijk dat vanaf het begin een regiebehandelaar als contactpersoon voor de hulpvrager beschikbaar is. Een persoon die overzicht heeft over het hele proces en binnen een multidisciplinair team de verbindende factor is tussen eventueel meerdere deelbehandelaren. Voordat hij het gesprek met de hulpvrager (en eventuele naasten) aangaat, vraagt de regiebehandelaar zijn bij deze behandeling betrokken collega's om het format MDO-voorbereiding in te vullen en aan hem te geven om het tijdens het gesprek gepast te kunnen inbrengen. Vaak kan het ook gewoon de individuele behandelaar zijn als het een afgebakende solistische behandeling betreft. Belangrijk is dat deze behandelaar in een overdrachtsgesprek met de intaker deze taak dan expliciet op zich neemt.

De start van een evaluatiegesprek kan als volgt worden verwoord:

> B: Toen we het behandelplan opstelden, hebben we afgesproken vandaag bij elkaar te komen om te kijken hoe een en ander loopt. Het is goed als we het behandelplan er weer bij pakken en dat we dat doorlopen aan de hand van de vragen die je de vorige keer ter overdenking hebt meegekregen. Heb je erbij kunnen stilstaan? Heeft het formulier je daarbij geholpen? (H: …) Zelf ben ik ook het een en ander nagegaan en heb mij ook verdiept in de vragen over onze samenwerking, hoe het praktisch loopt en of we van de goede conclusies zijn uitgegaan. Mogelijk moeten we vandaag een en ander bijstellen. Ik ga ervan uit dat we op het eind van het gesprek tot een gezamenlijk besluit komen over de verdere voortgang. We continueren het behandelplan of passen het mogelijk aan.

Los van het verloop van het gesprek en de conclusies daaruit, kan de behandelaar als afsluitende zin gebruiken:

> B: We hebben vandaag goed stil kunnen staan bij de vraag hoe een en ander verloopt. Zoals je weet, werk ik hier in een team van meerdere behandelaren en het is goed om onze conclusies even te toetsen aan de opvattingen van mijn collega's. We hebben daartoe ook een verplichting in het kader van goed hulpverlenerschap. Soms komt het voor dat een collega door zijn bril gezien iets zegt waarvan ik denk: 'goh, daar hebben we helemaal niet bij stilgestaan, dat kan best belangrijk zijn.' Mogelijk krijg ik inspiratie om die zaken waar wij vandaag niet zo goed zijn uitgekomen op een andere manier te benaderen. Volgende keer laat ik je uiteraard weten of er opmerkingen zijn geweest waarmee wij ons voordeel kunnen doen.

6.5 Praktijkvoorbeelden

Nu volgen twee voorbeelden. Bij het eerste ligt de focus op de evaluatie, zoals deze verloopt in een gesprek van de hulpvragers en de behandelaar, bij het tweede wordt tevens verslag gedaan van het gespreksverloop binnen een MDO.

6.5.1 De gepeste jongen

In hoofdstuk twee bespraken we de verwijzing van Maurice (A1 in ▶ par. 2.5.1). Deze luidde:

> A1: 'Graag uw behandeling van Maurice, 9 jaar oud. Hij wordt op school veel gepest, komt steeds vaker overstuur uit school. Moeder laat weten dat Maurice in de ochtend klaagt over buikpijn en dan niet naar school wil. Voor het slapen gaan huilt hij vaker, slaapt slechter. Geen somatische bijzonderheden gevonden. Beide ouders zijn betrokken en zorgzaam.'

Na een intakegesprek met beide ouders en Maurice is in het vervolggesprek via het Dialoogmodel een behandelplan opgesteld. Het intakegesprek is gedaan door een GZ-psycholoog in opleiding (i.o.) samen met een klinisch psycholoog. Beide intakers zetten zich in om een zo breed mogelijk beeld te vormen aan de hand van de aspecten van het Dialoogmodel, zoals zij in hun hoofd hebben. Hetgeen is ingevuld op het format 'Werkblad' (▶ kader 2.1) bij VRAGEN en FOCUSSEN OP is hierbij helpend, waarbij beide intakers hun eerste indrukken en gegevens delen om te komen tot een eerste voorstel voor het vervolg. In het volgend laatste kwartier worden deze indrukken voorgelegd en wordt gevraagd naar de eerste indrukken die het gezin heeft gekregen van de bejegening en de setting. Gezamenlijk wordt besloten dat geen vervolgonderzoek nodig is en dat in een volgend gesprek op korte termijn alle bevindingen gezamenlijk uitgebreid op een rij worden gezet om van daaruit te komen tot een behandelplan.

Voordat we het behandelplan presenteren, geven we eerst enkele paragrafen weer uit het intakeverslag.

Uit het verslaggedeelte van de GZ-psycholoog i.o.:

OMGEVING (gezin) 'Ouders hebben altijd sterk verlangd naar een groot gezin. Toen bleek dat moeder niet in verwachting raakte, is een traject gestart bij de afdeling gynaecologie om te onderzoeken of er lichamelijke bijzonderheden bij moeder en/of vader zijn die een zwangerschap bemoeilijken. Er bleken enige belemmerende factoren die konden worden verholpen. Moeder was daarna snel in verwachting, Maurice werd in goede gezondheid geboren. Daarna volgden twee miskramen, waarna het echtpaar afzag van verdere, eerder gehoopte gezinsuitbreiding. Maurice is daarmee een 'extra' belangrijk kind, zoals ze zelf aangeven. Moeder was 35 jaar bij de geboorte van Maurice. Zij heeft na een studie economie een geslaagde loopbaan opgebouwd en is nu verkoopleider van een groot internationaal concern. Zij maakt soms lange werkdagen, maar werkt in principe twee dagen in de week thuis. Het komt ook voor dat ze een week, soms langer, van huis is voor zakenreizen naar Amerika en Azië. De gezinsleden hebben dan dagelijks Skype-contact, als het even kan op vaste momenten. Maurice verheugt zich hier altijd op en het gaat over en weer meestal erg leuk. De ouders geven aan dat dit waardevolle momenten zijn die ze moeilijk kunnen afbreken, het is altijd zoeken naar een goed moment en een goede manier om af te sluiten voor zowel vader, moeder als Maurice. Een gemis aan elkaar wordt dan sterk gevoeld. Ieder van hen neemt dan een aarzelende houding aan. Vader, hij is even oud als moeder, heeft rechten gestudeerd en werkt op een advocatenbureau (bevalt goed) en heeft na de geboorte van Maurice kunnen regelen dat hij van de vier dagen werk er twee thuis kan verrichten. Hij is erg op Maurice betrokken, is geïnteresseerd en maakt grapjes.'

Een ander fragment:

INTERACTIECIRKEL 'Bij het bespreken van hoe ouders omgaan met Maurice als hij ontdaan met een pestverhaal uit school komt, lijkt het alsof beide ouders geraakt worden, wat verdrietig worden, niet goed weten hoe te reageren en dan een weifelende houding aannemen. Zij voelen sterk met hun zoon mee, laten hem dat weten, maar merken dat Maurice daarmee niet wordt gerustgesteld, of doet alsof dit wel het geval is.

Dit merken de ouders best wel, zo geven ze aan. Meestal zoekt moeder dan wat afleiding door iets leuks met hem te doen en dat doet hen beiden goed. Vader is zelden in de situatie als Maurice in zo'n toestand thuiskomt. Hij zou ook niet direct weten hoe te reageren, vindt het erg als zijn zoon lijdt. Hij is blij met de zorgzaamheid van zijn vrouw. Als Maurice in de ochtend meldt dat hij buikpijn heeft, ontfermt moeder zich over hem, schat in of er echt iets van een ziekte in het spel is, maar concludeert meestal dat dat niet zo is. Zij zet zich in om met lieve woorden Maurice toch naar school te laten gaan, brengt hem dan ook zelf, in de regel lukt haar dat. Beide ouders geven aan zich meestal onmachtig te voelen in het bieden van blijvend helpende reacties. Op mijn vraag of zij hierin ondersteuning wensen, beamen ze dit. Zij zien zich duidelijk als medeprobleemdragers die alles willen doen om te zorgen dat het met hun zoon beter gaat.'

In het verslagfragment van de klinisch psycholoog over zijn contact met Maurice is te lezen:

RELATIONELE STIJL 'In het gesprek samen met ouders oogt Maurice timide, wel oplettend waarbij hij vragen correct maar kort beantwoordt. In het gesprek met mij is hij spraakzamer en lijkt hij zich best op zijn gemak te voelen. Hij komt pienter over en praat opvallend verstandig voor zijn leeftijd en met overzicht over zijn situatie. Dat wat samen in het eerste deel van het gesprek is besproken, beaamt hij en hij voegt het volgende toe. Hij is graag op zichzelf, leest veel en schrijft vaak in een boekje verhaaltjes (over de inhoud laat hij niets los). Naar school gaan vindt hij vervelend en hij verveelt zich daar. De leerkracht vindt hij kinderachtig praten, net alsof ze kleuters in de klas zijn. De leerkracht heeft weinig aandacht voor hem. Met de andere kinderen heeft hij weinig contact. Er zijn er twee met wie hij weleens praat over lezen en pianospelen wat hij graag doet. Op de speelplaats doet hij niet mee met spelletjes met de anderen, hij loopt liever wat te dromen, zoals hij zelf zegt. Anderen duwen dan wel vaker wat tegen hem aan, maar daar reageert hij niet op. Of ze zeggen lelijke woorden tegen hem als 'wijsneus' of 'mama's kindje', maar ook 'stommeling'. Hij zegt dit volledig te negeren en te denken 'domkoppen' (dat zegt moeder ook altijd). Hij reageert expres niet omdat hij weet dat de anderen graag willen dat hij reageert, dan kunnen ze ermee doorgaan. Hij voelt zich erg alleen en niet enkel op school.'

Tijdens dit intakegesprek en het vervolggesprek lukt het om de eerste twee stappen in het proces van gedeelde besluitvorming te doorlopen: er is een gedeelde probleemdefinitie bepaald en een behandelplan opgesteld.

Dit plan houdt beknopt in: DOEL 1: Maurice gaat met plezier naar school, inzet ouders en leerkracht; DOEL 2: Maurice voelt zich minder alleen, inzet Maurice, ouders, school; DOEL 3: ouders voelen zich sterker in hun opvoedingstaken, inzet ouders en orthopedagoog. Bij de uitvoering van dit plan is de orthopedagoog als regiebehandelaar overeengekomen.

Binnen de termijn van het evaluatiegesprek (de afgesproken twaalf weken) hebben vier oudergesprekken plaatsgevonden. Op het eind van het laatste gesprek vraagt de orthopedagoog aan de ouders om ter voorbereiding stil te staan bij de vragen over de samenwerkingsrelatie, over het praktische verloop en over een mogelijke aanpassing van de uitgangspunten. Daarbij geeft hij het 'Evaluatieformulier in dialoog' (▶ bijlage 6.3) mee dat mogelijk helpend is bij de voorbereiding. Hij geeft aan dat hij zichzelf ook voorbereidt aan de hand van dezelfde vragen.

In het evaluatiegesprek blijkt al snel dat alle partijen (ook Maurice!) tevreden zijn over hoe zaken lopen. De ouders voelen zich gehoord en gezien, en merken dat Maurice daar ook positief op reageert. Het is gelukt alle afspraken na te komen, met gunstig resultaat. De ouders geven aan dat ze het 'Evaluatieformulier in dialoog' niet daadwerkelijk hebben ingevuld, omdat er niets op stond waarbij ze vraagtekens hebben. Na 15 minuten wordt besloten tot een vervolg van vier oudergesprekken bij de orthopedagoog, waarbij concrete thema's worden vastgesteld. Er wordt meteen een nieuwe evaluatiedatum vastgelegd, met de intentie dat dat het afsluitend gesprek zal zijn. Omdat ze tijdens dit gesprek zo snel tot overeenstemming zijn gekomen, gaan ze in de resterende tijd over tot een 'gewoon oudergesprek'. Maurice gaat wat spelen (en volgt alles goed).

Na afloop vult de orthopedagoog het MDO-formulier als volgt in (▶ kader 6.1), zodat de casus besproken kan worden in het reeds geplande MDO-overleg. Aan het vastleggen van een evaluatiegesprek is administratief meteen een MDO-bespreking de week daaropvolgend geregeld. Maurice wordt ingepland bij de reguliere besprekingen.

Kader 6.1

Format MDO-voorbereiding

Naam/datum: …
Start behandeling: …
Nr. evaluatie: …

VRAGEN aan MDO: geen
Vorig Behandelplan

– DOEL 1: Maurice gaat met plezier naar school.
Afspraak: ouders bespreken komende maand met de leerkracht het overeengekomen behandelplan en gaan na in hoeverre de leerkracht kan bijdragen aan een meer positieve beleving van Maurice op school: meer gerichte aandacht, mogelijk met verrijkingsopdrachten. Samen een plan maken over hoe om te gaan met pestgedrag (van anderen en zijn reacties daarop). Ouders besluiten dit zelf, zonder ondersteuning van ons te willen regelen.

– DOEL 2: Maurice voelt zich minder alleen.
Afspraak: (1) hij gaat binnen 14 dagen samen met moeder naar de bibliotheek om hem aan te melden bij het leesclubje daar. (2) Ouders nemen binnen 14 dagen contact op met de muziekschool om de mogelijkheden van 'klassikaal' muziekonderwijs (samen muziek maken), afgestemd op de mogelijkheden en belangstelling van Maurice na te gaan. De huidige individuele pianolessen thuis blijven doorgaan. (3) Op school geeft de leerkracht meer samenwerkingsopdrachten met kinderen van wie ze inschat dat die aansluiten bij het interessegebied van Maurice.

– DOEL 3: Ouders voelen zich sterker in hun opvoedingstaken.

Afspraak: Ouders volgen een ouderbegeleiding bij de orthopedagoog, eens in de 14 dagen een gesprek, in eerste instantie een zestal gesprekken. Een geschikte oudergroep is niet voorhanden. M.n. aandacht voor aanleren hanteren eigen onmacht (en schuld?)gevoelens. *GEDRAG (en GEDRAGSINTERACTIECIRKEL)*

Waar lopen we in vast?:

Voelt zich niet thuis op school, geen klik met leerkracht en andere kinderen, voelt zich gepest.

Zoekt/vindt geen aansluiting met andere kinderen. Zij doen ook weinig toenadering tot Maurice.

Wat krijgen we goed genoeg geregeld?:

De behandeling verloopt voorspoedig.

Ouders zetten zich goed in, komen alle afspraken goed na. Maurice gaat op een positieve manier in op de acties van zijn ouders.

Kan goed leren

PERSOON	*helpend*	*hinderend*
Relationele stijl	Maurice is vriendelijk en oplettend	Erg op zichzelf, begint te veranderen
		Ziet zich wat verheven, ziet zich tekortgedaan
Emoties	Heeft plezier aan lezen en muziek	Vaker bedrukt, boosheid, uit ze niet gemakkelijk
Gedachten - leervermogen	Slimme jongen, intellectueel gericht en geïnteresseerd	'Andere kinderen vinden mij niet leuk'
evenwicht - eenheid	Heel wat in zijn mars	Alles zelf vooral verstandelijk willen oplossen
Lichaam	gezond	Bij onbehagen presenteert hij lichamelijke klachten
OMGEVING	*helpend*	*hinderend*
Gezin	Betrokken klaarstaand	Onmachtsgevoelens, bedrukt, faalangstig
		Ouders erg gericht op welzijn van hun enig kind, willen het 'te goed' doen
School/werk/ dagelijkse bezigheden	leerkracht zet zich in, meer uitdagende opdrachten	Geen vriendjes/vriendinnetjes op school
Vrije tijd -social media	Individuele bezigheden of samen met moeder	Geen vriendjes/vriendinnetjes thuis
Hulpverlening	Prettig werken met deze ouders en Maurice	

Life events	g.b. Ouders hebben miskramen verwerkt
Nieuw behandelplan	Afspraken: Doel 1: afgehandeld met gunstig resultaat: leerkracht is hier actief mee bezig
	Doel 2: afgehandeld: Maurice ziet er naar uit om met leeftijdsgenoten muziek te maken
	Doel 3: voortzetting oudergesprekken, nog 4 gesprekken met concretiseren van opvoedkundig handelen

Tot zover dit formulier dat de MDO-leden als voorbereiding van het overleg krijgen toegestuurd. Beide intakers zijn aanwezig bij dit overleg en toetsen het verloop van de ingezette behandeling aan hun bevindingen en zijn op deze manier in staat om eventueel gerichte vragen te stellen en te wijzen op mogelijke aandachtsgebieden. De bespreking wordt binnen de 10 minuten die ervoor is gereserveerd zonder opmerkingen of aanbevelingen afgerond.

6.5.2 De wantrouwende vrouw

Het behandelproces met de eerder als wantrouwend gedefinieerde vrouw komt niet echt op gang. Een werkrelatie is enigszins tot stand gekomen (de psychiater is tweemaal mee geweest op huisbezoek) en op het eind van dit tweede gesprek is een aanzet gedaan tot het bereiken van een gedeelde probleemdefinitie. De stand van zaken – en vooral de vraag hoe verder – wil hij delen met zijn teamleden. Hij plaatst haar op de agenda van de volgende MDO-vergadering bij acute zaken (daarvoor staan 20 minuten gereserveerd). Het betreft hier dus een evaluatie binnen een multidisciplinair team bij de aanvang van een behandeltraject, nog voordat een behandelplan tot stand is gekomen.

Als geheugensteun eerst een herhaling van een deel van de aanmelding (A3 in ▶par. 2.5.3):

> A3: 'Mevrouw is een gewezen directrice, alleenwonend. Tot voor kort ging ze nog regelmatig kaarten in het wijkcentrum, waar men haar graag mocht en waar ze klaar stond voor anderen. Nu komt ze haar huis bijna niet meer uit (alleen voor het halen van wat boodschappen). Bezoek houdt ze af. Ze belt haar dochter elke dag en vaak meerdere keren, ook midden in de nacht. Ze beschuldigt de overbuurman ervan dat hij haar bespioneert met een verrekijker. Hij is op haar geld uit, is haar vermoeden, want hij komt regelmatig langs en biedt dan aan de boodschappen voor haar te doen. Ze vertrouwt hem niet.'

Samengevat verliepen de twee gesprekken waarbij de psychiater aanwezig was als volgt. De vrouw ging akkoord met het voorstel van de POH om ter ondersteuning van hemzelf iemand mee te nemen van de GGZ. De vrouw ontving beiden welwillend en nam de rol van gastvrouw aan met het aanbieden van iets te drinken met iets lekkers erbij. De POH bleek voor mevrouw een belangrijk persoon te zijn. Zij liet blijken dat hij een goed oog en oor had voor wat er allemaal bij haar speelde, hij toonde belangstelling en toonde respect, zo gaf ze aan, maar kon niets voor haar doen, anders dan een luisterend oor bieden. Gelukkig maar, zo geeft ze aan, want haar dochter leende zich daar steeds minder voor, die kwam te vaak met tegenwerpingen en goedbedoelde maar geen soelaas biedende adviezen. Telefoontjes verliepen steeds teleurstellend, daarom probeerde zij later op de dag nog eens opnieuw in de hoop op goed overleg, maar steeds hield ze er een 'kater' aan over.

Zolang de psychiater eveneens een luisterend oor bood, vertelde de vrouw goed formulerend en ronduit. Op momenten dat hij op iets inging, vooral als hij iets doorvroeg naar iets waar ze beslist niet over wilde spreken, reageerde ze kortaf en kribbig. Zij liet enkele keren goed horen dat zij niemand toestond commentaar te leveren op hoe zij haar leven inrichtte. Iedereen moest juist blij zijn dat zij een 'moderne oudere' is, die zo lang mogelijk zelfstandig wil blijven wonen (zij houdt de nieuwsberichten goed bij, leest iedere dag de krant). Zij is gewend als 'zelfstandige' te leven, ze heeft niet voor niets het familiebedrijf (de kleine drukkerij van haar ouders) succesvol kunnen runnen. Suggesties dat zij mogelijk daartoe minder in staat zou zijn, irriteren haar.

Dit laatste bleek zeer sterk tijdens het tweede gesprek waarbij ook haar dochter aanwezig kon zijn. De dochter gaf aan dat er duidelijk zorgelijke verschuivingen zijn in het gedrag van moeder, welke zij ontkende. Dochter bracht daarbij haar zorgen naar voren over een mogelijke achteruitgang in de komende periode. Ze bepleitte bij moeder dat het juist goed is nu daarover na te denken en bijvoorbeeld nu al te kiezen voor een meer aangepaste woning, voordat het 'te laat' is en geen keuze meer mogelijk is. Moeder wil hier niets van weten, gaat niet op de zorgen en goede bedoelingen van de dochter in en uit zich verwijtend naar haar toe. Dochter laat dit niet over haar kant gaan en gaat daar best heftig tegen in met verhalen over vroeger die vooral worden gekleurd door ervaringen met een bazige moeder die altijd al haar zin doordreef en oplegde. Soms dreigde een escalatie in het gesprek in beschuldigingen over en weer, die ze toch zelf konden inperken, schijnbaar vanuit het besef dat ze elkaar dierbaar zijn en elkaar niet willen verliezen. Moeder wenste meer bescherming tegen de opdringende man en dochter wenste haar moeder in bredere zin bescherming toe.

Zij konden ook beamen dat de manier waarop ze de laatste tijd met elkaar omgaan, juist niet als beschermend wordt ervaren, eerder als afwijzend en elkaar in de steek laten. Zeker ook in het besef dat haar man, haar vader een aantal jaren eerder is overleden en dat de zoon/broer zijn eigen leven leidt en geen verbinding zoekt. In feite hebben ze alleen elkaar nog.

Vanwege de grote afstand heeft de vrouw slechts een beperkte invulling aan haar oma-rol kunnen geven. Haar kleinkinderen voelen zich weinig met haar verbonden. De vrouw beseft goed dat ze veel beroep op haar dochter doet met haar vele telefoontjes, maar wie moet ze anders bellen, zo stelt ze. Ze heeft een keer toen ze niet kon slapen haar dochter gebeld. Het duiden van mogelijk achterliggende emoties als onmacht en angst wijst ze van de hand. Wel lijkt er een kleine opening te zijn als de psychiater voorstelt dat ze een vaste tijd afspreken om elkaar te bellen. Hier staan beiden niet afwijzend tegenover.

Terloops in het gesprek vroeg de dochter aan moeder hoe het met twee goede bekenden van haar ging, waarom ze geen contact met hen opnam. Toen bleek dat een van beiden plotseling was overleden en de ander naar een verpleegkliniek in een andere stad was verhuisd, dicht bij zijn zoon. Voor de POH gaf dat enige 'opluchting'. Het was hem tot dan niet gelukt om te achterhalen wat de vrouw weerhield om naar het wijkcentrum te gaan: waarschijnlijk was het wegvallen van haar kaartpartners een achterliggende reden. Mevrouw had hierover tot dat moment niets gezegd. Op vragen naar het waarom ze niet meer naar het wijkcentrum ging, zweeg ze meestal of gaf aan dit geen interessante vragen te vinden.

De psychiater neemt op het eind van het gesprek afscheid met uitspraken als:

» B: Dank voor de gastvrijheid en de toestemming dat ik met de POH mocht meekomen om met hem mee te denken over wat wijs is in uw situatie. Ik heb u mogen leren kennen als een strijdende vrouw, die goed weet wat ze wil, zich daarbij, als ik zo mag zeggen, vaker toch ook verongelijkt voelt en hoopt dat ze beschermd wordt tegen kwalijke invloeden van buitenaf. U komt op mij wat bedrukt over en eenzamer als voorheen. U heeft vertrouwen in de POH en volgens mij toch ook in uw dochter, anders deed u niet zo veel beroep op haar. Ik heb uw dochter leren kennen als een betrokken iemand, die mogelijk even strijdbaar is als u, die zich ook niet vlug wat laat zeggen en hoopt dat u haar zorgen hoort en daar rekening mee houdt. In de huidige situatie dreigt u elkaar wat kwijt te raken, dat zou jammer zijn. Vindt u het goed dat ik samen met de POH nadenk over wat hij (en mogelijk ik) nog verder kan bieden dan een luisterend oor? Ik wil ook eens met mijn collega's in mijn team Ouderenzorg bespreken of zij ideeën hebben over wat wijs is. Er zitten mensen in het team die al vele jaren meer ervaring dan ik hebben met situaties als deze.

De vrouw hoort het verhaal van de psychiater welwillend aan zonder instemming met of afwijzing van deze visie op haar huidige leefsituatie te tonen. Met een handdruk wordt het gesprek beëindigd.

Na het maken van het gebruikelijke intakeverslag in het beschikbare format in het Elektronisch Patiënten Dossier (EPD) vult de psychiater tevens het formulier in ter voorbereiding van het MDO op korte termijn (▶ kader 6.2). De vier collega's binnen het multidisciplinaire team die de vaste leden van het MDO vormen, krijgen dit formulier vooraf aangeleverd.

Kader 6.2

Format MDO-voorbereiding

Personalia: …

Datum intake: …

Evaluatie nr: 1

VRAGEN aan MDO

Kan/moet ik meer doen, dan waar ik bij ben uitgekomen?

Vorig Behandelplan

Er is nog geen behandelplan samen vastgesteld, er lijkt overeenstemming over het voeren van enkele moeder-dochtergesprekken met als thema afstemmen van elkaars behoeften en mogelijkheden.

GEDRAG (en GEDRAGSINTERACTIECIRKEL)

Waar lopen we in vast?

Er is geen voldoende gedeelde visie. In mijn ogen en die van de verwijzer is bij mevrouw sprake van achteruitgang/belemmeringen in haar capaciteiten en zie ik haar als probleemdrager. Zelf ziet zij zich niet als probleemdrager in dezen, heeft hieromtrent geen hulpvraag. Ze wil alleen dat er iets gedaan wordt aan een vervelende buurman.

Dochter ziet zichzelf en haar moeder als probleemdrager, en zichzelf tekortschieten als probleemoplosser.

Wat krijgen we goed genoeg geregeld?

Huishoudelijke zaken en voeding lukken (nog?) goed.

Mevrouw accepteert mij (en vooral ook de POH) als gesprekspartner, echter uitsluitend vanuit haar 'bovenpositie'. Ze accepteert dat ik meedenk. Zowel zij als haar dochter willen een betekenisvolle rol voor elkaar vervullen en staan toe dat wij hierin gesprekspartner zijn.

PERSOON	helpend	hinderend
Relationele stijl	daadkrachtig	bepalend
Emoties	Bozigheid lijkt haar energie te geven	Verdriet en rouw lijken weinig toegelaten te worden. Plezier/genieten is duidelijk verminderd.
		Vaker bedrukte stemming, ook meer geagiteerd.
Gedachten - leervermogen	Heldere geest, houdt de actualiteit goed bij	Veel achterdochtige en verongelijkte gedachten. Er lijkt sprake van achteruitgang in geheugenfuncties. Niet denken over toekomst.
evenwicht - eenheid	Doet groot beroep op dochter; als signaal te zien dat ze het niet goed meer alleen kan redden	Ontbreken zelfreflectie, beginnende psychose, cognitieve achteruitgang?

Lichaam	Gezond, geen specifieke aandoeningen	Hypothese: beginnende dementie?
		Zelfzorg wat minder
OMGEVING	*helpend*	*hinderend*
Gezin	Nog contact met haar dochter die op afstand woont. Deze is betrokken op moeder, maar kan weinig met het beroep dat moeder op haar doet.	Een kennis overleden, een andere verhuisd, buurtcentrum geen prettige plek meer
		Buurman die wil helpen (?), wordt ervaren als onbetrouwbaar
	Dochter die bezorgd is, wil helpen (maar dit niet kan/mag)	Man overleden, zoon heeft contact verbroken
School/werk/ dagelijksebezigheden	Leest de krant en kijkt TV, houdt haar woning op orde	
Vrije tijd -social media		Tot voor kort aansluiting bij activiteiten in het wijkcentrum, nu niet meer.
Hulpverlening	POH lijkt redelijk oké voor haar	
Life events		Ziet en voelt zich belaagd door een buurman (?). Er is geen ondersteuning door derden over het werkelijkheidsgehalte van haar ervaringen.
Nieuw behandelplan	Nog geen basis voor.	

In het MDO licht de psychiater het formulier kort toe met nog enkele mogelijk relevante gegevens, waaronder het feit dat de POH vreesde voor een nogal acuut ontwikkelend psychotisch beeld. Deze vrees is gebaseerd op het zich nogal plots terugtrekken van de vrouw, de achterdochtige uitspraken en het grote appel van de vrouw op haar dochter, kenmerken die voorheen voor deze ondernemende vrouw onbekend waren. Het zorgelijke voor de POH is vooral gekoppeld aan de ontoegankelijkheid van de vrouw.

De verschillende collega's (C's) brengen tijdens het MDO de volgende opmerkingen en vragen in:

» C1: Ik mis nadere gegevens over de buurman: bestaat die echt? Zijn er zaken gebeurd die deze vrouw op een bepaalde manier interpreteert of is het een geheel ingebeeld verhaal?

» C2: Op basis van wat je nu weet, denk je zelf ook aan een psychotische ontwikkeling? Uit je verhaal hoor ik geen aanwijzingen voor een gevaarscriterium, dan lijkt me dat je niet veel kunt.

> C3: Mij lijkt dat deze vrouw niet onder ogen wil zien dat ze ouder wordt en haar ogen sluit voor het feit dat ze anderen nodig heeft, dat ze mogelijk wat hulpbehoevend wordt. Blijkbaar nogal krenkend voor deze bazige vrouw.

> C4: Je ideeën over een vervolgtraject rond moeder en dochter klinken reëel en sympathiek. Kan de POH dat oppakken, heeft deze daar de vaardigheden en kennis voor? Is hij überhaupt in de positie om dit op te pakken binnen de huisartsenpraktijk? Of een van de medewerkers van het wijkteam? Het lijkt mij lastig om alweer een nieuwe behandelaar vanuit ons team te introduceren voor deze taak. Kun jij (hij richt zich tot C3, de sociaal psychiatrisch verpleegkundige (SPV) met systeemopleiding) in het team hier iets mee?

> C2: Het is niet gemakkelijk om alvast een classificatie binnen DSM-5 vast te stellen. Ik hoor er eigenlijk onvoldoende criteria voor. Als wij er verder mee gaan, dan zullen we een voorlopige classificatie moeten stellen, maar om haar al paranoïde te noemen op basis van de huidige gegevens gaat nogal ver, en zal haar van ons doen vervreemden op het moment dat dit op tafel komt. Zeker als zou blijken dat er echt een 'lastigvallende' buurman bestaat. Dus is er wel een basis voor financiering voor zorg vanuit ons team? We kunnen een voorlopige diagnose stellen, zoals milde neurocognitieve stoornis, als basis voor procesdiagnostiek door ons. In ieder geval kan onze interventie preventief werken, maar ook daar worden we niet meer voor betaald.

Na wat verdere uitwisselingen besluit de intaker dat het belangrijk is om de vrouw te ondersteunen bij het weer meer bevredigend inrichten van haar leven. Het feit dat ze zoveel beroep op haar dochter doet, moet voldoende zijn om haar te laten erkennen dat zaken niet meer lopen zoals ze gewend is. De thema's 'veiligheid', 'buurman' en mogelijk 'rouw' (over verlies van anderen en van eigen capaciteiten) dienen nadrukkelijk op de agenda te staan. Dat sluit aan bij haar eigen beleving, zij het niet direct bij de hypothese van een neurocognitieve achteruitgang. Het voorstel voor enkele moederdochtergesprekken is dan ook een goede zaak, naast het goed afstemmen van elkaars behoeften en mogelijkheden. Als dat lukt, dan samen met de POH, de vrouw en de dochter nagaan wie dit het beste kan oppakken. Een gezamenlijk evaluatiegesprek na drie maanden is aangewezen, ongeacht het gegeven of er gesprekken tot stand zijn gekomen en wie ze heeft gevoerd.

In het daaropvolgend gesprek met de vrouw en haar dochter legt de psychiater zijn overwegingen en voorstel voor. De vrouw en dochter stemmen in en vragen aan de POH of hij de vervolggesprekken wil voeren, in eerste instantie een tweetal. Helpend was dat de vrouw de 'diagnostische veronderstelling' van stemmingsproblemen en vereenzaming in een verhardende wereld kon accepteren en dat zij een betere relatie met haar dochter wenst. Een behandelplan kan op deze basis worden vastgesteld. Het plaatje van het Dialoogmodel is hierbij niet gebruikt. De inschatting was dat nog te veel open zou blijven, nog niet benoemd zou mogen worden. Als de gesprekken goed verlopen, dan kan het plaatje worden ingezet om tot een gedeeld verhaal te komen als mogelijke basis voor verdere besluitvorming.

Helpende aspecten bij het evalueren van de samenwerking en de resultaten

Het gezamenlijk evalueren van het beloop en de resultaten van een behandeling is een belangrijke stap in het proces van gedeelde besluitvorming. De volgende aspecten zijn hierbij van belang:
- Spreek meteen bij de start van een behandeling al de datum van een evaluatiegesprek af.
- Deze datum staat los van het al of niet op gang komen van de behandeling: als de behandeling niet goed op gang komt, is evaluatie juist dringend nodig.
- Leg zowel nadruk op evaluatie van de werkrelatie als van de vorderingen in het behalen van de behandeldoelen.
- Durf je eigen rol en de invulling daarvan bespreekbaar te stellen.
- Gebruik het team waarin je werkt als klankbord voor de gedeelde besluitvorming die je met de hulpvrager tot stand brengt.
- Breng de aanbevelingen van het team als helpende aspecten voor jezelf in bij het bespreken met de hulpvrager. Het helpt jou om de dialoog met deze voort te zetten.

Na deze tussenliggende evaluaties volgt op het eind van de behandeling de eindevaluatie met afronding. Hierover gaat het volgende hoofdstuk.

Literatuur

Baars, J. & Meekeren, E. van (Red.). (2013). *Een psychische stoornis heb je niet alleen. Praten met families en naastbetrokkenen.* Amsterdam: Boom.

Duncan, B. L., Miller, S. D., Sparks, J. A., Claud, D. A., Reynolds, L. R., Brown, J., et al. (2003). The Session rating scale: Psychometric properties of a 'working' alliance measure. *Journal of Brief Therapy, 3,* 3–12.

Hafkenscheid, A. (2014). *De therapeutische relatie.* Utrecht: De Tijdstroom.

Hafkenscheid, A., & Os, J. van (2014). Naar een deugdelijke ROM. *MGv, 69,* 20–28.

Miller, S. D., Duncan, B. L., Brown, J., Sparks, J. A., & Claud, D. (2003). The outcome rating scale: A preliminary study of the reliability, validity and feasibility of a brief visual analogue measure. *Journal of Brief Therapy, 2,* 91–100.

Bijlagen

Bijlage 6.1 Werkformulier 'duale intake' (inhoud en proces)

Naam: …
Datum: …

- Gezamenlijk vooroverleg aan de hand van werkblad 'Dialoogmodel' (▶bijlage 2.4)

Hebben we hiermee al een indruk over waarin hulpvrager en omgeving *vastlopen*?	*Hulpvrager* *Naasten* *Anderen*	
Is al duidelijk wat onze bemoeienis voor hen moet *opleveren*?	*Hulpvrager* *Naasten* *Anderen* *Verwijzer*	
Is al duidelijk in *welke rol* wij het best bij hen aansluiten?		
Zijn al *diagnostische hypotheses* te formuleren?		
Zien we potentieel *helpende factoren*?		
Welke *rolverdeling* kiezen we en hoe geven we dat vorm bij deze mensen?	*Intaker*	*BIG-specialist*
Op *welke thema's* zal ieder van ons zich vooral richten?		

Bijlagen

- **Tussenoverleg aan de hand van de gesprekken**

Hebben we hiermee voldoende indruk over waarin hulpvrager en omgeving *vastlopen*?	*Hulpvrager* *Naasten* *Anderen*	
Is nu duidelijk wat onze bemoeienis voor hen moet *opleveren*?	*Hulpvrager* *Naasten* *Anderen*	
Is nu duidelijk in *welke rol* wij het best bij hen aansluiten?		
Zijn al *diagnostische hypotheses* te formuleren?		
Voorzien we *complicerende factoren*? (met name wat betreft samenwerking)		
Zien we potentieel *helpende factoren*?		
Hebben we voor *nu nog vragen*?	*Intaker*	*BIG-specialist*
Tot welke *samenvatting* komen we?		
Welke *richting* voor het *vervolg* leggen we hen voor?		

- **Afsluitend overleg**

Heeft de afsluiting nog *nieuwe gezichtspunten* opgeleverd?	
Reactie hulpvrager, naasten en anderen	*Hulpvrager* *Naasten* *Anderen*
Verdere *afspraken*	

Bijlage 6.2 MDO-voorbereiding

Naam:
Start behandeling:
Evaluatienummer:

VRAGEN aan MDO		
Vorig Behandelplan		
GEDRAG (en GEDRAGSINTERACTIECIRKEL)		
Waar lopen we in vast?		
Wat krijgen we goed genoeg geregeld?		
PERSOON	*helpend*	*hinderend*
Relationele stijl		
Emoties		
Gedachten - leervermogen		
evenwicht - eenheid		
Lichaam		
OMGEVING	*helpend*	*hinderend*
Gezin		
School/werk/ dagelijkse bezigheden		
Vrije tijd - social media		
Hulpverlening		
Life events		
Nieuw behandelplan		

Bijlage 6.3 Evaluatieformulier in dialoog (versie hulpvrager)

 EVALUATIEFORMULIER IN DIALOOG

Naam: Datum: Evaluatie:

Toelichting: U/jij krijgt een aantal stellingen voorgelegd zodat u/je even stil kunt staan bij hoe de behandeling tot nu toe loopt.
Op iedere stelling zijn 3 antwoorden mogelijk.
- Oneens (betekent 'dit is niet het geval')
- Neutraal (kan betekenen 'soms wel, soms niet')
- Eens (betekent 'dit is juist')

Kies de antwoordmogelijkheid die het best aansluit bij uw/jouw ervaring op dit moment. Aan de hand van wat is ingevuld, bespreken we samen wat dit betekent voor dit moment en wat dit betekent voor het vervolg.

#	Stelling			
1	Ik ben tevreden over de geboden zorg	eens	neutraal	oneens
2	Wij hebben de afgelopen periode goed aan onze behandelingsdoelen gewerkt	eens	neutraal	oneens
3	Ik voel mij goed gewaardeerd, gezien en gehoord	eens	neutraal	oneens
4	De samenwerking met mijn behandelaar, behandelaren ervaar ik als goed	eens	neutraal	oneens
5	Ik kan voldoende mee beslissen over de zorg	eens	neutraal	oneens
6	Het lukt mij goed om mij actief in te zetten voor de gewenste veranderingen	eens	neutraal	oneens
7	Ik heb veel hoop en vertrouwen dat wij toewerken naar de gewenste veranderingen	eens	neutraal	oneens
8	Over hoe het tussen mij en anderen gaat, ben ik tevreden	eens	neutraal	oneens
9	In emotioneel opzicht gaat het goed genoeg met mij	eens	neutraal	oneens
10	Over mijn manier van denken ben ik tevreden	eens	neutraal	oneens
11	Over mijn lichamelijke gezondheid ben ik tevreden	eens	neutraal	oneens
12	Ik voel mijzelf voldoende in evenwicht	eens	neutraal	oneens
13	Privé (wat thuis/familie betreft) krijg ik het voldoende goed geregeld	eens	neutraal	oneens
14	Op school/mijn werk/bij mijn dagelijkse bezigheden krijg ik het voldoende goed geregeld	eens	neutraal	oneens
15	Mijn vrije tijd en sociale activiteiten krijg ik voldoende goed geregeld	eens	neutraal	oneens
16	De kwaliteit van mijn leven geef ik op dit moment het volgende 'rapportcijfer' (s.v.p. cijfer omcirkelen)	0 1 2 3 4 5 6 7 8 9 10		

Afronding van behandeling

Samenvatting

De afronding van behandeling is een belangrijke en laatste stap in het behandeltraject. Een goede afronding geeft vertrouwen en hoop op het vervolg. Hulp kan worden beëindigd of er wordt doorverwezen naar elders. Tijdens de eindevaluatie krijgt -naast de terugblik op de voorgaande periode- vooral een vooruitblik op de komende periode aandacht. De voornemens voor de komende periode worden vastgelegd in een nieuw behandelplan, het plan van de hulpvrager over wat hij zich voorneemt te doen nadat de behandeling is afgesloten. Daarmee gaan de te bespreken thema's in een afsluitend gesprek verder dan het vaststellen van in hoeverre behandeldoelen zijn bereikt. Nagegaan wordt in hoeverre het algehele regelvermogen en het welbevinden is verbeterd. In het afsluitend behandelplan kan – indien nodig en gewenst – worden vastgelegd welke vervolgbehandeling zal volgen en hoe de overdracht is geregeld.

7.1   Afronding van behandeling in kader van gedeelde besluitvorming – 140

7.2   Afsluitend behandelplan – 143

7.3   Praktijkvoorbeeld – 144

Literatuur – 148

Bijlagen – 149
Bijlage 7.1 Het behandelplan bij afsluiting van behandeling met het REGeL-overzicht, versie volwassenen – 149
Bijlage 7.2 Begeleidende eindbrief aan verwijzer – 151

© Bohn Stafleu van Loghum is een imprint van Springer Media B.V., onderdeel van Springer Nature 2018
J. M. G. Maurer en G. M. A. Westermann, *Praktijkboek gedeelde besluitvorming in de GGZ*,
https://doi.org/10.1007/978-90-368-2180-3_7

In de piramide is aangegeven welke stappen uit het behandelproces in dit hoofdstuk centraal staan (◘ fig. 7.1).

7.1 Afronding van behandeling in kader van gedeelde besluitvorming

Afronding van behandeling is geen abrupt moment in een traject, maar vormt een onderdeel van het gehele behandelproces. In feite komt het einde van behandeling al in de eerste fase bij het opstellen van het allereerste behandelplan aan bod: wat zijn de einddoelen, hoe willen we ze bereiken, wanneer willen we ze bereiken? Tijdens ieder evaluatiemoment staan deze vragen impliciet op de agenda en vindt gedeelde besluitvorming plaats over het te verwachten (en te hopen) afsluitingsmoment van behandeling.

Het afrondingsgesprek verloopt in feite niet anders dan de in vorig hoofdstuk beschreven evaluatiegesprekken, maar krijgt op dit moment de betekenis van eindevaluatie. In principe wordt op dit moment afscheid van elkaar genomen. Als behandelaar heb je een tijd een zodanige inzet geleverd dat de hulpvrager zonder jouw hulp zijn leven weer zelf weet te regelen op een voor hem bevredigende manier. Meestal is dit het geval: de hulpvrager en behandelaar kijken terug op een zinvol en bevredigend traject. Dit is evenwel niet altijd zo. Soms is het niet goed gelukt, soms is een nazorgtraject nodig of wordt een bestaand hulpverleningstraject voortgezet door een andere behandelaar. Een vervolg verlangt goede afstemming met de te betrekken hulpverleners, vastgelegd in een gedeeld behandelplan. In een van de volgende paragrafen staan we hier nader bij stil.

Meta-analytische overzichten van onderzoek naar bijvoorbeeld de werkzaamheid van psychotherapie tonen globaal een succespercentage van 70 %, ongeacht de ingezette methodiek. Dit houdt in dat gemiddeld in ieder geval één op de vier behandelingen niet heeft gebracht wat ervan werd gedacht. Hierbij is wederom een belangrijke vraag: in wiens ogen is sprake van tegenvallend resultaat? En nog belangrijker: wie bepaalt wat een succesvolle behandeling is geweest? In het kader van gedeelde besluitvorming is het niet alleen de behandelaar die bepaalt waartoe een behandeling heeft geleid, bijvoorbeeld aan de hand van scores op eindevaluatielijsten gericht op klachten en symptomen. Als de behandelaar en de hulpvrager verschillen in hun visie op 'bereikt resultaat', is het risico op een onbevredigende afsluiting voor beide partijen aanwezig. Het streven moet zijn om een behandeling goed af te ronden, ook als de gestelde behandeldoelen niet of te beperkt zijn bereikt.

In de eindevaluatie kan de discussie worden verbreed door niet alleen stil te staan bij het al of niet behalen van de behandeldoelen zelf, maar ook bij het al of niet eerder verbeteren van het 'regelvermogen'. Deze term heeft vooral betrekking op de beleving van de hulpvrager rond begrippen als vertrouwen in eigen handelen, meer competent voelen, zich beter verbonden weten met anderen (Ryan en Deci 2017). Wij hebben het in dit geval ook over de vaak gebruikte term 'kwaliteit van leven'. Dat is vooral een subjectieve aangelegenheid.

Figuur 7.1 De volgende stappen in het behandelproces

(van onder naar boven:)
- aanmelding – overleg met verwijzer/acceptatie – voorbereiding eerste gesprek
- werkrelatie, wederzijds vertrouwen, stressreductie, passende taak/rolverdeling
- verduidelijking van hulpvragen, verwachtingen en eerste inschatting
- overeenstemming over en uitvoering van nadere diagnostiek
- co-creatie gedeelde diagnostische omschrijving
- overeenstemming en afspraken over behandeling en zelfzorg
- gezamenlijke uitvoering met cyclische evaluatie
- *afronding-overdracht*

Helpend hierbij is om in de door ons gehanteerde terminologie 'het weer geregeld krijgen' niet uitsluitend verbeterde gedragsmatige competentie te lezen, maar vooral ook de beleefde competentie. Het begrip 'welbevinden' als doel, zoals binnen de stroming van positieve psychologie, komt hier goed van pas. In hun overzichtsartikel over mentale gezondheid onderscheiden Chakhssi en Bohlmeijer (2018) hierbij emotioneel, psychologisch en sociaal welbevinden. Zij bespreken daarbij het twee-continuamodel van de geestelijke gezondheid van Keyes (2005), waarbij welbevinden en psychopathologie als twee gerelateerde, maar aparte continua kunnen worden beschouwd. Zij vatten deze opvattingen samen in het door hen gepresenteerde model (fig. 7.2).

In deze figuur laten Chakhssi en Bohlmeijer zien dat beide dimensies niet in elkaars verlengde liggen, maar eerder haaks op elkaar staan. Op deze manier ontstaan vier kwadranten, die elk een manier van het hanteren van problemen uitdrukken:
- worstelen;
- overleven;
- floreren;
- wegkwijnen.

Indien herkenbaar en toepasselijk zijn deze termen te gebruiken in een eindevaluatie om na te gaan waar en hoe verschuivingen hebben plaatsgevonden. In ieder geval kan deze invalshoek helpend zijn om breder te kijken dan naar veranderingen op symptoom- en gedragsniveau. Huber (2014) bepleit als vertegenwoordiger van de positieve psychologie om altijd aandacht te hebben voor alle levensgebieden.

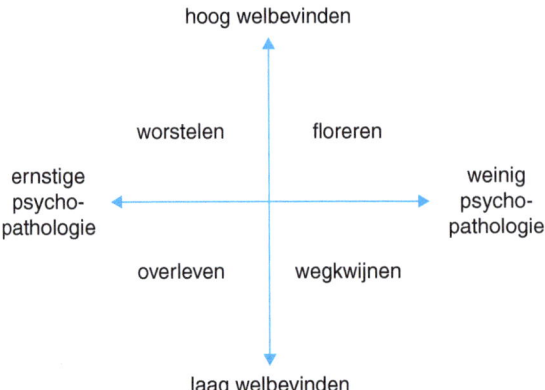

◘ Figuur 7.2 Het twee-continuamodel van de geestelijke gezondheid (overgenomen uit Chakhssi en Bohlmeijer 2018)

We staan even stil bij deze invalshoeken om te benadrukken dat juist tijdens een eindgesprek de thematiek breder moet zijn dan de 'behandelresultaten'. Samen met de hulpvragers komt aan bod hoe deze in het leven staan en met welk vertrouwen zij daar op eigen kracht mee verder kunnen. Als naar voren komt dat er op enkele vlakken nog 'iets anders' nodig is, ga je na wat dat is en hoe dat vorm kan krijgen. Het 'Evaluatieformulier in dialoog' (▶bijlage 6.3) kan ook ter voorbereiding van het eindgesprek worden gebruikt.

In het afrondend gesprek is het eveneens belangrijk om stil te staan bij wie de oorspronkelijke hulpvrager was, zeker als daar in de intakefase discussie over bestond. Mogelijk hadden anderen – zoals in ▶H. 3 besproken – niet dezelfde hulpvraag als de probleemdrager. Kunnen die andere hulpvragers de overeengekomen eindevaluatie delen?

In de regel vindt het eindgesprek binnen GGZ-afdelingen Kinderen & Jeugdigen en Ouderen plaats met betrokken familieleden. Mogelijke discrepanties over het behandelresultaat komen daar naar voren en zijn bespreekbaar. Bij de afdeling Volwassenzorg is het niet altijd gebruikelijk dat familieleden bij het afscheid zijn betrokken. Dan dien je als behandelaar dit thema zelf op de agenda te zetten met vragen als:

» B: Hoe kijkt je partner (naastbetrokkene) aan tegen onze conclusies?

» B: Je bent naar ons toegekomen op aandringen van de bedrijfsarts van je werk. Hoe zal deze reageren op onze conclusies?

In veel instellingen staat 'familiebeleid' inmiddels op de agenda en soms is er ook een familievertrouwenspersoon die op verzoek kan worden betrokken tijdens de behandeling. In het huidig tijdsgewricht zijn meerdere contextuele factoren die eveneens een rol spelen bij afronding van behandelingen. Van Meekeren (2016, blz. 305) formuleert deze invloeden als volgt:

» Ook je omgevingsfactoren spelen een rol: de opvattingen van je manager, de instelling, je supervisor en je teamgenoten, en in toenemende mate de verzekeraar.

De dynamiek van dit alles kan een geheel eigen, lokaal en situationeel leven gaan leiden. Belangrijk is dat je je bewust bent van al deze potentiële invloeden op het stoppen van de behandeling.

Zorg ervoor dat je afscheid neemt met respectvolle en perspectief biedende woorden, nooit met afwijzende of diskwalificerende. Van negatief geformuleerde woorden wordt niemand beter en je miskent daarmee mogelijk je eigen beperkingen of die van je werksituatie (het is je niet gelukt een passende behandeling te bieden). Uiteindelijk gaat het in de eindevaluatie om hoeveel baat de hulpvrager tot dan toe heeft ervaren van alle inspanningen, waarmee hij met meer hoop en vertrouwen in eigen regelvermogen verder kan. Als hij tevreden is met het feit dat hij zich weer competenter in het leven voelt staan, dat de therapeutische relatie hem weer wat vertrouwen in de ander heeft gebracht, zonder dat specifieke behandeldoelen zijn bereikt, is dat een goede zaak, ook al vind je als behandelaar een beperkte vooruitgang op de behandeldoelen wellicht teleurstellend.

7.2 Afsluitend behandelplan

Ook al klinkt het vreemd, toch pleiten wij ervoor om de behandeling af te sluiten met een behandelplan. Een behandelplan bevat immers de voorgenomen en afgesproken activiteiten voor de daaropvolgende periode. Dat je als behandelaar geen bijdrage meer levert aan deze activiteiten, doet er niets aan af dat er nog plannen over het vervolg gemaakt kunnen worden.

De periode ná een behandeling is lang niet altijd de gemakkelijkste voor hulpvragers. Zij gaan verder zonder steun van jou als hulpverlener, een terugval is denkbaar. Een (preventie)plan over hoe hiermee om te gaan is nooit verkeerd. Een plan over hoe de hulpvrager de verworvenheden verder in praktijk kan brengen, kan vasthouden en uitbreiden, werkt ondersteunend. Je moet je voortdurend bewust zijn van het feit dat de eigenaar van een behandelplan de hulpvrager zelf is. Tegenwoordig lopen we het risico dat we denken dat een behandelplan een 'voorschrift' van ons als behandelaren is, mede gedicteerd door vereisten van zorgverzekeraars.

Als de conclusie in het eindgesprek is dat een vervolgbehandeling elders nodig is, dan is een afsluitend behandelplan onontbeerlijk. Daarmee ligt het startpunt vast voor het vervolg: er is een gedeeld verhaal over wat nog speelt en waaraan wordt gedacht om het beter te regelen. Op deze manier vormt het eindbehandelplan, zoals jij dat met de hulpvrager opstelt, de basis en het startpunt van het gesprek met andere hulpverleners. Deelt de nieuwe behandelaar de conclusies, het op dit moment overeengekomen verhaal? Kan deze leveren wat wordt gevraagd?

Idealiter regel je een overdrachtsgesprek met alle betrokkenen om jouw bijdrage te leveren aan een goede start volgens de principes zoals in dit boek besproken. Een goede afstemming tussen de hulpvrager en de nieuwe behandelaar komt op deze manier snel tot stand en daarmee een nieuw (eventueel aangepast) behandelplan. Daarna kan de behandeling bij jou worden afgesloten.

Het eerder geïntroduceerde format 'behandelplan' (▶bijlage 5.1) kan ook hierbij worden gebruikt, met enkele kleine aanpassingen. Hier volgt de versie voor volwassenen (▶bijlage 7.1). Die voor kinderen en jeugdigen en hun ouders is op detail aan te passen.

Dit 'behandelplan bij afsluiting' wordt vergezeld van een korte eindbrief met een korte diagnostische omschrijving in termen van DSM-5. Dit briefje is vergelijkbaar met het briefje dat in het begin van het behandeltraject aan de verwijzer is gestuurd (▶bijlage 5.2). Dit eindbriefje is aan het eind van dit hoofdstuk opgenomen als ▶bijlage 7.2. Het afsluitend behandelplan en dit eindbriefje geeft de hulpvrager, mogelijk in overleg met de verwijzer, houvast voor de periode na afsluiting van behandeling. Een behandeling rond je pas af na toetsing bij je collega's in een MDO, zodat je ook hun visie in het uiteindelijk plan laat doorklinken. Als er vervolgbehandeling nodig is, dan is dit document startpunt van gesprek. Op dat moment start een nieuwe cyclus van gedeelde besluitvorming. Indien gewenst door de hulpvrager, ben jij als afsluitende behandelaar betrokken bij het begin van dit vervolgproces.

7.3 Praktijkvoorbeeld

Hoe een en ander er in de praktijk uitziet, illustreren we aan de hand van de afsluiting van behandeling van de piekerende 34-jarige vrouw uit eerdere hoofdstukken (H2 in ▶par. 3.2.1 en al eerder besproken in ▶par. 3.2.2 en ▶par. 5.4.1).

Haar behandeling wordt met wederzijdse tevredenheid afgerond. Over het verloop vanaf de intake is het volgende te melden. Bij het overdrachtsgesprek met de cognitief gedragstherapeut in de psychologenpraktijk sloot de POH de eerste tien minuten aan om samen met de jonge vrouw hun bevindingen en de overwegingen bij het opstellen van het eerste behandelplan gezamenlijk toe te lichten. De resterende tijd in dit overdrachtsgesprek is toegespitst op de ins en outs van de concrete behandeling, zonder dat alsnog allerlei anamnestische gegevens moesten worden geïnventariseerd. Als de POH dit gesprek verlaat, wordt afgesproken dat deze bij de eindevaluatie van de behandeling weer zal aansluiten in de rol van regiebehandelaar: hij kan dan meedenken over een eventueel vervolg.

Deze op het oog luxe gang van zaken – de verwijzer sluit aan bij begin en eind – is vaak de investering meer dan waard. Herhalingen bij het inventariseren van gegevens en mogelijke misverstanden worden vermeden. Daarbij wordt de positie en de rol, de POH als regiebehandelaar, niet alleen inhoudelijk, maar ook praktisch vormgegeven. Deze zorgt voor de 'rode draad' in het gehele behandelingsproces, waarvan de cognitieve gedragstherapie een deelaspect is. Of nog andere behandelvormen zijn aangewezen, zal moeten blijken tijdens de eindevaluatie.

Bij het eindgesprek is ook de partner van de vrouw aanwezig. Het gesprek wordt afgerond als gedeelde conclusies zijn gemaakt over het verloop van de behandeling en over wat nog nodig is. De cognitief gedragstherapeut gebruikt bij zijn eindverslag het eerste behandelplan om deze conclusies en afspraken vast te leggen. Hiermee is de eindrapportage (▶kader 7.1) klaar.

Kader 7.1

Behandelplan bij afsluiting behandeling van jonge vrouw
Behandelplan bij afsluiting (REGeL-overzicht) nr:

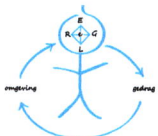

naam en geboortedatum: vrouw, 34 jaar
datum:
Komende periode is aandacht nodig voor:
'Mijn piekeren is verminderd, het mag niet terugkomen.'
Hiervoor vraagt je partner op dit moment aandacht:
'We praten veel meer met elkaar, maar weten niet goed om te gaan met de grote verschillen over allerlei zaken die op deze manier naar voren komen. 'Gezond ruzie maken' gaat ons nog niet goed af.'
Beknopt overzicht van wat helpt en wat hindert in je situatie op dit moment en van wat in contact met je naaste omgeving wel/niet voldoende goed is te regelen:
Bij jou zien we op lichamelijk gebied (L) dat je gezond bent, slaapproblemen zijn er nauwelijks meer. We zien op emotioneel gebied (E) dat je meer plezier kent. Er zijn geen uitgesproken angsten of gevoelens van boosheid. Hoewel, áls boosheid speelt, weet je er niet goed raad mee. In je gedrag ben je minder dwangmatig en perfectionistisch. Wat betreft je gedachtepatroon (G) ervaar je veel minder piekeren. Gedachten als 'anderen niet tot last zijn' 'ik moet het zelf opknappen' 'ik moet er voor anderen zijn' 'het moet kloppen' zijn naar de achtergrond. Je hebt baat bij helpende gedachten als 'ik mag er zijn', 'ik zet me in naar mijn mogelijkheden' en 'hulp vragen is een sterktebod'. Wat betreft je relationele stijl (omgang met anderen, R) herkennen we je attente en klaarstaande houding, best wat 'introvert', met gevaar jezelf weg te cijferen. Dit gaat niet meer ten koste van jezelf. Wat betreft deze persoonlijke kenmerken lijk je op dit moment voldoende in evenwicht. Je probeert op eigen kracht meer evenwicht te vinden. Je wilt het vooral zelf doen. In jullie gezin lukt het voldoende om dit samen geregeld te krijgen. We zien dat jullie een druk gezin hebben, klaarstaan voor elkaar, weinig tijd voor elkaar hebben. Jullie ontzien elkaar actief, maar proberen ook elkaar meer aan te spreken als er zorgen of problemen zijn. Dit is nog wat nieuw en onwennig voor jullie. Er zijn geen financiële zorgen, met de kinderen gaat het goed. Van eigen ouders weinig steun. Vrije tijd: je man voetbalt, jij fitnest nu meer ontspannen. Jullie hebben een kleine, waardevolle vriendenkring. Werk: beiden een goede baan, je kunt deze weer aan.
Afspraken over eigen inzet en eventueel hoe hulpverlening de komende tijd mee-regelt
Bereikte vorderingen en gewenste voornemens en eventuele vervolgbehandeling (doelstelling, methode, frequentie, behandelaar):

> Tijdens de afgelopen behandeling zijn geen nieuwe gewenste doelen naar voren gekomen. De drie eerder gestelde doelen behoeven nog aandacht.
> - Doel 1: minder piekeren.
>   Het piekeren is beduidend verminderd. Je hebt baat van de gevolgde cognitieve gedragstherapie. Dat neemt niet weg dat je, met name in stressvolle periodes, toch wel last hebt van meer piekeren. Je geeft aan dat je er op vertrouwt dat je deze met de hulpmiddelen uit de therapie 'aankunt'. Besluit: piekeren pak je zelf aan met de verworven vaardigheden.
> - Doel 2: meer genieten.
>   Meer genieten is vooral een verandering in E, daar sta je nu meer voor open, je staat het meer toe. Met fitness ben je doorgegaan en je merkt dat je nu veel minder prestatiegericht bent (je wilde er 'beter' van worden) en je nu veel meer ingespannen voldaanheid ervaart. Het contact met de andere deelnemers bij fitness heeft een ontspannen karakter gekregen en is nu best gezellig. Het is niet meer belangrijk of je slechter of beter dan anderen presteert. Besluit: voortzetting fitness, gericht op ontspanning en genieten.
> - Doel 3: elkaar als partners meer aanspreken.
>   Het lukt jullie meer in overleg te zijn en steun aan elkaar te vragen. Daarbij merken jullie dat er ook wrijvingspunten liggen die jullie voorheen voor de lieve vrede onbesproken lieten. Het hanteren van boosheid, maar ook het laten zien van verdriet, is ongemakkelijk. Jullie merken ook dat de kinderen dan ook niet goed met de situatie raad weten en zich wat terugtrekken. Soms zijn jullie bang dat ze op deze manier iets leren, last krijgen van iets waar jullie zelf vanaf willen. Jullie hopen op eigen kracht verdere vooruitgang te boeken. Ondersteuning hierbij door een relatie-/gezinstherapeut is het overwegen waard. Besluit: nu geen relatie-/gezinstherapie. Over drie maanden een evaluatiegesprek met de POH om te inventariseren hoe het samen thuis loopt en wat eventueel nog nodig is.
>
> Afgesproken eventueel evaluatiemoment/overdrachtsmoment: over drie maanden bij POH.
> Datum ondertekening:
> Handtekening cliënt(e)   Handtekening regiebehandelaar

Aanvullend op dit nieuwe behandelplan wordt eveneens een kort officieel briefje naar de verwijzer (hier dus de POH en de huisarts) gestuurd vanuit administratief oogpunt. De conclusies omtrent de diagnostische classificatie op het moment van de afsluiting van de behandeling worden hierin verwerkt (▶ kader 7.2).

> **Kader 7.2**
>
> **Format begeleidende eindbrief aan verwijzer van jonge vrouw**
> Aan: huisarts Y en POH
> Betreft: vrouw, 34 jaar
> Geachte collega,
> Op (maand + jaar) evalueerden wij de behandeling van (voornaam + achternaam) samen met haar echtgenoot. De behandeling is met wederzijdse tevredenheid over de resultaten afgesloten.
> Samengevat komen wij tot de volgende classificatie in termen van DSM-5:
> *Ongespecificeerde obsessief-compulsieve stoornis, grotendeels in remissie*
> In de bijlage vindt u het bijbehorende afsluitend behandelplan volgens het Dialoogmodel.
> Met vriendelijke groet,
> regiebehandelaar   (mee-ondertekenende BIG-specialist)

In de manier van afsluiten en de verslaglegging daarvan maak je duidelijk dat de behandeling die je hebt uitgevoerd, een onderdeel is van een groter proces: de levensloop van de betrokkenen zelf met alle uitdagingen die daarin zijn vervat, met alle helpende en hinderende aspecten van henzelf en de omgeving. Zelf heb je korte tijd deel uitgemaakt van die omgeving, in helpende zin bij een geslaagde behandeling, in hinderende zin bij achteruitgang.

> **Helpende aspecten bij een afsluitend behandelplan**
> Het creëren van een gedeeld verhaal over wat is verbeterd en alsnog verandering behoeft, en hoe en wie daaraan bijdraagt, is essentieel bij de afsluiting van een behandeltraject. Het ontbreken van een dergelijk gedeeld verhaal verhoogt het risico op terugval. Helpende aspecten in deze fase van afsluiting zijn:
> - Sluit geen behandeling af zonder te spreken over wat nog nodig is.
> - Leg dit vast in een nieuw behandelplan, waarin duidelijk is wie zich wat voorneemt.
> - Spreek af bij wie dit plan na een tijd wordt geëvalueerd: door de hulpvrager zelf, door jezelf als regiebehandelaar, of door de verwijzer of een ander.
> - Beleg een overdrachtsgesprek met vervolgbehandelaren, indien tot vervolgbehandeling elders wordt besloten. In dat gesprek start een nieuw proces van gedeelde besluitvorming.
> - Zorg bij het eindgesprek voor integratie van de ervaringen van de verschillende deelbehandelaren, indien er meerdere behandelaren tegelijkertijd betrokken zijn.
> - Schrijf je eindverslag, afgestemd op de hulpvrager. Daarmee voldoe je aan de huidige eisen met betrekking tot patiëntparticipatie en administratieve verplichtingen in een relatief korte tijd.

- Op deze manier bevorder je efficiënt en effectief werken ten behoeve van de hulpvrager en van je instelling. De discussie in het land is dat het voldoen aan alle (administratieve) verplichtingen tijdrovend is en dat die tijd verloren gaat aan goed hulpverlenerschap. Wij stellen dat je tijd bespaart door het op onze manier te doen!
- Goede afsluitingen van behandelingen zijn goed voor je eigen werksatisfactie.

In dit en de hierin voorafgaande hoofdstukken zijn praktische handreikingen gedaan om te werken volgens de principes van gedeelde besluitvorming in de GGZ. Als afsluiting van dit boek volgt een laatste hoofdstuk dat iets dieper ingaat op de theoretische en wetenschappelijke uitgangspunten.

Literatuur

Chakhssi, F., & Bohlmeijer, E. T. (2018). Mentale gezondheid, de betekenis van positieve psychologie voor de klinische behandeling. *Tijdschrift voor Psychotherapie, 44,* 5–16.

Huber, M. (2014). *Towards a new, dynamic concept of Health. Its operationalisation and use in public health and healthcare, and in evaluating health effects of food.* Maastricht: Maastricht University.

Keyes, C. L. M. (2005). The mental health continuum: From languishing to flourishing in life. *Journal of Health and Social Behavior, 73,* 539–548.

Meekeren, E. van (2016). Afronden is een kunst. In E. van Meekeren & J. Baars (Red.), *De ziel van het vak, over contact als kernwaarde in therapie.* Amsterdam: Boom.

Ryan, R. M., & Deci, E. L. (2017). *Self-determination theory basic psychological needs in motivation, development, and wellness.* New York: Guilford Press.

Bijlagen

Bijlage 7.1 Het behandelplan bij afsluiting van behandeling met het REGeL-overzicht, versie volwassenen

- Behandelplan bij afsluiting (REGeL-overzicht) nr

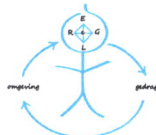

naam en geboortedatum: *datum:*

Komende periode is aandacht nodig voor:
<omschrijving verduidelijkte hulpvraag>

Hiervoor vraagt uw partner/familie op dit moment aandacht:
<omschrijving verduidelijkte hulpvraag>

Beknopt overzicht van wat helpt en wat hindert in uw situatie op dit moment en van wat in contact met uw naaste omgeving wel/niet voldoende goed is te regelen:

Bij u zien we op lichamelijk gebied dat <beschrijving in helpende/hinderende zin>. We zien op emotioneel gebied dat <beschrijving in helpende/hinderende zin>. Wat betreft uw gedachtepatroon zien we dat <beschrijving in helpende/hinderende zin>. Wat betreft uw relationele stijl (omgang met anderen) zien we <beschrijving in helpende/hinderende zin>. Wat betreft deze persoonlijke kenmerken lijkt u op dit moment (on)voldoende in evenwicht. <zo mogelijk beschrijving hoe de R, E, G en L-aspecten op elkaar invloed hebben/overwegen/tekortschieten>.

Thuis/Waar u woont/In het dagelijks leven krijgt u <gedrag> beter geregeld. In het gezin lukt het voldoende om dit samen op te pakken. We zien dat <korte beschrijving van de gedragsinteractiecirkel met gezinsleden>, dit gaat gepaard met <beleving bij cliënt(e) en gezinsleden>. Ook zien we dat <korte beschrijving van de interactie/gedragscirkel> nog enige aandacht vraagt. Kenmerkend voor uw gezin/situatie is <beschrijving in helpende/hinderende zin>.

Op uw werk/Bij uw opleiding lukt het beter <gedrag>. <gedrag cliënt(e)/sociale interactie>. Kenmerkend voor uw werk/opleiding is <beschrijving in helpende/hinderende zin>. [indien van toepassing]

Wat betreft uw vrijetijdsbesteding/dagbesteding heeft u minder zorgen over/(veel) last van <invulling/contacten>. <Invulling/contacten> loopt/lopen goed. Kenmerkend voor uw vrijetijdsituatie is <beschrijving in helpende/hinderende zin>.

[Optioneel: bij eerdere hulpverleningservaringen die van invloed kunnen zijn op het huidige traject.] We zijn samen alert op <omschrijving>, gezien eerdere soortgelijke ervaringen met hulpverlening.

NB: het is mogelijk dat op niet alledrie de levensgebieden zorgen voorkomen. Dan beschrijf je alleen wat wel goed loopt, helpende factoren zijn.

Afspraken over eigen inzet en eventueel hoe hulpverlening de komende tijd mee-regelt:

Bereikte vorderingen en gewenste voornemens en eventuele vervolgbehandeling (doelstelling, methode, frequentie, behandelaar):

Afgesproken eventueel evaluatiemoment/overdrachtsmoment:

Datum ondertekening:

Handtekening	Handtekening	Handtekening
cliënt(e)	regiebehandelaar	BIG-specialist

Bijlage 7.2 Begeleidende eindbrief aan verwijzer

Geachte [naam verwijzer],

i.a.a.: hulpvrager

Bij dezen willen wij u informeren over het afsluiten van de zorg aan [naam hulpvrager] en zijn/haar gezin of: en naasten. De behandeling is op [datum] met wederzijdse/naar tevredenheid/met een vervolgplan afgesloten.

Op [datum] werden zij naar ons verwezen door [verwijzer].

Op [datum] zijn wij gestart met de intake en hebben hierbij het volgende geconcludeerd:

Hulpvragen ten tijde van de intake: ...

Verduidelijkte hulpvraag verwijzer: ...

Verduidelijkte hulpvraag [naam hulpvrager]: ...

In termen van de DSM-5 komen wij tot de volgende classificatie bij afsluiting:

Afspraken: ...

In het vertrouwen u hiermee voldoende te hebben geïnformeerd.

In de bijlage vindt u het afsluitend behandelplan volgens het Dialoogmodel.

Met vriendelijke groet,

regiebehandelaar   (mee-ondertekenende BIG-specialist)

Theoretische en wetenschappelijke aspecten van het Dialoogmodel

Samenvatting

Het methodisch werken met het Dialoogmodel is gebaseerd op multitheoretische concepten. Enkele daarvan worden nader besproken op een meer abstract niveau. Er wordt met name stilgestaan bij opvattingen rond ontwikkeling op biologisch-genetische basis en op die van het gehechtheidsproces, zoals het tot uitdrukking komt in het relationele aspect (de R). Dit aspect is van groot belang voor het tot stand brengen van een goede werkrelatie tussen hulpvrager en behandelaar, de basis van gedeelde besluitvorming. Tevens komen maatschappelijke en systeemtheoretische overwegingen aan bod. Problemen zijn als circulair te zien in wisselwerking tussen een persoon en zijn omgeving. De eerste resultaten van wetenschappelijk onderzoek naar de effecten van het gebruik van het Dialoogmodel worden besproken.

8.1 Multitheoretisch metamodel – 154

8.2 Maatschappelijke ontwikkelingen en tijdsgeest – 157

8.3 Systemisch perspectief – 158

8.4 Ontwikkelingsperspectief: de relationele ontwikkeling – 160

8.5 Onderzoek naar de effectiviteit van het Dialoogmodel – 163

Literatuur – 165

© Bohn Stafleu van Loghum is een imprint van Springer Media B.V., onderdeel van Springer Nature 2018
J. M. G. Maurer en G. M. A. Westermann, *Praktijkboek gedeelde besluitvorming in de GGZ*,
https://doi.org/10.1007/978-90-368-2180-3_8

Inmiddels zijn alle stappen van de piramide besproken. We richten ons nu op de overkoepelende context (🔵fig. 8.1).

8.1 Multitheoretisch metamodel

Vele theoretische professionele invalshoeken, wetenschappelijke bevindingen en maatschappelijke ontwikkelingen hebben ons als behandelaren door de jaren heen geïnspireerd. Het is algemeen erkend dat ontwikkeling en gedrag van mensen niet vanuit één allesomvattende theorie is te doorgronden (Cicchetti en Cohen 1995). In de zorg worden diverse theoretische kaders in verschillende combinaties met een variërend accent gebruikt.

Het Dialoogmodel integreert met name ontwikkelings-, leertheoretische en systeembenaderingen. Het biopsychosociaal model, dat Engel (1960) introduceerde, wordt in veel werkvelden gebruikt om ordening aan te brengen in deze verschillende invloeden op menselijk functioneren. Het Dialoogmodel volgt deze indeling ook. De componenten van de deze holistische biopsychosociale benaderingswijze zijn aangegeven in 🔵fig. 8.2.

Een dialogische attitude, gebruik van gewone taal en een gevisualiseerd denk- en handelingskader kenmerken het Dialoogmodel, zoals in de voorgaande praktijkgerichte hoofdstukken is beschreven. Bij het doorlopen van elke stap in het behandelproces, zoals weergegeven in de piramide waarmee bijna elk hoofdstuk start, is door ons in de vorige hoofdstukken summier verwezen naar recente relevante literatuur als plaatsbepaling en onderbouwing van de beschreven methodiek. In dit hoofdstuk komen op meer abstract niveau het kader en de context van de beschreven werkwijze aan bod. De cirkel om de piramide symboliseert deze overkoepelende invalshoek.

Het Dialoogmodel integreert als metamodel een aantal in de (geestelijke) gezondheidszorg gangbare theorieën en zienswijzen, inclusief de visie en opvattingen van hen die hulp zoeken. Vliegen (2012) geeft aan dat het Dialoogmodel inzichten vanuit diverse theoretische hulpverleningsmodellen samenbrengt en een kader biedt dat deze theoretische invalshoeken overstijgt. Zij waardeert dat het Dialoogmodel het mogelijk maakt om met hulpvragers te spreken in gewone taal vanuit een zeer gedegen multitheoretisch perspectief. In ▶H. 1 vergelijken wij dit overkoepelend kader als metafoor met het montuur van een bril (🔵fig. 1.2). In dit montuur passen de diverse 'brillenglazen' waardoor professionals en hulpvragers kijken. Deze bril maakt de complexe werkelijkheid overzichtelijk en biedt een hoopvol houvast, gericht op waardevolle ontwikkelingen.

Behandelaren dienen zich er voortdurend van bewust te zijn, dat zij vanuit de eigen levensgeschiedenis en het opleidings- en ervaringstraject persoonlijke (of idiosyncratische) visies hebben op menselijk gedrag. Zij bezien gedrag door specifieke lenzen of brillenglazen, mogelijk verankerd in de beroepsidentiteit en de bij hen passende 'favoriete' behandelmethodiek. Professionals dienen zich er tevens van bewust te zijn dat hulpvragers evenzeer eigen lenzen hebben, waardoor zij zichzelf en hun omgeving bezien.

Lenzen worden gekleurd door de gezins- en familietraditie, door normen en waarden, religieuze oriëntatie, maatschappelijke ideeën, culturele invloeden, media-invloeden, enzovoort. Niet vergeten mag worden dat de meeste behandelaren taalvaardig zijn, talig zijn ingesteld en vertrouwd zijn met analytisch/deductief denken, terwijl hulpvragers

8.1 · Multitheoretisch metamodel

afronding-
overdracht

gezamenlijke uitvoering
met cyclische evaluatie

overeenstemming en afspraken
over behandeling en zelfzorg

co-creatie gedeelde diagnostische omschrijving

overeenstemming over en uitvoering van nadere diagnostiek

verduidelijking van hulpvragen, verwachtingen en eerste inschatting

werkrelatie, wederzijds vertrouwen, stressreductie, passende taak/rolverdeling

aanmelding – overleg met verwijzer/acceptatie – voorbereiding eerste gesprek

Figuur 8.1 De overkoepelende context van de stappen in het behandelproces

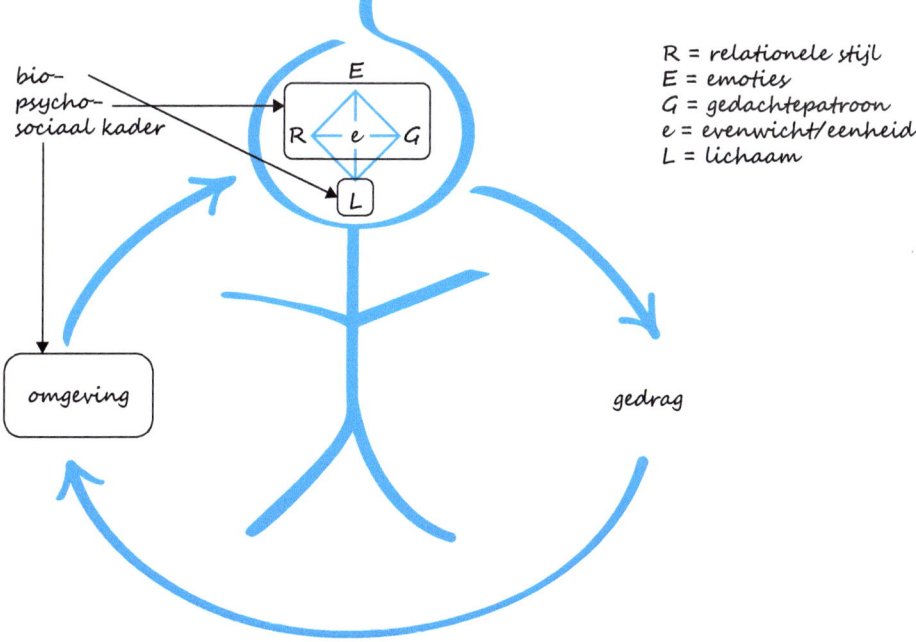

R = relationele stijl
E = emoties
G = gedachtepatroon
e = evenwicht/eenheid
L = lichaam

Figuur 8.2 De integratie van zienswijzen binnen het Dialoogmodel

meer vanuit beelden denkend en associatief in het leven kunnen staan. De Dialoogmodelwerkwijze kent niet voor niets een visualisatiehulpmiddel. Zoals het spreekwoord zegt: een beeld zegt meer dan duizend woorden.

Het is logisch dat de brillen van hulpvragers en behandelaren van elkaar kunnen en zullen verschillen. Van belang binnen het afstemmingsproces is de erkenning van de mogelijke verschillen in 'kijken naar', de beschrijving van en betekenisverlening aan wat er speelt. Het streven is niet dat de hulpvrager leert een professionele bril op te zetten, en evenmin dat een behandelaar de eigen bril afzet om die te vervangen door de bril van de ander. In een uitwisselingsproces wordt gezocht naar datgene waarover overeenstemming bestaat of kan ontstaan, en of dat voldoende is voor een aan elkaar toevertrouwen.

Betekenisverlening is altijd subjectief en varieert tussen mensen. Voor het bieden van goede zorg is het koppelen van visies om tot gedeelde betekenisverlening te komen, onmisbaar. Dit vraagt van de professional investering op relationeel niveau en het relativerend besef dat dé waarheid niet bestaat; als de eigen definitie maar voldoet, houvast en perspectief biedt en met anderen constructief is te delen. Dat is precies wat wij met de Dialoogmodelmethodiek beogen.

Met hulp van het Dialoogmodel zetten wij ons vanuit een gedeeld beeld en gelijkwaardige, op wederzijds vertrouwen gebaseerde samenwerking in om het vastgelopen eigen verhaal van hulpvragers te herschrijven naar een hoopvol script dat helpt de door hen gewenste beweging te maken. Door de diverse zienswijzen met elkaar te verbinden, kan een nieuw en gedeeld 'verhaal' ontstaan over wat speelt, hoe dit te begrijpen is en hoe gezocht kan worden naar een beter evenwicht dat tevens weer voldoende perspectief biedt. Dit denken sluit aan bij de narratieve stroming binnen de systeemtheoretische oriëntatie (Olthof 2012).

Gelijkwaardigheid en voldoende onderling vertrouwen tussen hulpvragers en behandelaren zijn absolute kernwaarden voor goede zorg. Het belang van een constructieve werkrelatie, ook wel werkalliantie genoemd, is inmiddels wetenschappelijk steeds meer onderbouwd (Hafkenscheid 2014), evenals algemene factoren voor succesvolle behandeling (Frank en Frank 1991; Fluckiger et al. 2012; Keijsers 2014), zoals:
- het genereren van hoop;
- het bieden van ondersteuning;
- het verminderen van zelfbeschuldigingen;
- het aanwakkeren van eigen krachten;
- het opwekken van vertrouwen;
- het bieden van een evenwichtige inbreng;
- het streven naar gezamenlijkheid, naar 'teamwork';
- het bereiken van overeenstemming.

Het streven naar een gedeelde visie identificeert mogelijke hindernissen, verhoogt de effectiviteit van interventies en komt de motivatie ten goede (Gabbay et al. 2003). Goede samenwerking verhoogt het vertrouwen bij patiënten in hun veranderingsmogelijkheden (Lambert en Cattani 2012). Als je als behandelaar bepalend optreedt, of de expertpositie kiest, dan doe je dat bewust, ofwel omdat acuut gevaar dreigt dat professioneel ingrijpen vereist ofwel omdat dit het beste aansluit bij wat de hulpvrager nodig vindt.

8.2 Maatschappelijke ontwikkelingen en tijdsgeest

Elk tijdperk kent bijbehorende zorgprincipes betreffende de uitvoering en organisatie van hulpverlening. In de westerse geneeskunde heeft met name binnen het domein van de arts-patiëntcommunicatie en bejegening een paradigmaverschuiving plaatsgevonden van een paternalistisch perspectief naar gedeelde besluitvorming (Westermann en Maurer 2015). Dat geldt ook voor de relatie tussen andere behandelaren en hulpvragers. De behoeften, de waarden en strevingen van de hulpvrager zijn in toenemende mate leidend voor het zorgproces en dat vraagt een attitude van de behandelaar die de hulpvrager zo goed mogelijk in staat stelt om zelf tot passende keuzes en gedrag te komen. Deze stellingname past bij de huidige ontwikkeling naar meer gedeelde besluitvorming in de zorg. De Raad voor de Volksgezondheid en Zorg doet een sterke oproep om de patiënt actief te laten participeren in het zorgproces (Raad voor de Volksgezondheid 2013).

Patiëntenorganisaties vragen eveneens een bejegening die gelijkwaardige deelname en zelfregie bevordert (LPGGz 2014). De in de Wet bijzondere opnemingen in psychiatrische ziekenhuizen (Wet Bopz 1994) en de Wet op de geneeskundige behandelingsovereenkomst (WGBO 1995) vastgelegde rechten en plichten van alle betrokkenen zijn erop gericht de ongelijkheid tussen behandelaar en patiënt waar mogelijk te verminderen. Wij delen de opvatting dat gedeelde besluitvorming een 'ethisch imperatief' zou moeten zijn onder de algemeen erkende vier medisch-ethische principes (Stiggelbout et al. 2012):
- respect voor autonomie;
- weldoen;
- geen schade toebrengen;
- rechtvaardigheid.

De zelfdeterminatietheorie (ZDT; Ryan en Deci 2017) geeft aan dat verandering de meeste kans van slagen heeft als voldaan wordt aan drie psychologische basisbehoeften: autonomie, verbondenheid en competentie. Gedeelde besluitvorming komt aan deze basisbehoeften tegemoet, zoals het streven naar zoveel mogelijk zelfbeschikking en versterking van de positie van hulpvragers.

Expliciete aandacht voor kwaliteiten en krachten wordt ook door de herstelbeweging bepleit (Boevink et al. 2006). De Dialoogmodelwerkwijze richt zich hier in het bijzonder op en noemt het de helpende kanten van iemand en diens directe omgeving.

> Bovenstaande opvattingen zijn vervat in het Regel-principe van het Dialoogmodel. Wij willen samen regelen. Wij hebben oog en oor voor hetgeen iemand het best zelf kan blijven regelen en regelen desgewenst een tijd mee. Dat doen wij idealiter tot iemand het zelf en in eigen kring weer krijgt geregeld.

Van belang is te vermelden dat *shared decision making* (SDM-)onderzoek zich vrijwel alleen richt op beslissingen over de behandeling (Duncan et al. 2010). Patiëntgerichte zorg omvat echter meer dan het nemen van beslissingen. Het vraagt om het op maat snijden van meerdere zorgaspecten naar de individuele noden en voorkeuren van het patiëntsysteem en het betrekken van hen bij de uitvoering van diverse deelactiviteiten (Robinson et al. 2008). In de geestelijke gezondheidszorg is vrijwel altijd ook het bereiken van overeenstemming over wat er aan de hand is, het toestandsbeeld en de ontwikkelings- en interactionele dynamiek een essentieel thema. En ook tijdens de behandelingsfase zijn er talloze momenten waarbij samen beslissingen worden genomen. Dit cyclisch gebeuren: gedeelde beeldvorming, gedeelde besluitvorming (in de adviseringsfase), gedeelde uitvoering van zorg hebben wij in ▶H. 1 beschreven en in ◘fig. 1.1 verbeeld.

8.3 Systemisch perspectief

Een voortdurende wederzijdse persoon-omgevingsinteractie bepaalt hoe het met iemand gaat. Het Dialoogmodel brengt niet alleen het individu in beeld, maar altijd ook de persoon binnen diens context. Het belang hiervan is recentelijk door de Raad voor de Volksgezondheid en Samenleving (2017) nog eens nadrukkelijk naar voren gebracht.

De onderlinge verbanden zijn niet lineair, maar circulair. Anders gezegd: omgevingsinvloeden kunnen bepaald gedrag bewerkstelligen en dat gedrag kan weer iets teweegbrengen in de omgeving, hetgeen die persoon weer kan beïnvloeden, enzovoort. De start van deze cirkel is niet te bepalen: er bestaat een bepaald patroon, een bepaalde dynamiek. Dit circulair principe krijgt gestalte in de hoofdstructuur van het schema (◘fig. 8.3).

Persoonlijke (lichamelijke en psychologische) aspecten en sociale omstandigheden grijpen continu op elkaar in. Zeer vereenvoudigd kun je stellen dat uit het samenspel van de (genetisch bepaalde) *lichamelijke* startmogelijkheden van een persoon en vroege *sociale* interactie *psychologische* eigenschappen voortkomen. Vrijwel meteen werken deze drie (biologische, psychologische en sociale) krachten over en weer op elkaar in. Specifieker aangeduid: vanuit een biologische basis vindt via vroege hechting (hier komen we nog op terug) door sociale interactie geïntegreerde differentiatie plaats naar emotionele en cognitieve ontwikkeling, en ontwikkelen zich (intermenselijke) gedragspatronen. Personen en hun omgeving vormen dynamisch op elkaar inwerkende, zich ontwikkelende, zichzelf en elkaar organiserende systemen. Het gaat steeds om onderling afstemmen, reguleren, organiseren, onderhandelen. Ook dit zelf en onderling reguleren noemen we in Dialoogmodel-taal 'regelen' en (her)vinden van een zeker evenwicht.

Inzichten vanuit het dynamisch systemisch denken (Savenije et al. 2006) leren ons dat de uitkomst van interactie afhangt van het moment, de aard, duur, intensiteit en het aantal betrokken variabelen. Een goede 'match' geeft reorganisatie op een nieuw niveau. Een dergelijk nieuw evenwicht waar iemand, na een periode van cyclische veranderingen of schijnbare stilstand of terugval, als het ware plots naartoe getrokken wordt, wordt niet vanzelf weer verlaten. Wij kunnen onder stress of door ziekte soms wat terugvallen naar een lager niveau van functioneren. Ook weten wij zelf maar al te goed hoe moeilijk het bijvoorbeeld is om ons eigen gedrag of denkpatroon te veranderen om bepaalde gewoonten op te geven.

◘Figuur 8.4 toont het complete visualisatiehulpmiddel van het Dialoogmodel met de lichamelijke (L), psychologische (R, E en G) en sociale aspecten (Omgeving) en hun onderlinge samenhang (de pijlencirkel en de lijntjes in het hoofdje en de kleine letter e).

8.3 · Systemisch perspectief

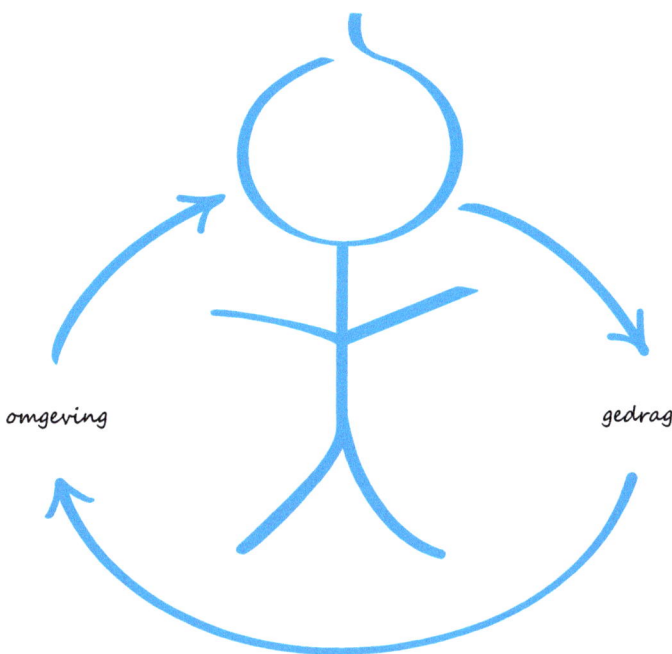

Figuur 8.3 Hoofdstructuur (circulaire persoon-omgevinginteractie) van het Dialoogmodel visualisatiehulpmiddel

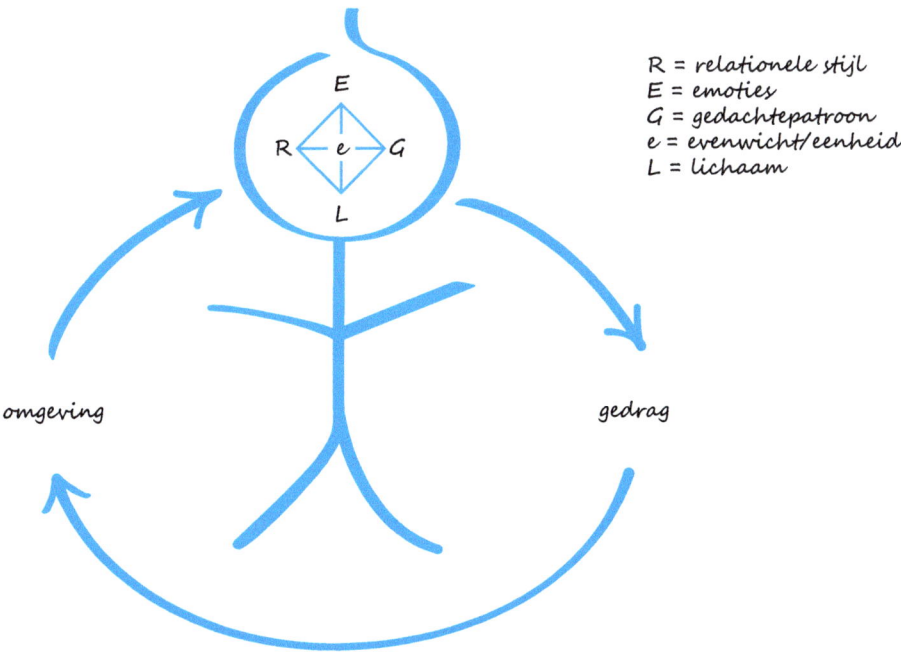

R = relationele stijl
E = emoties
G = gedachtepatroon
e = evenwicht/eenheid
L = lichaam

Figuur 8.4 Het complete Dialoogmodel visualisatiehulpmiddel

Dit visueel overzicht biedt de behandelaar de gelegenheid om diverse gangbare professionele theoretische opvattingen te matchen met het persoonlijke verhaal. Professionele inzichten die passen bij wat speelt en bij welke behandelmogelijkheden er zijn, kunnen op begrijpelijke wijze visueel worden geïntroduceerd. In ▶H. 4 hebben we beschreven hoe het samen creëren van een dergelijk inzichtelijk overzicht helpend is om therapietrouw, doelmatigheid en effectiviteit te bevorderen. Bekend is dat een goede aansluiting bij de hulpvrager de beste voorspeller is voor een goed behandelingsresultaat (Norcross 2011).

8.4 Ontwikkelingsperspectief: de relationele ontwikkeling

De driedeling van psychologische aspecten (R, E en G) vraagt nadere toelichting. Dat wij emoties en cognities tot het psychologisch functioneren rekenen, zal weinig vragen oproepen. De expliciete toevoeging van een 'relationeel domein' in het model beargumenteren we als volgt. Wat ons betreft is het onderscheiden van de *intra*persoonlijke relationele ontwikkeling (niet te verwarren met *inter*persoonlijk sociaal gedrag) uiterst waardevol voor de zo bijzonder essentiële afstemming tussen hulpvrager en behandelaar en voor het bepalen van de best passende behandeling. Het is daarom dat dit aspect in dit hoofdstuk relatief veel aandacht krijgt.

Vroege sociale en vooral goed afgestemde interacties blijken cruciaal voor de ontwikkeling van de hersenstructuren die verantwoordelijk zijn voor de latere gedrags-, cognitie- en emotieregulatie (Perry et al. 1995). De relationele ontwikkeling vindt zijn basis in veilige gehechtheid. Gehecht raken en zijn aan de primaire verzorgers wordt opgevat als een op neuronaal niveau vastgelegde informatiestrategie over gevaar en veiligheid, of deze nu van binnenuit of vanuit de omgeving komen (Crittenden 1998). De normale ontwikkeling van gehechtheid verloopt via een beperkt aantal specifieke zorgfiguren (bij 7 tot 9 maanden) naar een doel gecorrigeerd partnerschap (tegen 2 jaar) tussen moeder en kind, waarin samenwerking en communicatie centraal staan (Zeanah et al. 1997). De afstemming tussen primaire verzorger en kind wordt beschouwd als het mechanisme dat de vorming van gehechtheid medieert (Field 1985). Afstemming is hierbij de vertaling van *attunement* ofwel het proces van het elkaar gevoelsmatig volgen. Volgens Fogel (1982) is het van belang dat de verzorger vooral in het eerste jaar de toenemende niveaus van prikkeling voor het kind moduleert. Het gaat hierbij om een subtiel samenspel, waarbij tevens de actieve inbreng van het kind in dit sociale proces groot is. In Dialoogmodel-taal: de verzorger regelt datgeen mee wat het kind zelf nog niet kan regelen.

Gehechtheidstheorie De kernaspecten van de gehechtheidstheorie komen als volgt terug in de Dialoogmodel-elementen. Op basis van de ervaringen met ouders en verzorgers, de mate van sensitiviteit en responsiviteit [Omgeving] op het zoekgedrag van het jonge kind [Gedrag], ontstaat volgens de gehechtheidstheorie (Bowlby 1969) via neuronale systemen [L-domein] een innerlijk werkmodel [R-domein] dat invloed uitoefent op de emotionele beleving [E-domein], maar ook op de cognitieve stijl, de coherentie van het denken, de werking van het geheugen [G] en het vermogen tot reflectie [e: evenwichtige eenheid ofwel integratie-niveau]. Allen en collega's (2008) spreken over reflectief mentaliserend vermogen.

Traditioneel wordt het onderscheid tussen veilig en onveilig gehechte kinderen gemaakt met de 'Vreemde Situatie'-procedure als evaluatie-instrument (Ainsworth et al. 1978). Onveilig gehecht zijn wordt binnen het interactioneel proces tussen genetische aanleg en omgevingsfactoren als een risicofactor beschouwd, die de kwetsbaarheid voor het ontstaan van psychische stoornissen vergroot (Bowlby 1969; Ainsworth et al. 1978; Main et al. 1985). Verschillende onderzoekers (o.m. Ledoux 1996; Lyons-Ruth 1998; Tronick 1998; Emde 1999; Kandel 1999) hebben de invloed van de primaire gehechtheidsrelatie via affectregulatie op de structuur en functie van het brein beschreven. Deze onderzoeken geven in de kern aan dat informatie uit de primaire relatie, inclusief de affectieve component hiervan, verankerd wordt in het zogeheten procedurele geheugen, hetgeen op onbewust niveau een leven lang invloed heeft op de relatievorming van het individu met anderen. Die anderen zijn alle betekenisvolle personen rondom een hulpvrager, inclusief de behandelaren, dat mogen we nooit vergeten. Het belang van relationele afstemming van de behandelaar op de hulpvrager staat immers centraal in dit boek.

In het Dialoogmodel-plaatje kan aangegeven worden dat de ontwikkeling van het R-domein afhangt van het samenspel tussen Omgeving en het L-domein. Als voorbeeld: verloopt dit goed, dan ontwikkelen zich het E- en G-domein en vindt onderlinge integratie plaats. Dit levert het eindplaatje op (◯fig. 8.4). Deze voorstelling met de verbindende ruit (symbool voor integratieniveau en interne persoonlijkheidsstructuur) past goed bij de recente netwerkgedachte dat symptomen van psychiatrische toestandsbeelden direct of indirect met elkaar zijn verbonden (Goekoop en Goekoop 2016).

In iedere hulpverleningssituatie is het van belang om rekening te houden met de relationele stijl en de mate waarin de hulpvragers intenties, gevoelens en gedachten bij zichzelf en anderen (h)erkennen, ofwel kunnen reflecteren/mentaliseren. Daar dient de behandelaar op af te stemmen, zowel wat betreft de bejegening als wat betreft welke interventies het best passen. In Dialoogmodel-taal: de behandelaar taxeert het REGeL-profiel van de hulpvrager, waarbij de relationele ontwikkeling dus cruciaal wordt geacht voor de emotionele en cognitieve ontwikkeling en de mate van integratie qua persoonlijkheidsstructuur.

Bij een gezonde ontwikkeling internaliseert het kind de mee-regelende ander. De ontwikkeling van de interne representatie van de gehechtheidfiguur als deel van het innerlijk werkmodel maakt aanvankelijk kortstondige en later langer durende scheiding mogelijk. Het heeft mede invloed op het integratieniveau en ik- en zelfontwikkeling van het individu en de regulatiemogelijkheden. Zwart wit gezegd: ontbreekt een mee-regelende 'ander' in een individu, dan is de kans aanzienlijk dat er sprake is van ernstige emotieregulatieproblemen en van zwart-denken, sterke afhankelijkheid, nauwelijks ik-ontwikkeling en bijzonder gering integratief en zelfreflectief vermogen.

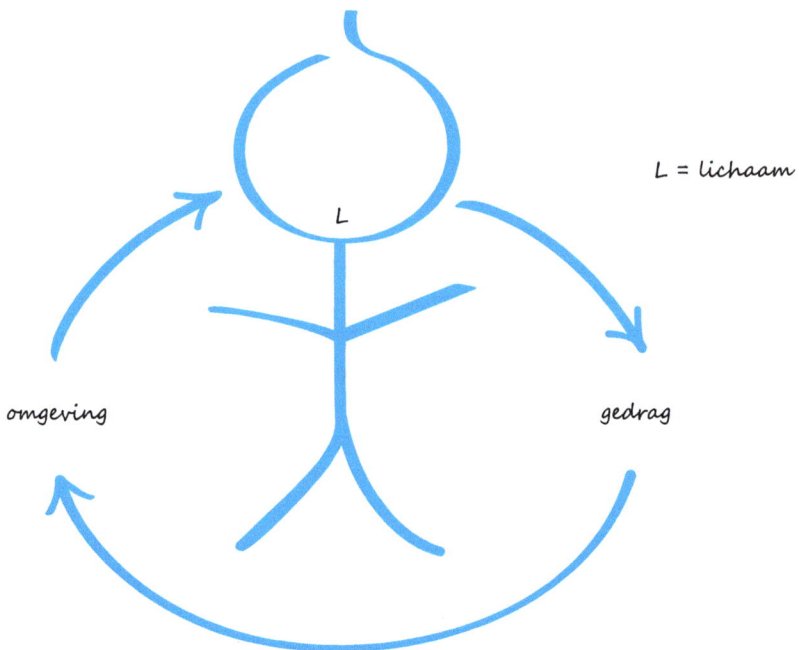

Figuur 8.5 Gemis aan helpend mentaliserend/reflectief vermogen

Indien verstoring van het gehechtheidsproces optreedt door omgevingsfactoren (zoals traumatische invloeden) of lichamelijke factoren (bijvoorbeeld ernstige huidafwijkingen die het direct lichamelijk contact, zoals koesteren, strelen fors verstoren) of een samengaan hiervan, dan kan dat in het uiterste geval een zeker gemis aan reflectief of mentaliserend vermogen tot gevolg hebben. De persoon kent in dit geval aan zichzelf en de ander beperkte sturende of regulerende gedachten, gevoelens of intenties toe. Hij (re)ageert slechts op gedragsniveau. In de Dialoogmodelfiguur hebben dan de psychologische domeinen weinig invloed op het regelvermogen (zoals in de meest extreme vorm weergegeven in fig. 8.5).

Psychologiserend vermogen ontbreekt hierbij in hoge mate en stress zal vooral in lichamelijke zin worden ervaren. Deze schematische voorstelling geeft meteen richting aan te bespreken interventies. Voorstellen zullen aangrijpen op gedragsniveau en beperkt beroep doen op introspectie of reflectie. Het uittekenen van een dergelijk Dialoogmodelplaatje kan wel de start zijn van psycho-educatie over deze ernstige beelden en helpen bij het overeenkomen van bijvoorbeeld een mentaliserenbevorderende therapie. Dit voorbeeld laat zien dat een uiterst complexe toestand op begrijpelijke wijze kan worden verbeeld en verduidelijkt. Er wordt geen 'waarheid' vastgelegd, alleen een werkbare vorm gepresenteerd.

8.5 Onderzoek naar de effectiviteit van het Dialoogmodel

De positieve praktijkervaringen van het Dialoogmodel is in twee gerandomiseerde onderzoeken (RCT's) als *shared decision making*-methodiek in de jeugd-GGZ geobjectiveerd. Uit researchoverwegingen is het model in de startfase van het hulpverleningsproces onderzocht. In ▶H. 4 en 5 is deze fase van het bereiken van overeenstemming in het kader van gedeelde besluitvorming nader uitgewerkt. Voorheen gebruikten we voor dit moment het woord adviesgesprek. Het adviesgesprek noemden wij het sleutelmoment tussen de diagnostische en therapeutische fase (Westermann en Maurer 2015) dat niet altijd ten volle wordt benut (Doreleijers en Boer 2006). Bij een landelijke inventarisatie in de jeugd-geestelijke gezondheid (jeugd-GGZ) bleek behoefte te bestaan aan standaardisatie van de adviesfase (Westermann en Verheij 2009). Een semigestructureerd adviesgesprek (Adviesgesprek in dialoog; Aid) werd ontworpen op grond van wetenschappelijke data en reacties van professionals en patiëntvertegenwoordigers tijdens Delphi-onderzoek. Het Aid was toen onderdeel van de methodiek volgens het Dialoogmodel. In een aangepaste vorm is dit verwerkt in de formats die in dit boek worden gepresenteerd.

Westermann (Westermann 2010; Westermann et al. 2013) onderzocht het Aid bij ouders van kinderen tot 12 jaar oud in de jeugd-GGZ. Het ouderlijk oordeel over het behandelingsadvies en de mate van acceptatie ervan werden met hulp van de Nederlandse versie van de *Decisional Conflict Scale* (DCS) gemeten. *Decisional conflict* (vertaald als beslissingsambivalentie) wordt omschreven als 'een toestand van onzekerheid over welke stappen genomen moeten worden, als keuzen tussen competitieve acties risico's, verlies, spijt of aantasting van persoonlijke waarden met zich meebrengen' (O'Connor 1995). De ouders uit de interventiegroep bleken significant minder onzeker over de therapiekeuze en meer gemotiveerd dan de ouders uit de controlegroep. Zij gingen significant vaker akkoord met het behandelingsvoorstel. In dit onderzoek naar de effecten van een semigestructureerd adviesgesprek in de jeugd-GGZ leken de affectieve en relationele aspecten er het meest toe te doen, dus meer dan de cognitief-informatieve kant. Niet het gegeven of consensus tot stand kwam, maar de mate waarin ouders zich zeker voelde over de te nemen beslissing was significant onderscheidend tussen de interventie- en controlegroep.

Ook Woltmann en Whittley (2010) stellen dat onderzoeksbevindingen betreffende gedeelde besluitvorming in de algemene gezondheidszorg wellicht niet zonder meer opgaan voor de GGZ. Zij onderzochten de besluitvormingsvoorkeuren bij volwassen patiënten binnen de GGZ. Deze hulpvragers leken meer waarde te hechten aan relationele en affectieve aspecten van besluitvorming dan op informatievergaring of overleg over de diverse behandelingsopties. Pijnenburg (1997) deed eerder empirisch onderzoek naar overeenstemming tussen behandelaren en ouders over de zogenaamde 'probleemdefinitie' in geval van psychiatrische problemen van het kind. Het realiseren van een perspectief dat geloofwaardig was voor de ouders leidde eerder tot samenwerking dan het bereiken van (volledige) overeenstemming. Hij veronderstelt dat de affectieve component in het afstemmingsproces waarschijnlijk een meer bepalende rol speelt dan consensus inzake het hulpverleningsperspectief.

- **Onderzoek herhaald**

Bovenstaand onderzoek is binnen de jeugd-GGZ gerepliceerd bij adolescenten en hun gezinnen; een publicatie waarin hierover verslag wordt gedaan is in voorbereiding. In dit replicatieonderzoek komt naar voren dat Aid ten opzichte van het gebruikelijke adviesgesprek de beslissingsambivalentie bij de beslissing over geadviseerde behandeling bij adolescenten en ouders niet verlaagt. Bij de jongens van de interventiegroep werd zelfs een hogere beslissingsambivalentie gevonden. Aid is een interventie waarbij cliënten expliciet worden uitgenodigd actief te participeren in het overeenstemming bereiken van de diagnostische sterkte-zwakteanalyse en het besluitvormingsproces over de daaropvolgende behandeling.

Een verschil in onderzoeksontwerp tussen het oorspronkelijke onderzoek en dit herhalingsonderzoek betrof de tijd tussen de diagnostische fase en de adviseringsfase. In de periode dat het onderzoek van Westermann et al. (2010, 2013) is uitgevoerd, was sprake van een aanzienlijke tijd tussen het intakegesprek en het adviesgesprek. Het adviesgesprek was in het gehele zorgproces destijds een duidelijker gemarkeerd, vaak spanningsvol moment, waarin na uitgebreid onderzoek conclusies werden voorgelegd. Bij het replicatieonderzoek werden de adolescenten en hun ouders ongeveer een half uur na het intakegesprek, waarvan mag worden aangenomen dat dit de nodige mentale inspanning vraagt, actief betrokken bij het adviesgesprek, dat vooral het karakter had van het bepalen van het vervolgtraject. Hierbij werden zij uitgenodigd hun aanvankelijke rol van vooral informant tijdens het intakegesprek te veranderen naar die van 'meedenker' en 'meebeslisser'. Dit vraagt een andere *mindset* en kost mentale inspanning, die mogelijk al voor een groot deel was verbruikt tijdens het intakegesprek.

Een nog belangrijker verschil ligt in het feit dat de intaker kort na het intakegesprek zelf zich slechts een gefragmenteerd beeld heeft kunnen vormen over wat speelt. In het plaatje kwam op deze manier vooral het verhaal van de hulpvragers in beeld en niet het resultaat van een dialoog tussen het verhaal van de hulpvragers en de intaker. Dit verschil van opzet kan van invloed zijn geweest op de uitkomsten.

In het herhalingsonderzoek is aanvullend ook drie maanden na het adviesgesprek het effect van het type adviesgesprek op de behandeling onderzocht. Dit leverde een opmerkelijk resultaat op. Aid beïnvloedde de prognose aanzienlijk. Een groot effect werd gevonden op de SDQ (*Strenghts and Difficulties-Questionnaire*: een korte screeningslijst die de psychische problematiek en vaardigheden bij minderjarigen meet)-totaalscore bij follow up. De adolescenten uit de interventiegroep gaven na drie maanden meer blijk van motivatie en doelgerichtheid dan de controlegroep-adolescenten. Mogelijk verhoogt Aid gevoelens van hoop, patiënttevredenheid of ziekte-inzicht (Gatta et al. 2010). Aid is mogelijk effectiever omdat het ten opzichte van gebruikelijke adviesgesprekken de adolescent actiever betrekt bij de (gevisualiseerde) analyse van hetgeen speelt. Het is verder aannemelijk dat Aid *empowerment* en zelfvertrouwen bevordert. Aid biedt structureel aandacht aan kwaliteiten van de adolescent en zijn naasten. Nadenken over hetgeen zijzelf kunnen bijdragen aan veranderingen wordt door de werkwijze gestimuleerd (Ouwens et al. 2012; Westermann en Maurer 2015).

Na dit beknopt theoretisch en research-overzicht, besluiten wij met een korte persoonlijke reflectie.

Literatuur

Ainsworth, M. D., Blehar, M. C., & Waters, E. (Eds.). (1978). *Patterns of attachment: A psychological study of the strange situation*. Hillsdale, NJ: Erlbaum.

Allen, J. G., Fonagy, P., & Bateman, A. W. (2008). *Mentaliseren in de klinische praktijk*. Amsterdam: Uitgeverij Nieuwezijds.

Boevink, W., Plooy, J., & Rooijen, S. van (2006). *Herstel, empowerment en ervaringsdeskundigheid van mensen met psychische aandoeningen*. Amsterdam: SWP.

Bowlby, J. (1969). *Attachment and loss* (Vol. 1). New York: Basic Books.

Cicchetti, D., & Cohen, D. J. (1995). *Development psychopathology. Volume 1, theory and methods*. New York: John Wily & Sons.

Crittenden, P. (1998). Attachment and psychopathology. In S. Goldberg, R. Muir & J. Kerr (Eds.), *Attachment theory: Social, developmental and clinical perspectives*. Hillsdale, NJ: The Analytic Press.

Doreleijers, Th., & Boer, F. (2006). Diagnostiek. In Th. Doreleijers, F. Boer, J. Huisman, R. Vermeiren & E. de Haan (Red.), *Leerboek psychiatrie. Kinderen en adolescenten* (pag.145). Utrecht: De Tijdstroom.

Duncan, E., Best, C., & Hagen, S. (2010). Shared decision making for people with mental health conditions. *Cochrane Database of Syst Rev, 1*, CD007297. ▶ https://doi.org/10.1002/14651858. CD007297.pub2.

Emde, R. N. (1999). Moving ahead: Integrating influences of affective process for development and for psychoanalysis. *International Journal of Psychoanalysis, 80*, 317–340.

Engel, G. L. (1960). A unified concept of health and disease. *Perspectives in Biology and Medicine, 3*(4), 459–485.

Field, T. (1985). Attachment as psychobiological attunement: Being on the same wavelength. In M. Reite & T. Fields (Eds.), *The psychobiology of attachment and separation*. Orlando: Academic Press.

Fluckiger, C., Re, A. C. del, Wampold, B. E., Symonds, D., & Horvath, A. (2012). How central is the alliance in psychotherapy? A multilevel longitudinal meta-analysis. *Journal of Counseling Psychology, 59*(1), 10–17.

Fogel, A. (1982). *Developing through relationships. Origins of communication, self and culture*. New York: Harvester Wheatsheaf.

Frank, J. D., & Frank, J. B. (1991). *Persuasion and healing* (3rd ed.). Baltimore/London: John Hopkins University Press.

Gabbay, M., Shiels, C., Bower, P., Sibbald, B., King, M., & Ward, E. (2003). Patient-practitioner agreement: Does it matter? *Psychological Medicine, 33*, 241–251.

Gatta, M., Spoto, A., Testa, P., Svanelli, L., Lai, J., Salis, M., et al. (2010). Adolescent insight within the working alliance: A bridge between diagnostic and psychotherapeutic processes. *Adolescent Health, Medicine and Therapeutics, 1*, 45–52.

Goekoop, R., & Goekoop, J. G. (2016). Netwerkclusters van symptomen als elementaire syndromen in de psychopathologie: Consequenties voor de klinische praktijk. *Tijdschrift voor Psychiatrie, 58*(1), 38–47.

Hafkenscheid, A. (2014). *De therapeutische relatie*. Utrecht: De Tijdstroom.

Kandel, E. R. (1999). Biology and the future of psychoanalysis: A new intellectual framework for psychiatry revisited. *The American Journal of Psychiatry, 156*, 505–524.

Keijsers, G. P. J. (2014). Het grote psychotherapiedebat. *Gedragstherapie, 3*, 148–172.

Lambert, M. J., & Cattani, K. (2012). Practice-friendly research review: Collaboration in routine care. *Journal of Clinical Psychology, 68*(2), 209–220.

Landelijk Platform GGz (LPGGz) (2014). *Bouwstenen. Zelfmanagement en passende zorg. Versie 3*, ▶ http://www.platformGGz.nl/lpGGz/download/common/bouwstenen-zelfmanagement-en-passende-zorg-lpGGz-definitief.pdf.

Ledoux, J. (1996). *The emotional brain: The mysterious underpinning of emotional life*. New York: Simon & Schuster.

Lyons-Ruth, K. (1998). Implicit rational relational knowing: Development and psychoanalytic treatment. *Infant Mental Health Journal, 19*, 282–289.

Main, M., Kaplan, N., & Cassidy, J. (1985). Security in infancy, childhood and adulthood: A move to the level of representation. In I. Bretherton & E. Waters (Eds.), Growing points in attachment: Theory and research. *Monographs of the Society of Child Development, 59*, 66–104.

Norcross, J. C. (2011). *Psychotherapy relationships that work*. Oxford: University Press.

O' Connor, A. M. (1995). Validation of a decisional conflict scale. *Medical Decision Making, 5*, 25–30.

Olthof, J. (2012). *Handboek narratieve psychotherapie voor kinderen, volwassenen en families: Theorie en praktijk*. Utrecht: De Tijdstroom.

Ouwens, M., Burg, S. van der, Faber, M., & Weijden, T. van der (2012). *Shared decision making & zelfmanagement. Literatuuronderzoek naar begripsbepaling.* ▶ http://www.raadrvs.nl/uploads/docs/Achtergrondstudie_Shared_DecisionMaking_en_Zelfmanagement.pdf.

Perry, J. Chr, Pollard, R. A., & Blakley, T. L. (1995). Childhood trauma, the neurobiology of adaptation, and 'use-dependent' development of the brain: How 'states' become 'traits'. *Infant Mental Health Journal, 16,* 271–291.

Pijnenburg, H. C. E. (1997). *Consensus over psychiatrische problemen van het kind. Een empirisch onderzoek naar overeenstemming tussen hulpverlener en ouders. Dissertatie.* Amsterdam: VU Boekhandel/Uitgeverij BV.

Raad voor de Volksgezondheid (2013). *De participerende patiënt.* Den Haag: Sdu.

Raad voor de Volksgezondheid en Samenleving (2017). *Zonder context geen bewijs.* Den Haag.

Robinson, J. H., Callister, L. C., Berry, J. A., & Dearing, K. A. (2008). Patient-centered care and adherence: Definitions and applications to improve outcomes. *Journal of the American Academy of Nurse Practitioners, 20,* 600–607.

Ryan, R. M., & Deci, E. L. (2017). *Self-determination theory: Basic psychological needs in motivation, development, and wellness.* New York: Guilford Press.

Savenije, A., Lawick, M. J. van, & Reijmers, E. T. M. (Red.). (2006). *Handboek systeemtherapie.* Utrecht: De Tijdstroom.

Stiggelbout, A. M., Weijden, T. van der, Wit, M. P. T. de, Frosch, D., Légaré, F., Montori, V. M., et al. (2012). Shared decision making: Really putting patients at the centre of healthcare. *British Medical Journal, 256*–344.

Tronick, E. Z. (1998). Dyadically expanded states of consciousness and the process of therapeutic action. *Infant Mental Health Journal, 19,* 290–299.

Vliegen, N. (2012). In dialoog met ouders en kinderen. Een gestructureerd adviesgesprek ontworpen en getoetst. *Systeemtherapie, 24,* 27–34.

Westermann, G. M. A. (2010). *Ouders adviseren in de jeugd-ggz. Het ontwerp van een gestructureerd adviesgesprek.* Maastricht: Datawyse/Universitaire Pers.

Westermann, G. M. A., & Maurer, J. M. G. (2015). Gedeelde besluitvorming in de GGZ: Het adviesgesprek in de jeugd-GGZ als voorbeeld. *Tijdschrift voor Psychiatrie, 57*(5), 352–360.

Westermann, G. M. A., & Verheij, F. (2009). Het adviesgesprek in de Nederlandse jeugd-geestelijke gezondheidszorg: Een inventarisatie. *Tijdschrift voor Psychiatrie, 51,* 333–338.

Westermann, G. M. A., Verheij, F., Winkens, B., Verhulst, F. C., & Oort, F. V. A. van (2013). Structured shared decision–making using dialogue and visualization: A randomized controlled trial. *Patient Education and Counseling, 90,* 74–81.

Wet bijzondere opnemingen in psychiatrische ziekenhuizen (1994). *Burgerlijk Wetboek.* Den Haag: Sdu.

Wet op de geneeskundige behandelingsovereenkomst (1995). *Burgerlijk Wetboek.* Den Haag: Sdu.

Woltmann, E. M., & Whittley, R. (2010). Shared decision making in public mental health care: Perspectives from consumers living with severe mental illness. *Psychiatric Rehabilitation Journal, 34,* 29–36.

Zeanah, C. H., Boris, N. W., & Larieu, J. A. (1997). Infant development and developmental risks: A review of the past 10 years. *Journal of the American Academy of Child and Adolescent Psychiatry, 36,* 165–178.

Besluit

Samenvatting

In dit afsluitende hoofdstuk wordt stilgestaan bij de ontwikkeling van de methodiek van gedeelde besluitvorming met hulp van het Dialoogmodel door de jaren heen. Tevens danken de auteurs allen die met hun kritische blik of anderszins hebben bijgedragen aan het tot stand komen van dit boek. Ten slotte wijzen zij op het belang van toepassing van het Dialoogmodel binnen de geestelijke gezondheidszorg (GGZ) en de manieren waarop professionals zich de methode eigen kunnen maken.

De in dit boek beschreven methodiek – gedeelde besluitvorming met hulp van het Dialoogmodel – is in de loop van vele voorafgaande jaren tot stand gekomen. In het dagelijks werk merkten we en raakten wij er steeds meer van overtuigd dat als we als behandelaren de positie aannemen van gelijkwaardige gesprekspartners met de hulpvragers, behandelingen vlotter en gemakkelijker verlopen. Twee ervaringen zijn daarbij essentieel gebleken: het besef dat we moeten uitdrukken hoe wij de hulpvrager begrijpen (dus niet andersom: zo goed mogelijk uitleggen wat de hulpvrager mankeert, waarbij deze ons moet begrijpen), en het gebruik van een plaatje (met gedeelde woorden die vastliggen, niet meer vervliegen).

Het Dialoogmodel heeft zich daarmee in de dagdagelijkse praktijk in wisselwerking met velen ontwikkeld tot de methodiek zoals deze op dit moment is uitgekristalliseerd. We willen iedereen danken die heeft bijgedragen aan deze ontwikkeling, namen noemen is ondoenlijk. De belangrijkste personen die we willen bedanken zijn de hulpvragers die positief reageren op de door ons beschreven bejegeningsattitude en werkwijze, en deze daarmee hebben helpen verfijnen. Directe collega's bedanken we voor hun stimulerende houding en voor hun inzet om de methodiek daadwerkelijk in te voeren. Reacties van vakgenoten op eerdere publicaties rond dit onderwerp en tijdens lezingen, workshops en opleidingen hebben ons geholpen om een en ander nog duidelijker te verwoorden.

Veel behandelaren binnen de GGZ werken al via de principes van gedeelde besluitvorming. Wij hopen dat de in dit boek beschreven methodiek hierbij een helpend hulpmiddel kan zijn. Om deze methodiek toe te passen, is naast enthousiasme en toewijding, een helpende context nodig. Past de hier bepleite attitude binnen de cultuur van de GGZ-organisatie waarin je werkt? Lukt het om als team via deze methodiek te gaan werken? Is het administratief systeem, inclusief de opbouw van het elektronisch patiëntendossier (EPD), ingericht om de principes van gedeelde besluitvorming op deze manier uit te voeren? Kortom: er is voor een optimale toepassing meer nodig dan het je als individuele behandelaar eigen maken van de methodiek volgens het Dialoogmodel.

Onze ervaring is dat als teams zich laten scholen in het gebruik van het Dialoogmodel, deze nadien efficiënter en effectiever werken. Het eigen werkplezier wordt hoger en hulpvragers voelen zich beter gehoord en gezien. Teams binnen de GGZ die geschoold willen worden in het gebruik van het Dialoogmodel, kunnen via ▶ www.dialoogmodel.nl informatie opvragen over de mogelijkheden. De bijlagen in dit boek zijn voor eigen gebruik vanaf deze website te downloaden.

MIX
Papier aus verantwortungsvollen Quellen
Paper from responsible sources
FSC® C105338

If you have any concerns about our products,
you can contact us on
ProductSafety@springernature.com

In case Publisher is established outside the EU,
the EU authorized representative is:
**Springer Nature Customer Service Center GmbH
Europaplatz 3, 69115 Heidelberg, Germany**

Printed by Libri Plureos GmbH
in Hamburg, Germany